ADAC
Reiseführer

Venetien

und Friaul

von Christine Hamel

Intro

Venetien und Friaul Impressionen 6

Wo die Schönheit Regie führt

Geschichte, Kunst, Kultur im Überblick 12

Prunkvolle Städte unter den Flügeln des Markuslöwen

Unterwegs

Der Südwesten Venetiens – die großen Kunstzentren und ihr Bannkreis 18

1 Verona 18
Piazza Brà und Arena 19
Das mittelalterliche Zentrum 21
Sant'Anastasia 25
Duomo S. Maria Matricolare 25
Porta dei Bosari, Corso Cavour und Castelvecchio 26
San Zeno Maggiore und San Bernardino 27
San Fermo Maggiore 29
Jenseits der Etsch 30

2 Valpolicella 32
Villa Serego Boccoli 32
San Giorgio 32
S. Maria in Stelle 33
Villa Allegri Arvedi 33

3 Soave 33

4 Vicenza 34
Palazzo Chiericati und Teatro Olimpico 34
S. Corona, Palazzo Thiene und Contrà Porti 36
Piazza dei Signori und Umgebung 38
Piazza Duomo 40
SS. Felice e Fortunato 41
Monte Berico 41
Villa Valmarana ai Nani und La Rotonda 42

Die venetische Ebene – Wissenschaft, Wasserstraßen, Wandmalerei 45

5 Padua 45
Das mittelalterliche Zentrum 47
Chiesa degli Eremitani, Cappella degli Scrovegni und Musei Civici 49
Basilica di Sant' Antonio 51
S. Giustina 52

6 **Naviglio di Brenta 54**
Villa Pisani 54
Villa Widmann Foscari 54
Villa Valmarana 54
Villa Malcontenta 55

7 **Colli Euganei 56**
Abano Terme 56
Abbazia di Praglia 56
Villa dei Vescovi 57
Monte Rua 57
Castello Cataio 57
Villa Barbarigo 57

8 **Arquà Petrarca 57**

9 **Monselice 58**

10 **Este 58**

11 **Montagnana 59**

12 **Rovigo 60**
Villa Badoer 61

13 **Adria 61**

Venedig und die Städte der Collina – Kunst und Natur im Wettstreit 63

14 **Venedig 63**
Canal Grande 64
Sestiere San Marco 68
Sestiere San Polo 71
Sestiere Dorsoduro 72
Sestiere Cannaregio 73
Sestiere Castello 73
Lido und Pellestrina 74
Murano, Burano und Torcello 74

15 **Chioggia 76**

16 **Treviso 78**
Altstadt 78
Östliches Zentrum 79

17 **Villa Emo 80**

18 **Villa Barbaro 81**

19 **Asolo und Colli Asolani 81**
San Vito d' Altivole 82
Possagno 82

20 **Castelfranco und Cittadella 83**

21 **Bassano del Grappa 83**
Marostica 85
Villa Godi Valmarana Malinverni 86

22 **Feltre 87**

23 **Belluno 88**

24 **Vittorio Veneto 89**

25 **Conegliano 91**

Am Golfo di Venezia – Abglanz der Antike im modernen Leben 93

26 **Oderzo 93**

27 **Portogruaro und Concordia Sagittaria 93**

28 Jesolo 94
29 Caorle 95
30 Bibione und Lignano 96
31 Aquileia 96
32 Grado 98

Zu friulischen Höhen – Kunstzentren vor Bergkulissen 99

33 Pordenone 99
34 Spilimbergo 100
35 San Daniele del Friuli 101
36 Gemona del Friuli und Venzone 102
37 Tolmezzo 103
Sauris di Sopra 103
Zuglio 103

Die Ebene des Friaul – im Grenzgebiet der Kulturen 105

38 Udine 105
Piazza della Libertà und Castello 106
Rund um die Piazza Primo Maggio 107
Duomo S. Maria Annunziata 108
Piazza Matteotti und Umgebung 109
Villa Manin 109
39 Cividale del Friuli 110
Castelmonte 111
40 Colli Orientali und Collio 111
Cormóns 112
41 Gorizia 112
42 Gradisca d' Isonzo und Palmanova 113
43 Duino 114
44 Castello di Miramare 115
45 Triest 115
Colle di San Giusto 118
Teatro Romano und nördliches Stadtzentrum 120
Piazza dell' Unità d' Italia und südliche Altstadt 121
Grotta Gigante 122
46 Muggia 123

Venetien und Friaul Kaleidoskop

Die ewige Liebe – Romeo und Julia 23
Villeggiatura – das herrschaftliche Landleben 42
Sant'Antonio – der Nothelfer für Leib und Seele 52
Das verlorene Paradies Pier Paolo Pasolinis 100
Ein Schinken geht um die Welt 102
Bora – die Ungestüme 117
Der Traum von der Erlösung – Guglielmo Oberdan 119
Italo Svevo und seine Stadt 120
Von Stockfisch und Apfelstrudel 129

Karten und Pläne

Venetien vordere Umschlagklappe
Friaul hintere Umschlagklappe
Verona 20/21
Vicenza 36
Padua 46
Padua: Basilica di Sant' Antonio 51
Venedig 66/67 und 68
Treviso 79
Bassano del Grappa 84
Udine 106
Triest 116

Service

Venetien und Friaul aktuell A bis Z 125

Vor Reiseantritt 125
Allgemeine Informationen 125
Anreise 127
Bank, Post, Telefon 127
Einkaufen 128
Essen und Trinken 128
Feste und Feiern 129
Klima und Reisezeit 131
Kultur live 131
Museen und Kirchen 132
Nachtleben 132
Sport 133
Statistik 134
Unterkunft 134
Verkehrsmittel im Land 135

Sprachführer 136

Italienisch für die Reise

Register 141

Impressum 143
Bildnachweis 143

Leserforum

Die Meinung unserer Leserinnen und Leser ist wichtig, daher freuen wir uns von Ihnen zu hören. Wenn Ihnen dieser Reiseführer gefällt, wenn Sie Hinweise zu den Inhalten haben – Ergänzungs- und Verbesserungsvorschläge, Tipps und Korrekturen – dann schreiben Sie uns bitte:

Redaktion ADAC Reiseführer
ADAC Verlag GmbH
81365 München
verlag@adac.de
www.adac.de/reisefuehrer

Venetien und Friaul Impressionen

Wo die Schönheit Regie führt

Venetien ist ein Kaleidoskop. Auf engstem Raum erwarten den Besucher die verschiedenartigsten Landschaftsbilder, seien es die majestätischen Bergketten der *Dolomiten* im Norden, die sanft geschwungenen Hügel der *Colli Berici* und *Asolani*, die Weinterrassen im Voralpenland, die Strände der *Adria*, die schroffen Kalkfelsen der *Carnia* oder die tiefen Täler und saftig grünen Wiesen der *Julischen Alpen*. Und als tönte der Lockruf dieser sonnenverwöhnten Landschaft nicht schon laut genug, schufen die Menschen im östlichsten Teil des italienischen Stiefelschafts über die Jahrhunderte einzigartige **Kunstwerke** und prachtvolle **Baudenkmäler** – Schönheit verpflichtet. Die Römer hinterließen prachtvolle Mosaiken und großartige Theater, Flüchtlinge vor den Wirren der Völkerwanderungszeit gründeten eine Stadt im Meer, **Venedig**, ein Stein gewordener Geniestreich. Das veronesische Geschlecht der *Scaliger* errichtete mächtige Festungsanlagen und triumphierte in spektakulären Grabmonumenten über die Vergänglichkeit. Franziskaner und Benediktiner bauten die größten Kirchen in den Himmel, *Giotto* schuf mit den Fresken der **Cappella degli Scrovegni** in Padua eines der bedeutendsten Kunstwerke des Mittelalters. *Giorgione*, *Tizian* und *Veronese* bereicherten die Malerei des Abendlandes um neues Licht und Kolorit, die venezianischen Nobili begründeten zusammen mit den Patriziern Veronas und Vicenzas eine einzigartige *Villenkultur*: **Andrea Palladio** errichtete die meisten dieser Landsitze der Spätrenaissance, beeinflusste mit seiner an den Vorbildern der Antike geschulten Baukunst die Formensprache der Architekten von St. Petersburg bis London. Und *Triest*, die elegante Vielvölkerstadt an der Grenze zu Slowenien, wurde in den Werken **Italo Svevos** zu einer Metropole der Weltliteratur.

Der Abglanz Venedigs

Nahezu alle Wege in Venetien und seinem östlichen Nachbarn, dem 1964 mit Triest und Görz zu einer autonomen Region zusammengefassten **Friuli-Venezia Giulia**, führen nach Venedig. Beinahe jede zentrale Piazza zwischen Feltre, Belluno und Padua, zwischen Verona und Venzone beherrscht der geflügelte *Markuslöwe*, Symbol der venezianischen Herrschaft. Padua, Verona, Vicenza, Treviso, Grado und Aquileia waren bereits in römischer Zeit bedeutende Städte und wuchsen im Mittelalter zu mächtigen **Stadtstaaten** heran, doch Venedig überflügelte sie alle – im wahrsten Sinne des Wortes. Nahezu vier Jahrhunderte lang,

Oben: *Als wären die einstigen Bewohner nur vornehm in die Wand zurückgetreten – Paolo Veroneses meisterhaftes Fresko in der Villa Barbaro bei Maser*
Unten: *Wer angesichts der Kulisse der Piazza San Marco seine Augen hinter einer Zeitung verbirgt, ist selbst schuld*

bis zur Abdankung des letzten Dogen, *Lodovico Manin*, auf Druck Napoleons, gehörte das venetische Festland zum Machtbereich der *Serenissima*, der Durchlauchtesten der Adria. 1420 eroberten venezianische Truppen schließlich auch ganz Friaul. Viele Stadtstaaten, die unter der Tyrannei eines Despoten litten, unterstellten sich freiwillig der Herrschaft Venedigs, denn die Republik war klug genug, die neu gewonnenen Provinzen nicht mit harter Hand zu regieren, sondern weitsichtig, mit kalkulierter Milde.

Einklang von Kunst und Natur

Mit der Eroberung der *Terra ferma* ab dem 14. Jh. kehrten die Venezianer gewissermaßen dorthin zurück, von wo sie vor

den Wirren der Völkerwanderungszeit geflohen waren. Für das Hinterland Venedigs war die Rückkehr der einstigen Bewohner ein Segen. Sie regulierten Wasserläufe, leiteten ganze Flüsse um, entwässerten Sümpfe und legten Kanäle an, um den Boden urbar zu machen. Und da die Venezianer Praktisches traditionellerweise mit einem ausgesprochen exklusiven und verfeinerten Sinn für die Kunst zu verbinden wussten, verwandelte sich das Veneto bald in ein **Villenparadies**. Nahezu 1000 herrschaftliche Landhäuser säumten schließlich zu Beginn des 16. Jh. die Wasserwege und Straßen im Hinterland, in das sich die Nobili zur ›heiligen Landwirtschaft‹, der *Santa agricoltura*, zurückzogen. Die Villa des Veneto diente nicht allein der Repräsentation, sondern war vielmehr die Verkörperung eines in der Renaissance wieder entdeckten Ideals vom ›einsamen Leben‹ in der Natur. Noch heute zeugen etwa 350 Villen *Andrea Palladios*, *Vincenzo Scamozzis* und anderer Baumeister von dieser glücklichen Verbindung von Kunst und Natur.

In den Städten des Festlands konzentrierten die venezianischen Baumeister ihre Aufmerksamkeit auf die Gestaltung der Rathausplätze. Schließlich stellte die Serenissima überall den *Podestà*, den Bürgermeister. In Udine, Vicenza, Belluno, Padua und Venzone entstanden so *Platzensembles*, die in ihrem Gesamtbild oder zumindest in einzelnen Bauten dem stilistischen Vorbild der *Piazza San Marco* in Venedig folgten. So verschmolz in den Städten der Terra ferma die Architektur der neuen Herren mit dem bereits Bestehenden, das von Römern, Langobarden, Franken und den mittelalterlichen Herrscherfamilien geschaffen worden war.

Auch auf dem Gebiet der Malerei durchdrangen einander im Veneto ver-

schiedene Strömungen. Über Padua gelangten die Neuerungen der **Renaissance** von Florenz nach Venedig und auf die übrige Terra ferma, von der wiederum Impulse der venezianischen Malerei in benachbarte Regionen ausgingen.

Landschaft und Mensch

Nicht allein der Anziehungskraft Venedigs verdankt das Veneto seine Beliebt-

Links oben: *Anbetungswürdige Kunst – Veroneses Malerei in der Kirche S. Corona von Vicenza*

Links unten: *Wo sich tagsüber die Badenden drängen, könnte man am Abend ein Volleyballnetz spannen – bei Jesolo*

Oben: *Gelassen spazieren sie durch den Pfeilhagel – auf der Biennale 1997*

Unten: *Paduas Berühmtheiten der Vergangenheit säumen den Prato della Valle*

heit. Auch seiner *vielgestaltigen Landschaft* wegen kommen mehr Besucher hierher als in jede andere Region Italiens. Von besonderem Reiz für Erholung Suchende ist die *Adriaküste* zwischen Venedig und Triest, deren Strände alljährlich von 9 Millionen Sonnenhungrigen aus aller Welt bevölkert werden. Nur wenige Kilometer jenseits der Küste und der Gebirgszüge der Ostalpen breitet sich die scheinbar endlose Fläche der oberitalienischen **Poebene** aus, das Tiefland, das zwei Drittel der Fläche Venetiens ausmacht. Dieses Kernland des Veneto

durchzieht ein eng geknüpftes Straßennetz, das im Zuge der rasanten *Industrialisierung* entstand, die das östliche Italien in den 1960/70er-Jahren im Vergleich zu anderen norditalienischen Regionen spät, aber umso nachhaltiger erfasste. Dem damit verbundenen *Wohlstand*, der sich in den Städten auf Schritt und Tritt bemerkbar macht, steht die Zerstörung gewachsener urbaner Strukturen sowie eine unübersehbare *Zersiedlung* der Landschaft gegenüber. Am Rande der Industriegebiete haben indes auch viele **landschaftliche Oasen** überlebt wie beispielsweise die *Colli Euganei* oder die *Colli Asolani*.

Von größerer landschaftlicher Geschlossenheit zeigt sich *Friaul-Julisch Venetien*. Topografisch gesehen senkt sich die Region ebenso wie das Veneto über *drei Stufen* vom Gebirge zum Meer hin ab, von den Gipfeln der Alpen über die Hügel bei Görz und Cividale del Friuli bis zum Delta des Tagliamento und zur Adriaküste. Die Industrialisierung ist hier nicht so weit fortgeschritten wie im Veneto, und so haben sich weite Teile der Bergregionen und der steilen, schroffen Felsküste ihre *Einsamkeit* und *Ursprünglichkeit* bewahrt. Auch die Städte im östlichen Teil Italiens pflegen ihren eigenen Lebensrhythmus. Vielerorts kommen die Bewohner abends auf der zentralen Piazza zusammen, um die Neuigkeiten des Tages auszutauschen. Alte Zeiten und Gewohnheiten sind hier noch gegenwär-

tig. Von einzigartigem Reiz sind in beiden Regionen, Friaul und Julisch Venetien, die vielen **Lagunen**, eine verzauberte Welt zwischen Land und Wasser.

Der Reiseführer

Dieser Band stellt die uralte Kulturlandschaft des Veneto und seines östlichen Nachbarn Friaul-Julisch Venetien in *sechs Kapiteln* vor. Das Ostufer des Gardasees, das zum Veneto gehört, wird in diesem Band nicht behandelt. Eine ausführliche Darstellung findet sich im **ADAC Reiseführer Gardasee**. Auf die venetischen und friulanischen Küstenregionen und die Stadt Venedig gehen auch die **ADAC Reiseführer Italienische Adria** und **Venedig** ein. Besondere Aufmerksamkeit widmet der vorliegende Band den Kunststädten Verona, Vicenza, Treviso, Padua, Venedig, Udine und Triest. Zu den wichtigsten Besichtigungspunkten findet man **Praktische Hinweise** mit den Adressen von Fremdenverkehrsämtern, Hotels, Restaurants etc. Der **Aktuelle Teil** verzeichnet in alphabetischer Reihenfolge alles Wissenswerte zu Reiseplanung, Essen und Trinken, Festen und Feiern, Kultur, Sport, Unterkunft etc. Hinzu kommt ein umfangreicher **Sprachführer**. Detaillierte **Übersichtskarten** und **Stadtpläne** erleichtern die Orientierung. Die **Top Tipps** weisen auf herausragende Sehenswürdigkeiten, Hotels und Restaurants hin. **Kurzessays** geben Hintergrundinformationen.

Links oben: *Im prächtigen Innenhof des Palazzo Ducale von Venedig fühlt sich wohl jeder Besucher einen Moment lang wie der Doge der Stadt...*
Links unten: *... doch auch die Statthalter der Serenissima wussten zu residieren – die Loggia Serravallese in Vittorio Veneto*
Oben: *Die Bäume stehen vornehm Spalier für Palladios Villa Barbaro*
Unten: *Ein letztes Glas auf einen schönen Urlaub – oder zwei*

Geschichte, Kunst, Kultur im Überblick

Prunkvolle Städte unter den Flügeln des Markuslöwen

ab 6000 v. Chr. Die Euganeer, die zur Volksgruppe der Ligurer gehören, siedeln in den Hügeln des Veneto.

10. Jh. v. Chr. Der indoeuropäische Stamm der Veneter verdrängt die in der Region ansässigen Euganeer.

2. Jh. v. Chr. Gründung der römischen Provinz Gallia Cisalpina.

181 v. Chr. Aquileia wird als römischer Vorposten gegen die Karner, die Bewohner der Karnischen Alpen, gegründet.

15 v. Chr. Das Veneto wird zur zehnten römischen Region, Venetia et Histriae.

ab 452 Die Hunnen dringen unter Attila bis nach Oberitalien vor. Verona, Vicenza und Aquileia werden erobert und völlig zerstört.

476 Auflösung des Weströmischen Reiches nach der Absetzung des letzten römischen Kaisers.

um 500 Der Gotenkönig Theoderich regiert Italien. Er residiert in Verona und Ravenna. Vor den Übergriffen der Goten retten sich viele Bewohner des venetischen Festlandes auf die Inseln der Lagune, Keimzelle Venedigs.

541 Padua gerät unter byzantinische Herrschaft. Beginn einer wirtschaftlichen und kulturellen Blütezeit.

552/553 Kaiser Justinian besiegt die Goten und unterstellt Italien dem Oströmischen Reich. Venetien gehört zum byzantinischen Exarchat von Ravenna.

568 Eroberungszug der Langobarden, denen das venetische und friulanische Binnenland in die Hände fällt. Die Byzantiner können ihre Gebiete an der Adriaküste halten. Gründung eines langobardischen Herzogtums mit Cividale del Friuli als Hauptstadt. Abermals fliehen Tausende auf die Inseln der Lagune, auf denen sich langsam eine Stadt, das spätere Venedig, entwickelt.

697 Der Exarch von Ravenna ernennt den ersten Dogen von Seevenetien.

774 Karl der Große unterwirft das Langobardenreich und verleiht seinem Sohn Pippin den Titel eines Königs von Italien. Pippin residiert häufig in Verona, wodurch die Stadt in den

Theoderich der Große, König der Ostgoten, der ›Dietrich von Bern‹ der mittelalterlichen Heldenepik, gab indirekte Impulse für die Entstehung Venedigs

◁ *Der sanfte Blick des mildtätigen Heiligen – Antonius von Padua*

Rang einer Hauptstadt erhoben wird.

809/810 Der Versuch Pippins, Seevenetien zu erobern, schlägt fehl. Der Doge verlegt seinen Sitz von der Lidoinsel Malamocco nach Rialto.

812 Der Friede von Aachen bekräftigt die byzantinische Hegemonie in Seevenetien. Die Anbindung an Byzanz erweist sich als äußerst fruchtbar für die kulturelle und wirtschaftliche Entwicklung Venedigs.

828 Venezianische Kaufleute rauben in Alessandria die Reliquien des hl. Markus und bringen sie nach Venedig.

962 Der deutsche König Otto I. besetzt Norditalien, das Teil des Heiligen Römischen Reiches Deutscher Nation wird. Die Mark Verona und der Gardasee fallen an das Herzogtum Bayern.

ab 997 Venedig dehnt seinen Herrschaftsbereich bis an die istrische und dalmatinische Küste aus.

Ende 11. Jh. Die Schwächung der Feudalinstitutionen begünstigt den Aufstieg der Städte in Oberitalien.

12. Jh. Errichtung monumentaler Kathedralen in Verona, Vicenza, Padua und Treviso.

1164 Verona, Vicenza, Padua, Treviso und Venedig verbünden sich gegen den deutschen Kaiser und erhalten kommunale Freiheit. In Venedig wird das Amt des Podestà, des Bürgermeisters, ins Leben gerufen.

1172 Gründung des Großen Rates als höchstes venezianisches Regierungsorgan. Ihm obliegt die Kontrolle von Doge und Staat.

1177 Ein schweres Erdbeben erschüttert Oberitalien und zerstört einen Großteil der Bausubstanz.

1204 Kreuzzug gegen Byzanz unter der Führung Enrico Dandalos. Abtransport zahlreicher Kunstschätze nach Venedig. Mit der Errichtung des Lateinischen Kaiserreichs in Byzanz festigt die Serenissima ihren Einfluss auf Byzanz. Die Republik dehnt ihren Herrschaftsbereich beharrlich auf den gesamten Mittelmeerraum aus.

1222 Gründung der renommierten Universität von Padua.

1227 Ezzelino da Romano, der Schwiegersohn Kaiser Friedrichs II., ergreift die Macht über Venetien und herrscht 32 Jahre lang mit äußerster Brutalität.

1231 Der Prediger Antonius von Padua stirbt in Arcella bei Padua.

ab 1250 Bildung von Stadt- und Fürstenstaaten. Adelige Herrschergeschlechter regieren die Städte. Überall im Veneto entstehen Burgen und Befestigungsanlagen, in denen die mächtigen Familien residieren. Die Rivalitäten untereinander werden nicht zuletzt auf dem Gebiet der Kunst ausgetragen, was zu einer kulturellen Blütezeit führt. Machtvolle Bettelordenskirchen der Franziskaner und Dominikaner entstehen in Städten wie Verona, Vicenza und Venedig.

1257–1381 Über ein Jahrhundert lang ist Venedig mit Genua in Kämpfe um die Hegemonie im Mittelmeerraum verwickelt. Nach dem Sieg der Venezianer sichert der Frieden von Turin die Vormachtstellung Venedigs im Levante-Handel.

1277 Nach langen Machtkämpfen übernimmt die Familie der Scaligieri in Verona die Herrschaft. In den folgenden 110 Jahren holen sie die Künstler Giotto, Altichiero und Petrarca in die Stadt.

1297 Die Verfassung Venedigs wird im Sinne des Stadtadels umgeformt. Die Mitglieder des ›Große Rates‹, der die Stadt beherrscht, dürfen nur aus dem Kreis der im sog. ›Goldenen Buch‹ verzeichneten Familien stammen. Unter ihnen werden auch die Dogen ausgewählt.
1304/05 Giotto malt die Scrovegni-Kapelle in Padua mit Fresken aus.
1368 Der Dichter Francesco Petrarca kehrt nach langen Aufenthalten in Paris, Gent, Köln, Parma, Verona, Florenz, Padua und Venedig nach Arquà zurück, wo er 1374 stirbt.
1382 Triest begibt sich infolge dauernder Auseinandersetzungen mit Venedig um die Hegemonie in der Region unter die Schutzherrschaft der Habsburger.
1389 Treviso schließt sich der Republik Venedig an.
ab 1404 Venedig dehnt seine Herrschaft immer weiter auf die Terra ferma (= Festland) aus. Vicenza und Belluno unterstellen sich der Republik. 1405 gelingt es Venedig, Verona zu unterwerfen. 1406 nehmen venezianische Truppen Padua ein.
1444 Donatello verlegt seine Werkstatt nach Padua und fertigt das Reiterstandbild des Gattamelata.
Mitte 15. Jh. Das Hoheitsgebiet der Republik Venedig erreicht seine größte Ausdehnung und reicht von Bergamo vor den Toren Mailands bis nach Istrien und Dalmatien, von der Adria im Süden bis zu den Dolomiten im Norden. – Jacopo, Giovanni und Gentile Bellini begründen mit ihren richtungsweisenden Werken die venezianische Schule der Malerei.
1453 Die Osmanen erobern Konstantinopel und kappen die Fernhandelsverbindungen der Venezianer.
um 1498 Mit der Entdeckung Amerikas durch Kolumbus und des Seewegs nach Indien durch Vasco da Gama büßt Venedig seine Bedeutung als zentraler Handelsstützpunkt ein.
1489 Venedig erobert Zypern.
1500 Görz und das Ostfriaul mit Aquileia fallen an die Habsburger.

Andrea Palladio, der bedeutendste Baumeister seiner Zeit

ab 1500 Die Maler Vittore Carpaccio, Giorgione, Tizian, Jacopo Tintoretto und Paolo Veronese begründen das ›Goldene Zeitalter der venezianischen Kunst‹.
1508 Spanien, Frankreich, der deutsche Kaiser und Papst Julius II. verbünden sich in der Liga von Cambrai gegen Venedig, um dessen Machtstreben einzudämmen. Geschickte Diplomatie bringt die Allianz zwei Jahre später zu Fall. Venedig gewinnt die verlorenen Gebiete auf der Terra ferma zurück.
ab 1530 Glanzzeit der Villenarchitektur im Veneto unter Einfluss des Baumeisters Andrea Palladios.
1571 Seesieg der Heiligen Liga (bestehend aus Kirchenstaat, Venedig und Spanien) über die Türken bei Lepanto.
1576 Tausende fallen in Venedig einer Pestepidemie zum Opfer.
1669 Die Venezianer müssen Kreta an die Türken abtreten, 1687 verlieren sie auch den Peloponnes.
1718 Venedig büßt seinen gesamten Kolonialbesitz und damit verbunden den Großmachtstatus ein. Giovanni Battista Tiepolo verhilft der Republik noch einmal zu künstlerischem Glanz.
1719 Die Städte Triest und Fiume werden per Dekret Kaiser Karls VI. zu Freihäfen erklärt. Damit beginnt der große wirtschaftliche Aufschwung Triests.
ab 1797 Napoleons Truppen marschieren in Norditalien ein. Der letzte Doge, Lodovico Manin, dankt am 12. Mai ab und besiegelt das Ende der souveränen Republik Venedig.
1814/15 Der Wiener Kongress beschließt die Wiederherstellung des unter Napoleon aufgelösten Kirchenstaates. Venedig, Venetien und das Friaul werden den Österreichern unterstellt.
1832 Giuseppe Mazzini gründet einen Geheimbund zur Befreiung Italiens von der österreichischen Herrschaft.
1846 Bau des Eisenbahndamms vom Festland nach Venedig.
1848 Die nationale Einigungsbewegung, das ›Risorgimento‹, formiert sich. Erste Aufstände gegen die Österreicher.
1861 Camillo Cavour, der Ministerpräsident des Königreichs Sardinien, ruft das Königreich Italien aus. Vittorio Emanuele von Sardinien wird König des vereinten Italien.

1866 Venetien und das Westfriaul treten dem Königreich Italien bei. An der Seite der Preußen kämpft Italien gegen Österreich. Im Frieden von Wien vom 3. Oktober verzichtet Italien auf seine Ansprüche in Istrien, Ostfriaul und Triest. Heftige Krawalle der nationalistischen Kräfte in Triest sind die Folge.

1915 Italien tritt gegen Österreich-Ungarn und Deutschland in den Ersten Weltkrieg ein. Die Terra ferma wird zum Schauplatz vieler Schlachten.

1919/20 Triest und Istrien werden Italien zugesprochen.

1922 Benito Mussolini wird von König Viktor Emanuel III. zum Ministerpräsidenten ernannt. Nach der Änderung des Wahlrechts erringen die Faschisten bei den Parlamentswahlen 1924 eine Zweidrittelmehrheit.

1940 Italien tritt an der Seite Japans und Deutschlands in den Zweiten Weltkrieg ein.

1943 Deutsche Truppen besetzen Triest und Julisch Venetien. Im Triestiner Stadtteil San Sabba wird ein Konzentrationslager errichtet.

1945 ›Quaranta giornate‹ (›40 Tage‹): Titos Partisanen besetzen von Mai bis Juni Triest. Italien tritt Istrien an Jugoslawien ab.

1964 Friaul, Görz und Triest werden zur autonomen Region Friuli-Venezia Giulia zusammengefasst.

1966 Sturmflut in Venedig infolge des hohen Grundwasserverbrauchs der Industrie, der die Stadt immer weiter absinken ließ.

1970 Venedig wird Hauptstadt der Region Veneto.

1976 Ein schweres Erdbeben erschüttert das Friaul. 1100 Menschen sterben.

1994 Sanierungsprojekte verbessern die Wasserqualität der venezianischen Lagune. Die zwischen Porto Marghera und Mestre angesiedelten Industriebetriebe erhalten strenge Auflagen für die Entsorgung giftiger Rückstände.

1994 Eine Gruppe rechter Separatisten besetzt den Campanile von San Marco und fordert die Autonomie Venetiens. Die Lega Nord, eine rechtsgerichtete, separatistische Partei unter Umberto Bossi, die die Abspaltung Norditaliens vom Süden fordert, tritt in die erste Regierung von Silvio Berlusconi ein. Dessen Partei Forza Italia hatte die Wahlen gewonnen.

1999 ›Apertutto‹: Das Ausstellungsgelände der Biennale von Venedig bezieht erstmals Anlagen des Arsenals mit ein, auf dem junge Künstler aus aller Welt ihre Arbeiten präsentieren.

2006 Bei den Parlamentswahlen siegt Romano Prodi mit seiner Mitte-Links-Koalition über Silvio Berlusconi und seine Anhänger.

2007 Nach schweren Ausschreitungen am Rande eines Fußballspiels auf Sizilien, bei denen ein Polizist stirbt, werden mehrere italienische Fußballstadien vorübergehend für Besucher gesperrt, darunter jene von Verona und Udine.

Selbst wenn an manchen Tagen die Piazza San Marco zur Lagune wird – die kleinen Vergnügungen brauchen deshalb noch längst nicht ins Wasser zu fallen

Die Krone der Villenarchitektur auf
einem Hügel des Veneto – Andrea Palladios
Villa La Rotonda bei Vicenza

Unterwegs

Der Südwesten Venetiens – die großen Kunstzentren und ihr Bannkreis

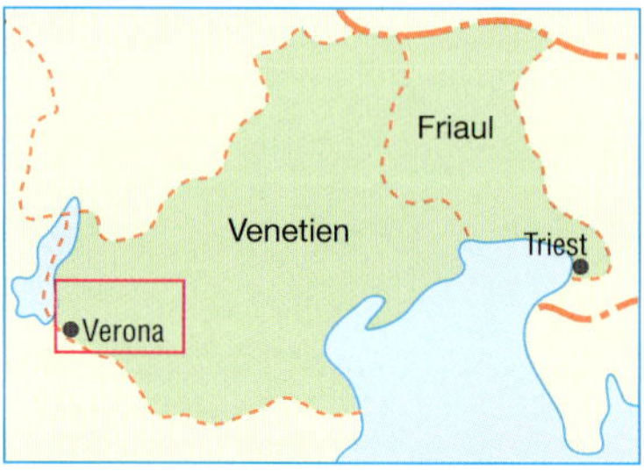

Für die aus dem Norden kommenden Reisenden beginnt in **Verona** Italien. Hat man erst einmal die Gebirgszüge der Alpen überquert, öffnet sich die enge Bergwelt zu einer weiten und gefälligen *Hügellandschaft*, in der Verona gleichsam als **Tor Italiens** liegt. *Heinrich Heine* glaubte sich im Fiebertraum beim Anblick der »altertümlichen Gebäude« und des »gottblauen Himmels«. Bis heute bereiten majestätische Zypressen, die antike Arena, romanische Campanile, Renaissance-Paläste sowie die malerische *Piazza delle Erbe* und das geschäftige Treiben der Stadt einen Empfang, der Besucher auf besondere Weise betört und einstimmt auf die Weiterfahrt nach **Vicenza** und die Begegnung mit den Werken eines der bedeutendsten Baumeister der Architekturgeschichte, **Andrea Palladio**.

1 Verona

Plan Seite 20/21

Antike, Mittelalter und Renaissance geben den Rahmen für das quirlige Leben in der Stadt Romeos und Julias.

Seinen Charme verdankt Verona nicht zuletzt der *reizvollen Lage* an den Ausläufern sanft geschwungener Hügelketten. Zu Füßen der *Lessinischen Alpen* entstand die Stadt in einer Schleife des *Adige*, der Etsch. Eine alte Siedlung der Gallier und Veneter wurde von den Römern übernommen und im Jahr 89 v. Chr. Teil der Provinz *Gallia Cisalpina*.

An dem strategisch wichtigen Knotenpunkt der *Via Claudia Augusta*, die von Norden nach Süden führte, und der *Via Postumia*, die in ost-westlicher Richtung

Allein die Kulisse ist eine Schau – die Arena von Verona ist die weltberühmte Bühne für die alljährlichen Opernfestspiele

Wie eine Schleife windet sich die Etsch um das architektonische Kleinod des alten Stadtkerns von Verona

verlief, entwickelte sich Verona rasch zu einer blühenden Handelsstadt, deren charakteristischer schachbrettartiger Grundriss aus der Vogelperspektive auch heute noch gut erkennbar ist. Nach dem Niedergang des Römischen Reiches erkor der Ostgotenkönig *Theoderich* Verona zu seiner Residenz. Machthaber kamen und gingen, bis Verona 1136 seine kommunale Selbstständigkeit erlangte. Innerstädtische Machtkämpfe bedeutender Adelsfamilien prägten die folgenden Jahrzehnte. Aus den Streitigkeiten gingen 1262 die **Scaliger** als Sieger hervor, die ihren Namen dem Bild der Leiter (*Scala*) verdanken, die sie in ihrem Wappen trugen. Unter ihrer Herrschaft, die mehr als 100 Jahre währte, prosperierte Verona rasch. Die Stadt wuchs, was 1323 den Bau einer neuen Wehrmauer nötig machte. Darüber hinaus hinterließen die Scaliger Verona eine der wichtigsten Sehenswürdigkeiten, das **Castelvecchio** mit seiner Brücke, die Schlossburg am linken Ufer der Etsch. 1405 eroberten die *Venezianer* Verona. Sie wurden 1797 von Napoleon und schließlich von den österreichischen Kaisern abgelöst, die auf den Hügeln rund um die Stadt die *Torricelle* anlegen ließen, Festungswälle mit Zitadellen und Wachttürmen. 1866 wurde Verona Teil des italienischen Königreiches und hat sich seitdem zu einer der wohlhabendsten Städte im Norden des Landes entwickelt. Vor allem der Handel mit Agrarprodukten prägt heute das Wirtschaftsleben der Metropole mit ihren mehr als 250 000 Einwohnern.

Piazza Brà und Arena

Der Flanierplatz der Stadt ist die **Piazza Brà** 1. Hierher kommt man, um zu sehen und gesehen zu werden. Schon *Heinrich Heine* beobachtete während seiner Italienreise auf der Piazza die »schöne Welt von Verona« beim Genuss von »Sorbett und Abendkühle und Musik«. Die erklingt heute nur noch während der sommerlichen Opernfestspiele **Arena di Verona**, wenn die donnernden Aida- und Nabucco-Chöre die Piazza zum Erbeben bringen. Das antike Bauwerk, ein weltberühmtes Freiluftopernhaus, prägt mit seinem weiten Oval die Architektur der Piazza, zu der auch das neoklassizistische *Municipio*, das Rathaus, der barocke *Palazzo della Gran Guardia* und die morbiden Fassaden der Palazzi am **Listón** 2 gehören. Der sog. ›breite Streifen‹, eine marmorgepflasterte Flaniermeile mit Arkaden, Souvenir-

geschäften, Banken, Restaurants und Caféterrassen unter grünen Markisen, ist gleichsam der Auftakt der **Via Mazzini** 3, der Hauptgeschäftsstraße Veronas, die ins mittelalterliche Zentrum führt.

Die **Arena** 4 (www.arena.it, Mo 14–19.30, Di–So 8.30–19.30, während der Festspielsaison Di–So 8.30–15.30 Uhr) selbst, im Jahre 30 n. Chr. fertig gestellt und damit eines der ältesten Amphitheater Italiens, mehrte Veronas Ruhm in aller Welt. Bis zu 25 000 Zuschauer finden in dem kolossalen römischen Theaterbau Platz. Schon ab dem frühen 19. Jh. nutzte man das Amphitheater für *Konzertaufführungen*. 1913 wurde hier anlässlich des 100. Geburtstages von Verdi *Aida* in Szene gesetzt. In der Antike hingegen diente das Oval der Veranstaltung blutiger *Gladiatorenspiele* und *Tierhetzen*. Im Mittelalter nutzte man es nicht selten als Steinbruch. Zugleich fanden hier Schauprozesse gegen vermeintliche Ketzer statt, die dann an Ort und Stelle hingerichtet wurden.

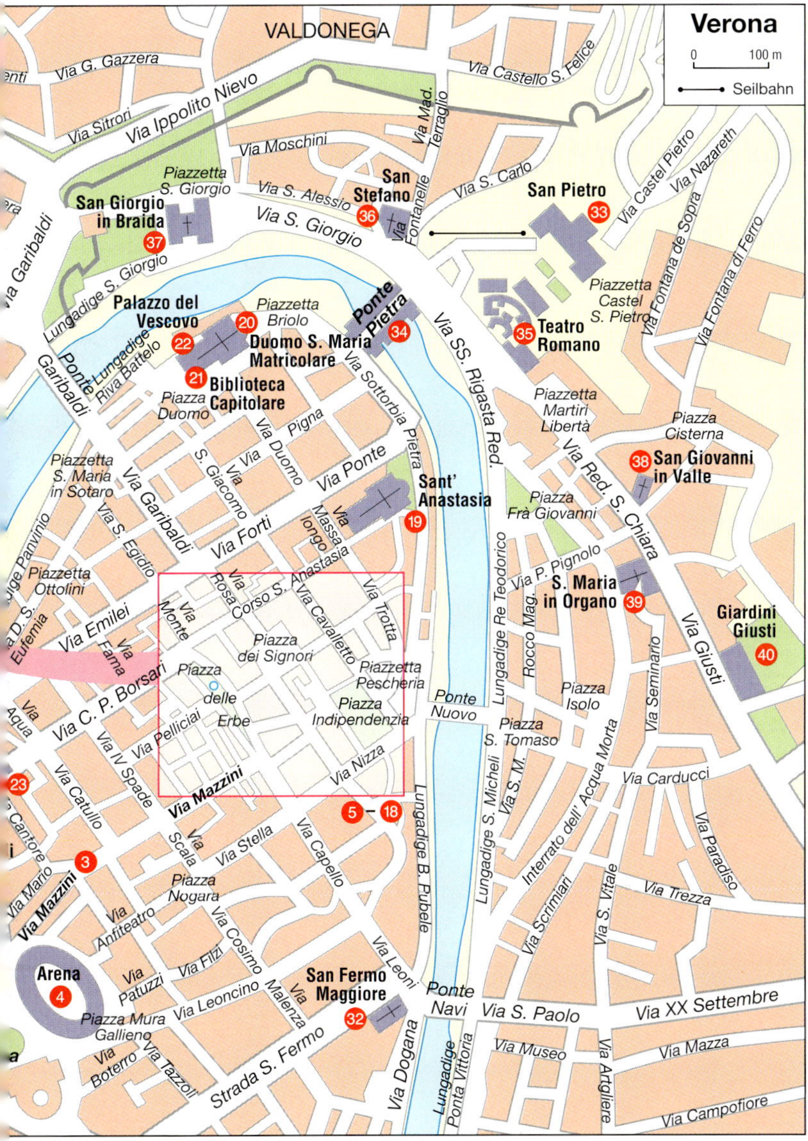

Weniger grausam ging es bei den *Ritterspielen* zu, die man ab dem 13. Jh. veranstaltete.

Die Arena in ihrer heutigen Gestalt ist nur mehr ein Torso des römischen Amphitheaters. Einst wurde das weite Oval des Zuschauerraums mit seinen 44 Sitzreihen von einer äußeren Ringmauer umgeben, von der nach einem Erdbeben im Jahre 1183 nur noch vier Bögen, die sog. *Ala* im Norden, erhalten blieben. Die zweigeschossigen Arkaden, die heute die 139 m lange und 110 m breite Ellipse umschließen, bildeten also ursprünglich den inneren Stützapparat des Bauwerks.

Das mittelalterliche Zentrum

Über die Via Mazzini erreicht man schnell die **Piazza delle Erbe** 5, den alten Marktplatz von Verona, das Zentrum der mittelalterlichen Stadtrepublik. Mit seinen Türmen und morbiden Palastfassaden gehört er zu den schönsten Plätzen Italiens. Das Rechteck der Piazza säumen der romanische **Palazzo del Comune** ❻, ein imposanter Vierflügelbau, der im 19. Jh. eine klassizistische Fassade erhielt, die **Torre dei Lamberti**, die mit 83 m Höhe einen markanten vertikalen Akzent setzt, sowie die **Casa dei Mercanti** ❼, dem Turm gegenüber und leicht zu erkennen an ihren Zinnen und offenen Arkaden. Die nordwestliche Schmalseite des Platzes nimmt der dreigeschossige **Palazzo Maffei** ❽ (Di–So 8.30–14 Uhr) ein, der von einer statuengeschmückten Balustrade gekrönt wird. In seiner Wuchtigkeit erinnert der 1668 errichtete Palazzo an römische Barockbauten und mutet in Verona fremd an. In seinem Inneren zeigt das *Museo Lapidario Maffeiano* griechische, etruskische und römische Inschriften. Ihm zur Seite ragt die **Torre Gardello**, der mittelalterliche Uhrturm, einem Pfeiler gleich hoch in den Himmel. Vor der Palastfassade thront auf der *Colonna di San Marco* (1528) der venezianische Löwe über der Piazza, deren eigentliche Herrscherin jedoch im Zentrum die **Madonna Verona** ❾ ist. Mit römischem Körper und mittelalterlichem Kopf scheint die Statue leichtfüßig über die Schirme der Marktleute zu schreiten. Die grazile Figur, zu deren Füßen Wasser aus steinernen Masken in ein antikes Brunnenbecken sprudelt, ist das Wahrzeichen Veronas. Die **Case dei Mazzanti** ❿ begrenzen die Piazza nach Osten. Die mittelalterlichen Bürgerhäuser gehörten der Familie Mazzanti, in deren Auftrag die Maler Alberto Cavalli, Gian Francesco Caroto und Nicolò Giolfino im 16. Jh. die Fassaden mit farbenprächtigen *Fresken* bemalten. Im Süden der Piazza haben sich die Mailänder Visconti mit der gotisch inspirierten **Colonna del Mercato** verewigt, einer Säule, die das Wappen dieser mächtigen Familie trägt. Die Piazza verengt sich hier zur *Via Cappello*, dem Wallfahrtsziel für entflammte Herzen. In dem Palazzo Nr. 23, der **Casa di Giulietta** ⓫ (Mo 13.30–18.45, Di–So 8.30–18.45 Uhr), soll Giulietta Capelletti gewohnt haben. Eine Bronzestatue erinnert an die Geschichte der unglücklichen Liebenden *Romeo und Julia*, die in diesem Palazzo mit dem weltberühmten *Balkon* ihren Anfang genommen haben soll. Romeo, der zum Geschlecht der Montecchi gehörte, hat angeblich nur ein paar Schritte weiter in der *Via Arche Scaligere* gelebt. Die Liebe zwischen Romeo und Julia scheiterte an der tödlichen *Familienfehde* der Capelletti und Montecchi – der Stoff folkloristischen Ursprungs regte den jungen **William Shakespeare** 1595 zu seiner weltberühmten Tragödie an. Historisch verbürgt ist die Geschichte nicht. Aber im Haus der Julia sucht man nicht nach Fakten, sondern nach dem Zauber romantischer Liebe.

Sie kann den Blick gar nicht abwenden von den prachtvollen Fresken der Case dei Mazzanti – die Madonna Verona auf der Piazza delle Erbe

Gleich neben der Piazza delle Erbe liegt die **Piazza dei Signori** ⓬, die man durch den *Arco della Costa* erreicht. Dies ist einer der fünf Torbögen, die sich auf den exquisiten Platz öffnen, der sich saalartig zwischen den ehrwürdigen Regierungsgebäuden erstreckt. Hier, im politischen Zentrum Veronas, hat *Dante Alighieri* sein Standbild (1865). »Da kommt der Mann, der in der Hölle gewesen ist«, sollen sich die Frauen Veronas zugeflüstert haben, wenn sich der Dichter der ›Göttlichen Komödie‹ auf der Straße blicken ließ. Er hatte, 1303 aus Florenz vertrieben, heimatlos und bettelarm, am Hofe des Cangrande Zuflucht gefunden. Zu einem Gesamtbild von strenger Anmut und Würde fügen sich die Bauwerke der Piazza: Rechts neben dem Arco della Costa erstreckt sich die romanische Ostfassade des *Palazzo del Comune* in der für Verona charakteristischen Streifenarchitektur aus abwechselnden Haustein- und Ziegellagen. Ein Bogen verbindet den Stadtpalast des *Podestà* mit dem **Palazzo dei Tribunali** ⓭, einem häufig veränderten Bau, den sich Cansignorio della Scala 1365 errichten ließ. Im Originalzustand ist allein der Wehrturm erhalten. Von *Michele Sanmicheli* stammt das 1530 errichtete Säulenportal, das in die Artillerieschule führte, die die Venezianer hier eingerichtet hatten. Die östliche Schmalseite der Piazza nimmt der **Palazzo del Governo** ⓮ mit seinem Zinnenkranz ein. Wo einst die Scaliger residierten, ist heute die Provinzregierung untergebracht. Die Regentschaft des kunstsinnigen *Cangrande della Scala* zog viele große Geister des 14. Jh. an, darunter **Giotto** (1266–1337) und **Altichiero** (ca. 1330–1390), die die Innenräume des Palazzo mit heute leider nicht mehr erhaltenen Fresken ausschmückten. Den Nordosten der Piazza nimmt die **Loggia del Consiglio** ⓯ ein, ein zwischen 1476 und 1493 errichteter Bau der Frührenaissance, für den möglicherweise der Veroneser Humanist Fra Giovanni Giacondo die Pläne lieferte. Rundbogenarkaden, die auf Säulen mit hohen Piedestalen ruhen, öffnen das Gebäude zur Piazza hin und geben ihm seine beschwingte Leichtigkeit. Die Vertikale der Pilaster des Obergeschosses wird über dem Kranzgesims von fünf Statuen akzentuiert. Sie stellen antike Persönlichkeiten dar, die mit Verona besonders verbunden waren: den Poeten Catull, den Literaten und Naturphilosophen Plinius d. Ä., den Rechtsgelehrten Aemelius Ma-

Der berühmteste Balkon der Literaturgeschichte am Haus der Julia

Die ewige Liebe – Romeo und Julia

»Romeo und Julia: Wer so liebt, wie Ihr es getan habt, muss auch für seine Liebe sterben können. Ich bin 17 Jahre alt und kann meinen Romeo nur aus der Ferne sehen. Oft denke ich an den Tod als Ausweg. Bitte helft mir!« So fleht Günesch aus Istanbul. Täglich treffen Hunderte von **Briefen** aus aller Welt in Verona ein – adressiert an ›Julia Capulet, Verona, Italien‹. Bis vor wenigen Jahren wurden die Briefe nur mit einem Standardschreiben beantwortet, seit 1991 gibt es jedoch einen **Club di Giulietta** (www.julietclub.com). Die Mitglieder dieser Initiative beherrschen mehrere Sprachen und beantworten jedes Schreiben individuell. Noch bevor sich die Obrigkeit der Stadt Verona den Sorgen **unglücklich Verliebter** in aller Welt zu widmen begann, gab es beim Kustoden der Casa di Giulietta lediglich eine kleine Kassette, in die man eine Botschaft stecken konnte. »Was soll ich tun? Mein Romeo ist sich meiner Liebe nicht bewusst, und ich kann sie ihm nicht gestehen«, klagt Olga aus St. Petersburg. Ihr Brief ist zusammen mit zahlreichen anderen Hilferufen in Sachen Liebe in dem Buch ›**Cara Giulietta**‹ des Veroneser Verlages Progei veröffentlicht worden.

cer, den Baumeister Vitruv sowie den Geschichtsschreiber Cornelius Nepos.

Das **Caffè Dante** 16 nebenan ist das älteste Café der Stadt und war um die Jahrhundertwende ein Literatentreff. Der **Palazzo dei Giudici** 17 schließt die westliche Schmalseite der Piazza, ein Bau des 17. Jh., in dem die venezianischen Richter einst ihres Amtes walteten.

Durch den *Arco della Tortura*, an dem die Venezianer Folterwerkzeuge zur Abschreckung darboten, gelangt man zur Hauskirche der Scaliger, der **Chiesa S. Maria Antica** 18. Der kleine romanische Bau mit seinem dreischiffigen Innenraum – das geheimnisvolle Halbdunkel erinnert an eine Krypta – ist umgeben von den **Arche Scaligere**, den berühmten Grabmonumenten der Familie della Scala. Das stupende Forum der Sarkophage ist sicherlich einer der ungewöhnlichsten Friedhöfe der Welt, gleichsam eine Insel der Ewigkeit, geprägt von Ruhm und Prachtentfaltung der Scaliger. Über dem nördlichen Kirchenportal ist das älteste der Grabmäler zu sehen. Es wurde in seiner außergewöhnlichen Gestaltung stilprägend für alle folgenden Monumente. Die Statue **Cangrande I. della Scalas** erscheint hier mit abgewandtem Gesicht auf dem Sarkophag unter einem Baldachin, dessen pyramidaler Aufsatz wiederum das Reiterstandbild Cangrandes trägt (Original im Castelvecchio). Mit lachender Miene sprengt der 1329 Verstorbene hoch zu Ross über das eigene Grab hinweg. Den eigentlichen Friedhof vor der Kirche umgibt eine kleine Mauer, die noch das ursprüngliche schmiedeeiserne Gitter aus dem 14. Jh. ziert. Wie sein Vorgänger Cangrande hatte *Mastino II. della Scala* sein üppig mit Figuren geschmücktes Grabmonument noch selbst entworfen. 1350, ein Jahr nach Fertigstellung des Denkmals, starb Mastino II. Auf seinem Sarkophag erscheint er zwischen Engeln, auf dem Baldachindach als gerüsteter Ritter zu Pferde.

TOP TIPP

Das prunkvollste Grab der Anlage schuf der lombardische Bildhauer *Bonino da Campione* für den 1375 verstorbenen *Cansignorio della Scala*, dessen Sarkophag mit einer Liegefigur von sechs heiligen Rittern in Tabernakeln bewacht wird. Auf dem reich mit Fialen geschmückten Baldachin trägt ein figurenverzierter Sockel das Reiterstandbild des Verstorbenen. Neben diesen prunkvollen Monumenten findet man auf dem Friedhof noch vier weitere Scaligergräber, die jedoch sehr viel schlichter gehalten sind.

Geduldig erträgt er die fromme Last des Weihwasserbeckens von Sant' Anastasia

Sant' Anastasia

www.chieseverona.it
März–Okt. Mo–Sa 9–18, So 13–18 Uhr, Nov.–Febr. Di–Sa 10–13 und 13.30–16, So 13–17 Uhr

Über die Piazza Pescheria und den Corso Sant' Anastasia hat man bald die größte Kirche Veronas erreicht, **Sant' Anastasia** 19. Inmitten der engen Altstadtgassen ragt die Dominikanerkirche auf, deren Baugeschichte sich von 1289 an über zwei Jahrhunderte hinzog. Den wichtigsten Förderer fand der Bau in *Graf Guglielmo di Castelbarco*, der zu den mächtigsten Persönlichkeiten am Hofe der Scaliger gehörte. Nach seinem Tod 1319 wurde über dem Eingangsportal zum Kloster Sant' Anastasia Guglielmos Grabmal platziert.

Gewaltige Strebepfeiler verleihen der Kirche ein festungsartiges Aussehen, einladend wirkt allein das schöne *Stufenportal*, in dessen Mitte der hl. Dominikus Einlass gewährt. Den dreischiffigen **Innenraum** gliedern mächtige Rundsäulen, auf denen die Mittelschiffarkaden aufsitzen. Über ihnen spannt sich ein Kreuzrippengewölbe, das mit floralen Ornamenten bemalt ist. Einen Kontrast dazu setzt das weiß-blau-rote Dreisassmuster des Marmorbodens. Einheimische Künstler wie Giovanni Francesco Caroto (1480–1555), Liberale da Verona (1445–1529) und Francesco Morone (1470/71–1529) steuerten Fresken und Gemälde zur kostbaren Ausstattung der Kirche bei. Die Scaliger gaben den Auftrag zur Gestaltung der fünf Chorkapellen im Querschiff, die die bedeutendsten Kunstwerke von Sant' Anastasia bergen. In der **Cappella Cavalli**, der ersten des rechten Querschiffs, sieht man ein Spätwerk des Veroneser Malers Altichiero. Das Votivfresko (um 1390) zeigt drei kniende Ritter der Familie Cavalli, die von ihren Namenspatronen der Madonna empfohlen werden. In der benachbarten **Cappella Pellegrini** schuf Michele da Firenze 24 Terrakotta-Reliefs mit Szenen aus dem Neuen Testament (um 1430). Über dem Eingangsbogen der Cappella prangt das märchenhaft gestaltete Fresko ›Aufbruch des hl. Georg zum Kampf mit dem Drachen‹ (um 1433) von Antonio Pisani, genannt **Pisanello** (ca.1395–1455), dem bedeutendsten italienischen Künstler an der Wende von der Spätgotik zur Frührenaissance.

Im *Hauptchor* nimmt das monumentale **Grabmal des Condottiere Cortesia Serego** (1424–29) die ganze linke Wand ein. Als Schöpfer ist Nanni di Bartolo überliefert, der sein Handwerk bei Donatello lernte. Die **Cappella di Rosario** birgt ein Altarbild der ›Madonna des Rosenkranzfestes‹, das Lorenzo Veneziano im 14. Jh. schuf.

Ein Scaliger sitzt auch Jahrhunderte nach seinem Tod noch hoch zu Ross

Duomo S. Maria Matricolare 20

www.chieseverona.it
März–Okt. Mo–Sa 10–17.30, So 13.30–17.30, Nov.–Febr. Di–Sa 10–13 und 13.30–16 Uhr

Nur wenige hundert Meter nordwestlich von Sant' Anastasia steht Veronas Dom S. Maria Matricolare. Er wurde 1139–87 in einer Schleife der Etsch errichtet. Schon im frühen 5. Jh. hatte an dieser Stelle eine Kirche gestanden, die jedoch zu Beginn des 12. Jh. einem Erdbeben zum Opfer fiel. Allein ein Teil des Mosaikbodens sowie eine Säule dieses frühen Sakralbaus sind erhalten und in einem Raum vor dem Kreuzgang zu sehen.

Das äußere Erscheinungsbild des Doms ist romanischen Zuschnitts, während die Ausstattung des Innenraums bereits in die Zeit der Gotik fiel. Der Campanile wurde gar erst 1926 nach Entwürfen des Renaissance-Baumeisters *Michele Sanmi-*

cheli (1484–1559) fertig gestellt, allein der Sockel entstand im 12. Jh. Blickfang der aus Tuff und Backstein gemauerten **Fassade**, die den Eindruck eines ›lebendigen‹ Baukörpers voller Plastizität vermittelt, ist das schöne **Portal** unter einem doppelgeschossigen Baldachin. Eine Inschrift überliefert den Namen des Schöpfers des Portals, **Nicolò**, eines der bedeutendsten Bildhauer der Romanik. Seine Prophetenfiguren am Portalgewände von S. Maria Matricolare zählen zu den ältesten Gewändefiguren mittelalterlicher Kunst. Im Tympanon thront die Gottesmutter mit den Heiligen Drei Königen zur Rechten und den Hirten zur Linken.

Der dreischiffige **Innenraum** beeindruckt durch Höhe und Monumentalität. Das bedeutendste Ausstattungsstück findet man gleich in der ersten Kapelle links: **Tizian** gestaltete seine ›Himmelfahrt Mariens‹ um 1530 in Anlehnung an die ›Assunta‹ in Venedig [s. S. 72], ohne jedoch deren imposante Feierlichkeit zu imitieren. Von der Fabulierfreude der höfischen Malerei der Gotik zeugt die ›Anbetung der Könige‹ von *Liberale da Verona*, die die zweite Kapelle rechter Hand schmückt. Am Ende des rechten Seitenschiffs, in der Cappella Mazzanti, findet man das **Grabmal der hl. Agatha** (14. Jh.), das in seiner Gestaltung an die Scaligergräber von S. Maria Antica [s. S. 24] erinnert.

Die schmucklosen Chorschranken des *Presbyteriums* (1534), die allein auf räumliche Wirkung hin angelegt sind, gehen auf Pläne Michele Sanmichelis zurück. Durch eine Tür links neben den Chorschranken gelangt man zuerst zu St. Elena, dann in das **Chiesa San Giovanni in Fonte**, dessen Wände romanische und gotische Fresken überziehen. Das monolithische, aus Veroneser Marmor geformte *Taufbecken* (um 1200) schmücken schöne Reliefs, die Begebenheiten aus dem Leben Jesu schildern.

Der **Chiostro delle Canoniche** (12. Jh.), den man vom linken Seitenschiff aus erreicht, ist in seiner ursprünglichen Gestalt erhalten. Er gehört zur Kirche **Sant' Elena**, der Hauskirche der Kanoniker neben dem Dom. Rechts vom Hauptportal von S. Maria Matricolare befindet sich die **Biblioteca Capitolare** 21, in der seit dem 5. Jh. Manuskripte aufbewahrt werden – entsprechend groß ist die Sammlung mittelalterlicher Handschriften und Inkunabeln. Zum Dombezirk gehört schließlich noch der zinnenbekrönte **Palazzo del Vescovo** 22 aus dem 16. Jh. hinter der Kirche.

Porta dei Bosari, Corso Cavour und Castelvecchio

Auf dem Weg entlang der Etsch vom Dom zum südwestlich gelegenen Castelvecchio, der Scaligerburg, künden zahlreiche alte *Paläste* aus Spätmittelalter und Renaissance vom einstigen Wohlstand der Veroneser Nobili, die nach der Inbesitznahme der Stadt durch die venezianische Republik zu Beginn des 15. Jh. von den vielfältigen Handelsbeziehungen der *Serenissima* profitierten.

Am Ende des Corso Porta Bosari überspannt die imposante **Porta dei Bosari** 23 mit zwei Bögen die breite Straße. Das aus weißem Haustein errichtete Tor (1. Jh.) gehörte zur römischen Stadtmauer. Die Kirche **SS. Apostoli** 24, die etwas zurückversetzt auf der linken Seite des hinter der Porta dei Bosari beginnenden Corso Cavour steht, gibt ein trauriges Beispiel ab für den Verlust einer einheitlichen Formensprache durch unentwegte Umbauten – der letzte erfolgte im 19. Jh. Das Bauwerk wäre keinen Besuch wert, würde man durch seine Sakristei nicht die kleine Kirche **SS. Tosca e Teuteria** 25 (5. Jh.) erreichen, um die sich die Legende der beiden Veroneser Heiligen Tosca und Teuteria rankt. Die Jungfrauen lebten einsam in einer Höhle bei Verona, in die eines Tages in lasterhafter Absicht ein Prinz vordringen wollte – doch prompt verschloss ihm ein dichtes Spinnennetz den Zugang. Der Prinz erkannte das Wirken höherer Mächte und bekannte sich zum Christentum. Zur Verehrung der *Reliquien* der Jungfrauen wurde schließlich die kleine, durch Umbauten im 16. Jh. stark veränderte Kirche errichtet. Erst 1913 stellte sich heraus, dass es sich bei einem der beiden Skelette um das eines Mannes handelte. In den Grabdenkmälern der Kirche ruhen die Toten der *Familie Bevilacqua*, als deren Privatkapelle SS. Tosca e Teuteria ab dem 14. Jh. diente.

Die Kirche **San Lorenzo** 26 (11./12. Jh., März–Okt. Mo–Sa 10–18, So 13–18 Uhr, Nov.–Febr. Di–Sa 10–13 und 13.30–16, So 13–17 Uhr) auf der anderen Seite des Corso ging aus einem karolingischen Vorgängerbau hervor. Sie ist das typische Beispiel einer romanischen Emporenbasilika mit fünf Apsiden. Die Westfassade flankieren zwei hohe Rundtürme. Im dreischiffigen Innenraum ist leider nahezu nichts von der ursprünglichen Ausstattung erhalten, da die Kirche im Zweiten Weltkrieg stark zerstört wurde. Vorbei am *Palazzo Scannagatti* (16. Jh.) mit dem *Museo Civico di Sto-*

Bogen über Bogen wölbt sich in der Basilika von San Lorenzo zur Ehre des Herrn

ria Naturale, dem Naturhistorischen Museum (www.museostorianaturaleverona.it, Sa–Do 9–19, So 14–19 Uhr), dem *Palazzo Bevilacqua* (Nr. 19) von Michele Sanmicheli und dem *Palazzo Canossa* (Nr. 44), der ebenfalls Sanmicheli zugeschrieben wird, erreicht man am Ende des Corso Cavour den **Arco dei Gavi** 27, einen im 1. Jh. zu Ehren der gleichnamigen Familie errichteten römischen Triumphbogen. Seine Architektur wurde im Mittelalter stilbildend, da man irrtümlicherweise annahm, dass es sich bei dem auf dem Bogen erwähnten Baumeister »VITRUVVIVS LL CERDO ARCHITECTUS« um den berühmten römischen Architekten Vitruv handelte. Aus diesem Grund hatte auch *Andrea Palladio* den Bogen gezeichnet; ein Glück, denn so konnte man 1932 den Arco aus seinen Trümmern originalgetreu wieder aufbauen, nachdem ihn die Franzosen zu Beginn des 19. Jh. abgerissen hatten.

Das am Rande der Altstadt gelegene **Castelvecchio** 28, eine im Kern mittelalterliche Burganlage, in deren Architektur die venezianische Hoheit sowie die österreichische Besatzung ihre Spuren hinterließen, bietet mit ihren mächtigen Ziegelmauern, Wachttürmen und Zinnen sowie der weit gespannten Fluchtbrücke **Ponte Scaligero** 29 über die Etsch ein beeindruckendes Bild des Festungsbaus vergangener Jahrhunderte. Bis auf den heutigen Tag ist hier das frostige Klima zu spüren, das zur Regierungszeit **Cangrande della Scalas II.** in Verona herrschte. 1354 hatten sich die innenpolitischen Spannungen derart verschärft, dass der Fürst in nur zwei Jahren diese Festung aus dem Boden stampfen ließ, in der er sich verschanzte. Schließlich wurde er 1359 Opfer eines Mordanschlags durch seinen Bruder Cansignorio. Über Jahrhunderte hinweg diente die Festung als Residenz der Machthaber von Verona. Seit 1923 ist sie Sitz des **Museo di Castelvecchio** (www.comune.verona.it/castel vecchio/cvsito, Mo 13.45–18.45, Di–So 8.30–18.45 Uhr). Nachdem die Anlage im Zweiten Weltkrieg schwer in Mitleidenschaft gezogen worden war, führte der venezianische Architekt *Carlo Scarpa* 1958 sein spektakuläres Wiederaufbauprojekt durch und verhalf der Sammlung damit zu einem glanzvollen Rahmen. Sie umfasst neben vielen drittklassigen Werken Gemälde und Fresken von Pisanello, Giovanni Bellini, Paolo Veronese und Andrea Mantegna. Unter den Skulpturen des Mittelalters befindet sich auch das Original der Reiterstatue vom Grabmal des Cangrande [s. S. 24].

San Zeno Maggiore und San Bernardino

Veronas schönste und bedeutendste Kirche steht in der Neustadt. Man erreicht sie, wenn man der *Rigaste San Zeno* westlich des Castelvecchio folgt. **San Zeno Maggiore** 30 (März–Okt. Mo–Sa 8.30–18, So 13–18 Uhr, Nov.–Febr. Di–Sa 10–13 und 13.30–16, So 13–17 Uhr), eine der großen romanischen Basiliken Oberitaliens, war

Der Retter hat die Prinzessin fest im Blick, doch sie hat nur Augen für den sterbenden Drachen – Fresko in San Zeno Maggiore

Teil eines Benediktinerklosters, das nach der Säkularisierung 1773 verfiel. Allein der Kreuzgang, der mächtige Abteiturm sowie die Kirche mit Campanile blieben erhalten. San Zeno Maggiore ging aus einem früheren, dem berühmten Veroneser Bischof des 4. Jh. zu Ehren errichteten Sakralbau hervor, der ein Opfer des Erdbebens von 1117 wurde. Bereits ein Jahr später begannen die Bauarbeiten an der neuen Kirche, die 1135 abgeschlossen werden konnten. Die Fassade wurde um 1200 verkleidet. Bis auf eine gotische Umgestaltung der Chorkapelle blieb San Zeno Maggiore von späteren Veränderungen verschont – und stellt in seiner Stilreinheit somit einen seltenen Glücksfall der Baugeschichte dar. Die ganze Kraft der Architektur scheint sich in dem klar konzipierten Raum einer dreischiffigen Basilika ohne Querhaus zu bündeln. Die Struktur des Innenraums spiegelt sich in der Dreiteilung der **Fassade** wider, die durch schlanke, übereck gestellte Pfeiler erzielt wird. Auffälligstes Schmuckelement ist die *Fensterrosette* in Form eines zwölfstrahligen Glücksrads, das an die Tücken Fortunas gemahnt. Darunter öffnet sich das monumentale Portal, in dessen Tympanon der hl. Zeno dem Volk die Standarte Veronas übergibt. Der prachtvolle Baldachin, dessen Säulen von zwei Löwen getragen werden, und das **Portal** selbst wurden von Meister *Nicolò* geschaffen. Die flankierenden *Reliefs* schildern Szenen aus dem Alten und Neuen

Seit fast tausend Jahren warten sie demütig am Bronzeportal von San Zeno

Testament sowie Ritterkämpfe. Das Juwel sind jedoch die **Bronzereliefs**, mit denen die hölzernen Flügel des Tores beschlagen sind. Die zwischen 1100 und 1200 entstandenen Bildplatten zeichnen sich durch frappierende Expressivität aus, die an Werke moderner Kunst erinnert. Dargestellt werden Szenen aus dem Alten und Neuen Testament sowie die Vita des hl. Zeno.

Der **Innenraum** der Basilika beeindruckt durch seine Höhe und Länge. Die Gliederung übernehmen Säulen und Pfeiler, die, abwechselnd platziert, die schmucklosen Wandflächen und die Holzdecke des 14. Jh. tragen. Die **Krypta**, in der die Reliquien San Zenos aufbewahrt werden, öffnet sich unter dem **Chor** auf der gesamten Breite der drei Schiffe. 48 Säulen mit kunstvollen Kapitellen tragen ihr Gewölbe. Den erhöhten gotischen Chor schmückt das bedeutendste Ausstattungsstück San Zenos, das **Marien-Triptychon** von **Andrea Mantegna** (1457/58), eines der eindrucksvollsten Werke der Frührenaissance. Die Darstellung der thronenden Muttergottes im Kreise von Engeln und Heiligen, die architektonische Kulisse und die Ornamente legen in ihrer Plastizität und Räumlichkeit Zeugnis ab von Mantegnas Können.

Beachtenswert sind auch die **gotischen Fresken**, die die Wände der Kirche mit biblischen Szenen schmücken. Die Urheberschaft dieser Werke ist leider nicht geklärt.

Südlich der Basilika befindet sich die Franziskanerkirche **San Bernardino** 31. Der Mitte des 15. Jh. errichtete Bau entspricht mit seinem sparsamen Fassadendekor ganz dem Armutsideal der Franziskaner. Allein das *Portal*, auf das der vor der Kirche liegende Kreuzgang zuführt, ist im Stil der Renaissance geschmückt. Beachtenswert im schlichten, einschiffigen **Innenraum** ist die **Cappella Pellegrini** neben dem Presbyterium, die Michele Sanmicheli 1529 im Stil der römischen Hochrenaissance ausführte. Der Grundriss der Kapelle zitiert mit leichten Abweichungen den des Pantheons in Rom.

Die Wände der alten Klosterbibliothek **Sala Morone**, die sich an die Kirche anschließt, haben Domenico Morone und sein Sohn Francesco 1503 mit *Fresken* ausgestattet, die die Muttergottes sowie Heilige und Gelehrte des Franziskanerordens zeigen.

San Fermo Maggiore 32

www.chieseverona.it
März–Okt. Mo–Sa 10–18, So 13–18 Uhr,
Nov.–Febr. Di–Sa 10–13 und 13.30–16,
So 13.30–17 Uhr

Im östlichen Teil der Altstadt liegt die Kirche San Fermo Maggiore. Sie wurde an der Stelle errichtet, an der die beiden

Respektvoll scheint der Campanile hinter Veronas bedeutendster Kirche zurückzuweichen – die romanische Basilika San Zeno Maggiore

Märtyrer Veronas, *Fermo* und *Rustico*, 361 den Tod fanden. Die Baugeschichte San Fermos ist äußerst verschlungen. Die Annalen belegen eine Kirche erstmals für das Jahr 1019, bereits 1065 wurde sie erneuert, indem man einen zweiten Bau über den abgesunkenen ersten setzte. 1260 ging San Fermo in den Besitz der Franziskaner über; die Oberkirche wurde nun in eine einschiffige Hallenkirche umgewandelt. Die zweifarbige romanische Fassade deutete man dabei gotisch um. Auch die Mittelapsis bekam einen gotischen Zuschnitt.

Den **Innenraum** der Oberkirche schmücken bedeutende gotische Fresken, darunter eine ›Verkündigung‹ von Pisanello, die sich in das Grabmonument des *Nicolò Rangoni di Brenzone* einfügt und zu den frühesten Bildwerken des Künstlers gehört. Über dem Westportal der Kirche prangt eine ›Kreuzigung‹ aus dem Umkreis Altichieros, die durch ihren Figurenreichtum fasziniert. Von anonymen Malern aus Verona stammen die Fresken des *Presbyteriums*.

Die **Unterkirche**, die man von der Oberkirche über eine Treppe erreicht, ist noch ganz dem Stil der Romanik verpflichtet, die Fresken datieren hingegen mehrheitlich aus dem 13. und 14. Jh.

Jenseits der Etsch

Im Norden Veronas, am anderen Ufer der Etsch, schwingt sich sanft der Hügel von **San Pietro** 33 auf. Er gehört zum ältesten Siedlungsgebiet der Stadt. Auf seiner Kuppe thronte zur Römerzeit ein Tempel. Heute steht hier eine Kaserne der Österreicher, die 1854 errichtet wurde. Der Aufstieg auf den mit zahlreichen Zypressen bestandenen Hügel lohnt aber vor allem wegen der schönen **Aussicht** auf Veronas mittelalterliches Stadtbild.

TOP TIPP

San Pietro war mit dem rechten Ufer einst durch zwei Brücken verbunden, von denen nur mehr der fünfbogige **Ponte Pietra** 34 erhalten ist. In ihrem Erscheinungsbild dürfte die Brücke dem ursprünglichen römischen Bauwerk entsprechen; aus dem antiken Naturstein bestehen jedoch nur noch die ersten beiden Bögen am südlichen Etschufer. Am Hang von San Pietro bauten die Römer um die Zeitenwende ein Theater. Dieses **Teatro Romano** 35 bietet heute leider ein trauriges Bild des Verfalls. Die Ausgrabungen zu Beginn des 19. Jh. legten dann die durch Marmor verstärkten Zuschauerränge aus Tuffstein frei. Interessante Fundstücke stellt das oberhalb gelegene **Museo Archeologico** (Mo 13.45–19.30, Di–So 8.30–18.45 Uhr) aus.

Folgt man der Etsch flussaufwärts, gelangt man zunächst zur Kirche **San Stefano** 36, einer Gründung des 5. Jh., die sich ihre romanische Fassade aus dem 12. Jh. bewahren konnte. Ungewöhnlich für Verona ist der oktogonale Vierungsturm, dessen Baumeister sich wohl an lombardischen Vorbildern orientierte. Über die *Via Sant' Alessio* gelangt man anschließend zur Kirche **San Giorgio in Braida** 37, die das Stadtbild so effektvoll um eine gewaltige *Kuppel* bereichert. Der Bau wurde 1477 begonnen, die Arbeiten zogen sich jedoch unter mehrmaliger Veränderung der Konzeption bis ins 17. Jh. hin, als der Kirche als krönender Abschluss die von *Michele Sanmicheli* entworfene Kuppel aufgesetzt wurde. Auch die frühklassizistische *Marmorfassade* ist ein Werk des 17. Jh. Hinter ihr erstreckt sich ein klar gegliederter, einschiffiger **Innenraum**, den schon Goetheauf seiner Italienreise als »Galerie von guten Gemälden« pries. Den Hochaltar schmückt das ›Martyrium des hl. Georg‹ (1566) von *Paolo Veronese* (1528–1588), eines der wenigen Bilder, die der in Verona geborene Maler seiner Heimatstadt hinterließ. Die ›Taufe Christi‹ über dem Portal schuf *Jacopo Tintoretto* (1518–1594), während sein Sohn *Domenico* (1560–1637) das ›Pfingstwunder‹ in der dritten Seitenkapelle rechts malte. *Felice Brusasorci* ist der Schöpfer des Altargemäldes in der Kapelle nebenan: Die Madonna in den Wolken und die drei Erzengel tragen bereits die manieristischen Züge des ausgehenden *Cinquecento* (16. Jh.).

Östlich des antiken Theaters ist die romanische Basilika **San Giovanni in Valle** 38 zu finden, bei deren Bau im 12. Jh. römische Tuffquader verwendet wurden. Schmuckstücke der Kirche sind zwei in der Krypta aufgestellte frühchristliche Sarkophage mit figurenreichen Reliefs.

Im Süden liegt die Kirche **S. Maria in Organo** 39, die zu den eindrucksvollsten Sakralbauten des Landes zählt. Der Bau datiert aus dem späten 15. Jh., die Krypta blieb vom romanischen Vorgängerbau erhalten. Die *Fassade* ist das Werk verschiedener Baumeister, die drei unterschiedlich gestalteten Bögen (Ende 16. Jh.) tragen die Handschrift Michele Sanmichelis. Den 1523–33 erbauten *Campanile* mit seiner Kuppel entwarf vermutlich der Olive-

Wo inmitten der Betriebsamkeit Veronas die Gedanken in ruhige Bahnen gelenkt werden – Idylle in den Giardini Giusti

tanermönch *Fra Giovanni da Verona*, der im **Inneren** auch die kunstvollen Intarsien des *Chorgestühls* hinter dem Hochaltar sowie die prachtvollen Kastenbänke in der **Sakristei** schuf. Die Wände schmücken Porträts der Kirchenväter und der Päpste des Olivetanerordens, in dessen Besitz die Kirche im 16. Jh. übergegangen war. Von der Sakristei aus betritt man die dreischiffige romanische *Krypta*.

Um in die **Giardini Giusti** 40 (tgl. 9–20 Uhr) zu gelangen, folgt man der Via Sant' Alessio nach Süden. Veronas schönster Park gehört zum Anwesen der Familie Giusti, die im 15. Jh. aus politischen Gründen von Florenz an die Etsch kam. Der Garten wurde 1570 im Stil der Renaissance angelegt, gleichsam als ein Stück durch Kunstwerke veredelte Natur. Die wunderschöne Zypressenallee führt hinauf zum *Belvedere*, der einen schönen Blick über die Stadt gewährt.

i Praktische Hinweise

Information

APT, Via degli Alpini 9, Verona, Tel. 04 58 06 86 80, Fax 04 58 00 36 38, www.tourism.verona.it

Hotels

*****Due Torri Hotel Baglioni**, Piazza Sant' Anastasia 4, Tel. 045 59 50 44, Verona, www.baglionihotels.com, Fax 04 58 00 41 30. Die 90 Zimmer des luxuriösen Hotels sind geschmackvoll im Stil des 19. Jh. eingerichtet.

****Accademia**, Via Scala 10–12, Verona, Tel. 045 59 62 22, Fax 04 58 00 84 40, www.accademiavr.it. Modernes Haus im Zentrum mit ausgesprochen angenehmer Atmosphäre.

Il Torcolo, Vicolo Listone 3, Verona, Tel. 04 58 00 75 12, Fax 04 58 00 40 58, www.hoteltorcolo.it. Zentral gelegenes kleines Hotel (19 Zi.) für den kleineren Geldbeutel.

Restaurants

12 Apostoli, Corticella San Marco 3, Tel. 045 59 69 99. Unter alten Fresken speist man köstlich und entsprechend teuer, der Weinkeller befindet sich in einem Gewölbe aus römischer Zeit.

Al Calmiere, Piazza San Zeno 10, Verona, Tel. 04 58 03 07 65. Im Sommer kann man vor der romanischen Kirchenfassade essen – allein das ist ein Vergnügen. Die Teigwaren sind hausgemacht, Fleisch und Gemüse werden gegrillt, kurz – italienische Küche vom Feinsten.

Locanda di Castelvecchio, Corso Cavour 21, Verona, Tel. 04 58 03 00 97. Geschmackvolle Einrichtung, freundlicher Service, gutbürgerliche Küche – einfache Zutaten werden raffiniert zubereitet.

Mondo d'Oro, Via Mondo d' Oro 4, Verona, Tel. 04 58 03 26 79. In der kleinen Osteria gibt es nicht nur vorzügliche Weine, sondern auch kleine, fein zubereitete Gerichte sowie eine große Auswahl an gutem Käse.

2 Valpolicella

Villen und Weingüter inmitten sanft geschwungener Hügel.

Nördlich von Verona erstrecken sich die Hänge der Lessinischen Alpen in anmutigen Wellen bis zum Gardasee. Der **Weinbau** prägt diesen fruchtbaren Landstrich: Für ihren gleichnamigen Rotwein ist die **Valpolicella** in aller Welt berühmt.

Wie Funde belegen, zählte die Valpolicella schon zur Zeit der *Etrusker* und der *Römer* zu den Kulturlandschaften des Mittelmeerraums. Eine Epoche der Blüte erlebte die Region auch im 16. und 17. Jh., als venezianische und Veroneser Nobili prachtvolle **Villen** in der Hügellandschaft errichten ließen. Doch die *Grandezza* von einst wird man heute vergebens suchen. Die dichte Be- und Zersiedlung seit den 1970er-Jahren hat dem Gebiet viel von seinem ursprünglichen Reiz genommen. Allein in einigen alten, meist hoch gelegenen Dörfern ist die Schönheit der Valpolicella bis auf den heutigen Tag zu spüren.

In der Nähe der Ortschaft *Pedemonte* ist die einzig erhaltene Villa Palladios im

Schwere Arbeit, leichter Wein: Lese in der Valpolicella

Veronese zu finden, ein stattlicher Natursteinbau. Man erreicht die **Villa Serego Boccoli** (Besuch des Parks nur in Verbindung mit Weinprobe, Tel. 04 57 70 10 74, www.santasofia.com), wenn man in Pedemonte dem Schild nach Carrubio folgt und nach etwa 300 m zum Weingut S. Sofia abbiegt. Andrea Palladio hatte 1560 von *Marcantonio Serego* den Auftrag erhalten, einen Sommersitz zu errichten, und konzipierte eine Vierflügelanlage, die einen Innenhof umschließt. Dabei orientierte er sich am Vorbild der *Villa antica*, wie sie Vitruv beschrieben hatte. Aus ungeklärten Gründen blieb Palladios Bau unvollendet – allein die linke Hälfte der Villa wurde realisiert.

An den Flanken des Monte Pastello klebt das Dorf **San Giorgio**, das zur Gemeinde Sant' Ambrogio gehört. Es ist die älteste Siedlung im Tal. Die Römer unterhielten hier einen berühmten *Steinbruch*, dessen Marmor man zum Bau von Monumenten in Verona und Padua verwendete. Eine jüngere Kostbarkeit ist die Kirche **San Giorgio**, die im 11. Jh. errichtet wurde. Schon in der Antike hatte sich an dieser Stelle eine Kultstätte befunden. Man entdeckte Steininschriften und Gravuren in Terrakotta mit Sonnen-, Mond- und Tiermotiven. Später errichteten die Langobarden hier eine Klerikerschule. Die Kirche schließlich ist eine dreischiffige Basilika. Der stille Kreuzgang um einen Ziehbrunnen wurde zwischen dem 10. und 12. Jh. errichtet. Den Innenraum gliedern

Rundbogenarkaden. Kostbarstes Ausstattungsstück ist das *Ziborium*, das Aufbewahrungsgefäß für Hostien, datiert durch eine Inschrift auf einer seiner Säulen, die auf die Regierungszeit des Langobardenkönigs *Liutprant* (712–744) verweist. Der Baldachin ist mit dem charakteristischen lombardischen Flechtband geschmückt.

Die Ortschaft **S. Maria in Stelle** im *Valpantena* nördlich von Verona bewahrt eine römische Kultstätte. Ein langer, gewölbter Gang unmittelbar neben der Pfarrkirche öffnet sich zu einem quadratischen Raum, an den rechts und links zwei weitere Räume anschließen. Diese Anlage entstand Mitte des 3. Jh. und wurde im 4. Jh. in eine frühchristliche Kultstätte umgewandelt. Die stark verblassten *Fresken* stammen aus dem 5. Jh. und bestechen durch die strenge Feierlichkeit der frontal und flächig dargestellten Figuren.

Ein Abstecher lohnt zu der kurz vor Grezzana (Richtung Cuzzano abbiegen) gelegenen **Villa Allegri Arvedi**, die Giovanni Battista Bianchi gegen Ende des 17. Jh. entwarf. Die Villa, die sich noch heute im Besitz der Familie Arvedi befindet, liegt ausgesprochen malerisch an einem Hang der Lessinischen Alpen. Kunst und Natur wirken hier in besonderer Weise zusammen; die hoch aufragenden Berge scheinen sich in der *Fassadenarchitektur* widerzuspiegeln – in der stark betonten Vertikalen des Mittelteils mit Arkadenbögen im Erdgeschoss, dorischen Säulen im ersten Stock, Atlanten in der Attika und anmutigen Statuen als krönendem Abschluss der Dachbalustrade.

TOP TIPP

3 Soave

Wehrhafte Festungsstadt des Mittelalters, berühmt für ihren Weißwein.

Die *Stadtbefestigung* von **Soave**, gut 20 km südöstlich der Valpolicella gelegen, ist auch heute noch sehr eindrucksvoll. Ihre wehrhaften Mauern, aus denen 24 Türme emporragen, mussten jeden Angreifer an seinem Vorhaben zweifeln lassen. Bauherr des gut erhaltenen Mauerrings aus dem 13. Jh. war *Cansignorio della Scala*. Sein *Castello* erhebt sich auf dem Hügel über dem Ort und blickt weit ins Land. Ende des 19. Jh. wurde die Burg restauriert und als **Museum** (Di–So 9–12 und 14–16 Uhr) zugänglich gemacht.

Das gemächliche Leben Soaves spielt sich bis heute innerhalb der Wehrmauern ab. Die *Via Roma* führt direkt auf den alten *Palazzo di Giustizia* (1375) zu, in dem der Podestà der Scaliger residierte. Die Venezianer errichteten 1411 den schräg

Heute zieht die zur Abschreckung errichtete Stadtbefestigung von Soave die Menschen an

gegenüber liegenden *Palazzo Cavalli* im Stil der venezianischen Gotik. Man nimmt ihn am besten von einem der Tische der *Enoteca Il Drago* in Augenschein, in der man sich von der Qualität des in dieser Region gekelterten leichten Weißweines überzeugen kann.

Praktische Hinweise

Information

IAT, Piazza Antenna 2, Soave, Tel. 04 56 19 07 73, www.comunesoave.it

4 Vicenza

Plan Seite 36

TOP TIPP *Stadt des Palladio und der charmanten Lebensart.*

Wer nach Vicenza fährt, fährt zu Palladio. Nirgendwo sonst hat der große Renaissancebaumeister **Andrea Palladio** (1508–1580) mehr Zeugnisse seines Könnens hinterlassen als in Vicenza und in den vicentinischen Hügeln. Mit diesen Bauten und seinen Lehrbüchern zur antiken Baukunst hat er nicht nur dieser Stadt Stil und Eleganz verliehen, sondern auch die Weltarchitektur nachhaltig beeinflusst.

Geschichte Vicenza ist eine Gründung der Römer. Da in dieser Region aber keine wichtigen Handelsstraßen verliefen und die Siedlung strategisch von untergeordneter Bedeutung war, erlangte sie nicht den Status, den etwa Verona oder Padua innehatten. Erst unter der Herrschaft Venedigs, der sich Vicenza 1404 freiwillig unterstellte, erlebte die Stadt sowohl in kultureller als auch in ökonomischer Hinsicht eine Blütezeit. Der Krieg gegen die *Liga von Cambrai* 1509–17 machte dieser vielversprechenden Entwicklung ein Ende. Vicenza geriet zwischen die Fronten und wurde von den Truppen beider Lager geplündert und verwüstet. Mit dem Wiederaufbau konnte erst Mitte des 16. Jh. begonnen werden, also zur Zeit der Hochrenaissance. Der Vicentiner Architekt und Dichter *Giangiorgio Trissino* ließ sich als erster eine bescheidene Villa nach antikem Vorbild bauen und entdeckte dabei den padovanischen Steinmetz *Andrea Di Pietro*. Trissino erkannte dessen Talent, nahm ihn 1545 zum gemeinsamen Studium antiker Bauwerke mit nach Rom und gab ihm den Künstlernamen **Palladio**. In seinen Lehrbüchern ›Quattro Libri dell'Architettura‹ (1570) schrieb dieser die Regeln antiker Architektur detailliert nieder. Auf dieser Grundlage gelang Palladio in seinen Werken die zeitgemäße Umsetzung klassischer Bauformen, die er in einigen Aspekten bahnbrechend neu gestaltete. Als *Palladianismus* war sein Stil Vorbild für viele Werke der Weltarchitektur vor allem des 17./18. Jh. In Vicenza und in Venedig, wo er nach 1560 tätig war, kann man Anmut und Harmonie seiner Originalwerke bewundern.

Palazzo Chiericati und Teatro Olimpico

Das mittelalterliche Stadtzentrum Vicenzas wird im Osten von der **Piazza Matteotti** beherrscht. Hier entstand ab 1550 der prachtvolle **Palazzo Chiericati** 1, den der Ratsherr Girolamo Chiericati bei Andrea Palladio in Auftrag gegeben

Als sei er mit seinen Bauwerken noch nicht recht zufrieden – Andrea Palladios Denkmal auf der nach ihm benannten Piazzetta ▷

hatte. Die Arbeiten zogen sich bis zur Mitte des 17. Jh. hin – und noch nach der eigentlichen Fertigstellung wurden bis ins 20. Jh. immer wieder An- und Umbauten vorgenommen, die den Entwurf Palladios verwässerten, so etwa die im Jahre 1700 durchgeführte Platzierung von Statuen und vasenförmigen Kandelabern auf dem Kranzgesims. Die lang gestreckte Fassade des Palazzo ist als doppelgeschossiger **Portikus** angelegt, mit einer dorischen Säulenfolge im Erdgeschoss und einer ionischen im 1. Stock. Allein die *Sala*, der große Saal der Beletage im Mitteltrakt, tritt nach außen mit einer durchfensterten Fassade in Erscheinung. Der Palazzo ist heute Sitz des **Museo Civico** (Di–So 9–17, Juli/Aug. Di–So 9–19 Uhr) und seiner Sammlung vicentinischer und venezianischer Malerei. Zu entdecken gilt es hier – in den Sälen 6 und 7 des 2. Obergeschosses – den bedeutendsten Vicentiner Maler, *Bartolomeo Montagna* (um 1450–1532). Der Gründer der **Schule von Vicenza** hat unter dem Einfluss Giovanni Bellinis und Antonio da Messinas vor allem Madonnenbilder und Altargemälde geschaffen.

An der Nordseite der Piazza Matteotti befindet sich das **Teatro Olimpico** 2 (Di–So 9–17, Juli/Aug. Di–So 10–18 Uhr). Auf Wunsch des Auftraggebers, der Vicentiner *Accademia Olimpica* – einer Gesellschaft zur Pflege von Wissenschaft und Künsten –, entstand das von außen unscheinbar wirkende Theater hinter den Mauerresten des Carrara-Kastells aus dem 13. Jh. Das hölzerne Teatro Olimpico ist der erste frei stehende Theaterbau der Neuzeit. Da Palladio kurz nach Baubeginn 1580 starb, betreute sein Sohn den Bau bis zur Vollendung im Jahre 1583.

Das von *Vincenzo Scamozzi* entworfene **Odeo Olimpico**, die Räume für Konzerte und Sitzungen der Accademia, bildet den Auftakt einer Besichtigung des Teatro. Die Wandmalereien des ersten Saales, 1635 von Francesco Maffei ausgeführt, zeigen die olympischen Götter. Im zweiten Saal sind u. a. ein Idealporträt Palladios sowie Bildnisse seiner Förderer und Freunde zu sehen, allen voran Gian-

Der Hochaltar von S. Corona, eine Krone der Inkrustationskunst

giorgio Trissino. Das eigentliche Theater betritt man seitlich, etwas oberhalb der Bühne. In Anlehnung an römische Vorbilder steigen die Sitzreihen im Halboval hinter der **Orchestra** steil nach oben. Eine hohe, von Säulen und Halbsäulen gegliederte Rückwand schließt den Raum ab. Die Mitglieder der Accademia Olimpica ließen sich in Form von antikisierenden Statuen verewigen, die in den **Nischen** über den Sitzreihen und in der **Bühnenwand** aufgestellt wurden. Die drei Portale dieser prachtvollen Schauwand mit ihren Reliefs, Statuen, Säulen und Ädikulen geben den Blick frei auf die Kulissen, die Vincenzo Scamozzi 1584 für Sophokles' ›Oedipus Rex‹ schuf, mit dem das Theater eröffnet wurde. Scamozzis bühnenarchitektonische Version des antiken Theben, der Heimat des Königs Ödipus, entfaltet ihre beeindruckende Tiefenwirkung durch einen illusionistischen Kunstgriff. Die Bühne jenseits der Portale steigt steil an und lässt den Betrachter weitläufige, prachtvoll geschmückte Straßenzüge in den Kulissen vermuten.

S. Corona, Palazzo Thiene und Contrà Porti

Von der Piazza Matteotti führt der **Corso Palladio** ❸ schnurgerade zur Piazza Castello. Die elegante Hauptstraße Vicenzas mit zahlreichen Geschäften und prachtvollen Palazzi aus Gotik und Renaissance entspricht dem Verlauf des römischen *Decumanus maximus*.

Über die *Contrà S. Corona*, die erste Querstraße, die rechter Hand vom Corso Palladio abbiegt, erreicht man Vicenzas größte Kirche. 1260 hatte der Vicentiner

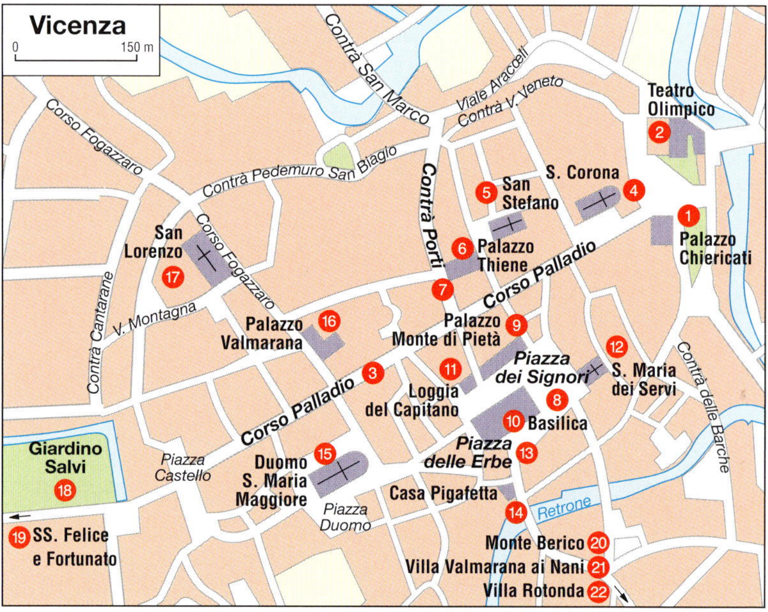

Eine eindrucksvolle illusionistische Stadtkulisse mit klassischer Torfassade und dahinter liegenden Straßenzügen schmückt Andrea Palladios berühmtes Teatro Olimpico in Vicenza

Bischof von König Ludwig IX. von Frankreich einen Dorn der Dornenkrone Christi als Geschenk erhalten. Um der kostbaren Reliquie einen würdigen Aufbewahrungsort bieten zu können, begann man noch im selben Jahr mit dem Bau der Kirche **S. Corona** 4. Von ihrem ursprünglichen Erscheinungsbild ist aufgrund vieler Umbauten fast nichts erhalten.

Die *Fassade* der dreischiffigen Basilika auf kreuzförmigem Grundriss ist ein Werk von 1872. Den **Innenraum** gliedern stämmige Rundpfeiler, die teilweise in romanisch anmutenden Würfelkapitellen auslaufen. Zu den bedeutendsten Ausstattungsstücken zählt der *Altar Johannes' des Täufers* (5. Seitenaltar linker Hand), den Rocco da Vicenza 1501 schuf. Dieses prachtvolle Werk bietet den Rahmen für die ›Taufe Christi‹, eines der wichtigsten Gemälde aus *Giovanni Bellinis* später Schaffensperiode.

Der **Hochaltar** ist ein Meisterwerk der Marmor- und Perlmuttinkrustation, von einem Florentiner Künstler 1670 ausgeführt. Das Antependium schmückt die Darstellung einer Erscheinung Mariä über dem Monte Berico, im Hintergrund sieht man die Basilica Palladios [s. S. 38] sowie die Türme von Vicenza.

Paolo Veronese malte 1573 die ›Anbetung der Heiligen Drei Könige‹ vor einem dramatischen Wolkenhimmel, eine deutlich an Tizians ›Assunta‹ [s. S. 72] orientierte Komposition, die durch Lebendigkeit und großartiges Kolorit fasziniert. Das Bild schmückt den dritten Seitenaltar rechts.

Der Dorn aus der Krone Christi wird in einem filigranen goldenen *Reliquiar* aufbewahrt, das aber nur am Karfreitag gezeigt wird. Eine Fotografie in der **Cappella della S. Spina** zeigt die kostbare Goldschmiedearbeit, die an der Wende zum 14. Jh. gefertigt wurde.

In der *Contrà San Stefano*, nur wenige Meter südwestlich von S. Corona, steht die Kirche **San Stefano** 5. Als Vorbild für den 1695–1740 errichteten einschiffigen Bau mit überkuppelter Vierung, kurzem Querschiff und Presbyterium diente die römische Barockkirche Sant' Andrea della Valle. Die drei *Bildtafeln* (1758/60) des Tabernakels schufen Giambattista Tiepolo (Auferstehung) und sein Sohn Giandomenico (Petrus und Johannes d. T.).

Die Contrà San Stefano mündet in die *Contrà San Gaetano* mit dem wuchtigen **Palazzo Thiene** 6 (www.palazzothiene.it, Nr. 12, Mai–Juni/Sept. Mi/Fr 9–12 und 15–18, Sa 9–12, Okt.–April Di/Mi 9–12 und 15–18 Uhr), einem der bedeutendsten Bauten Andrea Palladios. Der Architekt hatte 1551/52 eine imposante Vierflügelanlage entworfen, von der aber aus Rücksicht auf benachbarte Gebäude nur ein Trakt realisiert wurde. Mächtige Rustikablöcke im Erdgeschoss sowie die von rechteckigen Kragsteinen eingefassten Fenster des Piano Nobile verleihen der Fassade des Palazzo Thiene festungsartigen Charakter. Die *Hoffassade* gibt sich mit ihren zwei Loggiengeschossen offener und heiterer. Im *Inneren* des Palazzo sind einige Räume im Originalzustand erhalten, darunter der *oktogonale Saal* im Erdgeschoss, den römische Kaiserbüsten und eine herrliche Stuckdecke schmücken.

Die vom Corso Palladio abzweigende **Contrà Porti** 7 zählt mit ihren prunkvollen Palästen zu den nobelsten Straßenzügen der Stadt. Der **Palazzo Iseppo Porto** (Nr. 21) geht auf einen Entwurf Palladios von 1552 zurück. Auch der **Palazzo Barbarano Porto** (Nr. 11, April–Juni Fr/Sa/So 10–18, Juli–Nov. Di–So 10–18 Uhr), 1570 errichtet, trägt seine Handschrift. Die Fassade gliedern im Erdgeschoss ionische, im Piano Nobile korinthische Halbsäulen. Üppiger Schmuck überzieht hier die Flächen oberhalb der alternierend mit Dreiecks- und Segmentgiebeln geschmückten Fenster. Demgegenüber ist das Erdgeschoss – wie so oft bei Palladio – mit Plattenrustika verkleidet, die die Schwere und Gedrungenheit des Baus betont.

Piazza dei Signori und Umgebung

Vicenzas zentrale **Piazza dei Signori** 8 gehört zu den schönsten Plätzen Italiens. Einem eleganten *Freiluftsalon* gleich, erstreckt sich die Piazza dort, wo sich einst das römische *Forum* befand, übertrifft aber wohl dessen Ausmaße. Im Mittelalter fand hier täglich ein Markt statt, heute nur noch jeden Donnerstag. Samstags jedoch treffen sich die Vicentiner auf ihrer Piazza zur Passeggiata.

Beherrscht wird das großartige, im Wesentlichen von Palladios architektonischer Handschrift geprägte Areal von der 82 m hohen **Torre di Piazza**, ursprünglich der Geschlechterturm der *Familie Bissar*. Die waghalsige Konstruktion entstand größtenteils im 13. Jh., wurde im 14. Jh. um das gotische Fenstergeschoss und die Glockenstube aufgestockt, um endlich Mitte des 15. Jh. ihren Abschluss im achteckigen Turmhelm zu finden. Die Nordseite der Piazza nimmt die lang gestreckte, schlichte Fassade des um 1500 entstandenen **Palazzo Monte di Pietà** 9 ein. Seine beiden Trakte verbindet die 1614 errichtete Barockkirche *San Vicenzo*. Die zurückhaltende Formensprache des Palazzo, der als Pfandhaus diente, lässt die pompöse Architektur von **Palladios Basilica** 10 (wg. Restaurierung geschl.)

Vicenzas zentrale Piazza dei Signori mit Palladios Basilica

gegenüber besonders gut zur Geltung kommen. Die Loggien, die Palladio 1549 dem alten, baufälligen *Palazzo della Ragione* vorblendete, geben der Piazza ihre unverwechselbare *Grandezza*. Der Kernbau der Basilica, den Palladio so eindrucksvoll ummantelte, geht auf das 15. Jh. zurück und diente – mit seinem großen Saal im Obergeschoss und den offenen Loggien im Erdgeschoss – als **Rathaus**. Bereits 1481–94 blendete man dem Bau doppelgeschossige *Loggien* vor, die aber 1496 zum Teil wieder einstürzten. Die statisch problematische Errichtung neuer Loggien wurde 1532 vom Großen Rat, Maggior Consiglio, als Ausschreibung an die bedeutendsten Baumeister der Zeit in Auftrag gegeben. Doch nur der Entwurf Andrea Palladios, 1548 eingereicht, wurde vom Rat akzeptiert – ein Glücksfall für Vicenza. Im Erdgeschoss ließ Palladio eine von dorischen Säulen getragene **Loggia** errichten, die darüber liegende wird von ionischen gestützt. Auf der Balustrade verlängern Statuen gleichsam als krönender Abschluss die vertikalen Akzente der Arkadenreihen. In der Gestaltung der Loggiabögen orientierte sich Palladio an Jacopo Sansovinos venezianischer *Libreria Marciana* [s. S. 70], die zur selben Zeit entstand. Als *Palladiomotiv* ging in die Architekturgeschichte die Verbindung der breiten, mittleren, säulengetragenen Bögen und der schmalen Seitenöffnungen ein, die von einem Gebälk horizontal abgeschlossen werden. Durch dieses Gestaltungselement wird die Trennung zwischen innen und außen, zwischen Loggia und Piazza, weitgehend aufgehoben. Vom 1. Stock der *Basilica* aus – wie Palladio das Rathaus nun in Anlehnung an die auch als Gericht dienende Basilica auf dem Forum Romanum nannte – genießt man einen fesselnden Ausblick auf die Piazza. Die *Sala Grande* des alten Palazzo della Ragione wird heute für wechselnde Kunstausstellungen genutzt.

Gegenüber der Basilica wurde 1570 – ebenfalls nach einem Entwurf Palladios – die **Loggia del Capitano** 11 errichtet, die Residenz des venezianischen Stadtkommandanten. Die der Fassade vorgeblendete *kolossale Säulenordnung* – Zitat aus der Baukunst der römischen Kaiserzeit – verstellt beinahe den Blick für die Feinheiten der mit Reliefs reich geschmückten Wandflächen des Obergeschosses. Der Wille zur großen Geste, der sich in der Architektur der Loggia

Venezianische Macht symbolisieren diese gewaltigen Säulen – Palladios Loggia del Capitano

äußert, ist charakteristisch für das *Spätwerk* Palladios.

Im Gedenken an den Sieg der Venezianer über die Türken in der Seeschlacht von Lepanto (1571) wurde der linke Seitenbogen der Loggia noch im selben Jahr mit Statuen des Sieges und des Friedens sowie mit Trophäen in einen *Triumphbogen* verwandelt.

Die beiden Säulen mit dem Markuslöwen und dem Erlöser im Osten des Platzes markieren den Übergang zur **Piazza delle Biade**, die von der Fassade der Kirche **S. Maria dei Servi** 12 beherrscht wird. Sie gehörte einst zu einem 1320 gegründeten Servitenkloster. Hinter der im 14. Jh. begonnenen, mehrfach veränderten und schließlich zu Beginn des 18. Jh. vollendeten Fassade barocken Zuschnitts tut sich ein gotischer *Innenraum* auf. Rundpfeiler gliedern die Basilika mit ihrem Kreuzrippengewölbe in drei Schiffe, die in Chorkapellen enden. Die zweifarbigen, aus Haustein und Ziegeln gemauerten Säulen entstanden in der Spätgotik, die rein aus Haustein bestehenden sind Werke der Hochgotik.

Wo Blicke und Gedanken auf das Wesentliche gelenkt werden – SS. Felice e Fortunato

Im Südwesten schließt sich an die Piazza dei Signori die **Piazzetta Palladio** an, auf der Palladio sein *Denkmal* hat. Hinter der Basilica liegt die **Piazza delle Erbe** 13, der alte Kräutermarkt. In der *Contrà Pigafetta* zieht die **Casa Pigafetta** 14 (1444, 1481 erneuert) die Blicke auf sich. In den bizarren Fassadenornamenten verschmelzen lombardische und spanische Einflüsse.

Piazza Duomo

Über die **Contrà Garibaldi** gelangt man zur Piazza Duomo mit dem **Duomo S. Maria Maggiore** 15. Seine Architektur ist wenig beeindruckend, die Fassade ein trauriges Beispiel für den Niedergang der gotischen Baukunst am Ende des 14. Jh. Im Zweiten Weltkrieg stark beschädigt, wurde der Dom anschließend weitgehend rekonstruiert. Der große einschiffige *Innenraum* präsentiert sich wenig ansprechend, seine ursprüngliche Ausstattung ist nicht erhalten. Beachtenswert ist Lorenzo Venezianos *Polyptychon* (1356) in der fünften Seitenkapelle rechts, das sich durch eine besonders lyrische Figurenauffassung auszeichnet. Die Bombardements des Zweiten Weltkriegs trafen auch den **Palazzo Vescovado** (Di–So 10–12.30 und 15–19 Uhr), die bischöfliche Residenz neben dem Dom, in der das *Diözesanmuseum* mit seiner Sammlung erlesenen liturgischen Geschirrs, Gemälden und Edelsteinen zu Hause ist. Ein Bischofspalast ist an diesem Ort bereits für das 11. Jh. belegt, die **Loggia** im Hof ist Rest eines Nachfolgebaus der Frührenaissance (1494/95). In seiner heutigen Form stammt der Palast neoklassizistischen Zuschnitts aus dem Jahr 1819. Der Entwurf für das besonders harmonisch und gleichwohl spannungsreich anmutende Gebäude wird *Bernardino da Milano* zugeschrieben.

Auf dem Weg über den geschäftigen *Corso Fogazzaro* passiert man den **Palazzo Valmarana** 16 (Nr. 16), den Palladio 1566 errichtet hat. Die Enge des Straßenzuges stellte besondere Anforderungen an die Gestaltung der *Fassade*, die nicht zu monumental ausfallen durfte. Palladio entschied sich daher für korinthische Kolossalpilaster auf hohen Sockeln, die die beiden Geschosse miteinander verklammern. Die Fassadenecken werden unten von doppelten korinthischen Pilastern akzentuiert, oben von zwei *Skulpturen*, die das Gesims zu tragen scheinen.

Die große Backsteinkirche **San Lorenzo** 17, wenige Meter nordwestlich des Palazzo Valmarana gelegen, entstand ab 1280 in der für die Bettelordensgotik charakteristischen Architektur. Blickfang der Schaufassade, die auf halber Höhe ein Gebälk horizontal akzentuiert, ist das kunstvoll ausgearbeitete **Stufenportal**, von Andriolo de Sanctis im 14. Jh. geschaffen. Im Tympanon thront die Gottesmutter mit Kind, an ihrer Seite die hll. Laurentius und Franziskus sowie der kniende Portalstifter Pietro da Marano. Die Weinranken der Säulen und inneren Archivolten umschlingen die Reliefs von Propheten, Heiligen und Patriarchen. Über dem Türsturz thront Christus im Kreise von Heiligen.

In die tiefen Arkadennischen des unteren Fassadenabschnitts sind zu beiden Seiten des Portals *Arkosolgräber* eingelassen, die aus dem 14. Jh. stammen.

Den lang gestreckten dreischiffigen **Innenraum** mit Kreuzgratgewölbe gliedern gemauerte Säulen. Die Grabkapellen gehören den Familien Da Porto und Poiana, die ab dem 15. Jh. ihre Toten in San Lorenzo beisetzten. Vom Querschiff führt eine Tür zum *Kreuzgang*, einer pittoresken Anlage des späten 15. Jh.

Von der ein Stück südwestlich gelegenen Piazza Castello aus, einem recht uneinheitlichen architektonischen Ensemble, lohnt ein Abstecher durch die *Porta Castello* zum **Giardino Salvi** 18. Den schönen, etwas verwilderten Garten, den *Leonardo Valmarana* im 16. Jh. anlegen ließ, betritt man durch ein Tor, das nach Plänen *Baldassare Longhenas* (1598–1682) errichtet wurde. Auch die Gartenloggia im hinteren Teil des Parks geht auf einen Entwurf des venezianischen Baumeisters zurück, der Schöpfer der vorderen Loggia hingegen ist unbekannt. Folgt man dem *Corso SS. Felice e Fortunato*, gelangt man zu der gleichnamigen Kirche.

SS. Felice e Fortunato

Eine der schönsten Vicentiner Kirchen liegt weit vor den historischen Stadttoren an der alten Straße nach Verona. Der heutige Sakralbau von **SS. Felice e Fortunato** 19, den ein klobiger Campanile überragt, hatte einige Vorgänger. Von der ersten, frühchristlichen Basilika (um 313) blieben Reste der *Fußbodenmosaiken* erhalten, die an die etwa zeitgleichen Mosaiken von Aquileia [s. S. 96] erinnern. Ende des 4. Jh. wurde dann eine zweite Basilika errichtet – sie bildet den Kern des heutigen Gebäudes über dem Grundriss eines griechischen Kreuzes. Nach weiteren Zerstörungen und Wiederaufbauten im 11./12. Jh. kam es 1150 zur Wiederherstellung der Basilika in ihrer gegenwärtigen Form. Barocke Zutaten wurden bis auf ein *Apsisfresko* in den 50er-Jahren des 20. Jh. beseitigt. Sowohl die Fassade als auch der Innenraum geben sich weitgehend schmucklos, strahlen jedoch eine Feierlichkeit aus, der man sich nur schwer entziehen kann.

Top Tipp Monte Berico

Südlich der Altstadt erhebt sich Vicenzas Hausberg, der **Monte Berico** 20, ein vor allem an Sonntagen äußerst beliebtes Ausflugsziel. Reizvoll ist der Aufstieg über die *Strada delle Scalette*, die ihrem Namen mit 192 Stufen alle Ehre macht. An ihrem Fuß durchschreitet man

Papst Gregor der Große erscheint als Gastgeber Christi auf Paolo Veroneses Gemälde in der Votivkirche Madonna di Monte Berico

einen Triumphbogen Palladios, die Aussicht am Ende des steilen Weges entschädigen für die Mühen des Aufstiegs. Mit dem Auto gelangt man über den *Viale X Giugno* auf den Monte Berico, den die Votivkirche **Madonna di Monte Berico** krönt. Sie entstand ab 1428 an der Stelle, an der Jungfrau Maria einer Bäuerin erschienen war, um ihr das Ende der Pest in Vicenza zu verkünden. Noch im selben Jahr begann man zum Dank mit dem Bau der Marienkirche. 1576 wurde das gotische Gebäude um einen *Anbau* erweitert, den man zu Beginn des 18. Jh. barockisierte. Der *Campanile* ist ein Werk des 19. Jh. Dass die Kirche auf Fernwirkung hin angelegt ist, zeigt der reiche bauplastische Schmuck. Der **Innenraum** ist üppig mit Malerei, darunter eine ›Pietà‹ (1500) von Bartolomeo Montagna, Skulpturen und vielerlei plastischem Zierrat ausgestattet.

Für das *Refektorium*, das man über den Kreuzgang erreicht, malte **Paolo Veronese** 1572 die berühmte ›Cena di San Gregorio‹, mit der sich Papst Gregor der Große als Gastgeber Christi verherrlichen ließ.

Villa Valmarana ai Nani und La Rotonda

Als die Nobili des Veneto im 16. Jh. die *Villeggiatura* für sich entdeckten, das Leben voller Muße und Kontemplation auf ausgedehnten Landsitzen, entstand auch rund um Vicenza eine Fülle von prachtvollen Villen. Zwei herausragende Bauten sind die Villa Valmarana ai Nani mit einzigartigen Fresken von Tiepolo und Palladios Villa La Rotonda.

Vom Monte Berico führt der *Viale X Giugno zur Via San Bastiano*, der man in Richtung Südosten bis zur TOP TIPP **Villa Valmarana ai Nani** 21 folgt (www.villavalmarana.com, 15. März–5. Nov. Di–So 10–12 und 15–18, sonst Sa/So 14–16.30 oder Reservierung unter 04 44 32 18 03). Ihren Beinamen *ai Nani* (zu den Zwergen) verdankt sie den *Gnomenstatuen* der Gartenmauer.

Bauherr der von außen wenig spektakulären Villa war der Jurist und Gelehrte *Gian Maria Bertolo*. Geldschwierigkeiten zwangen ihn 1715 zum Verkauf des 1665–69 errichteten Anwesens. Ihr neuer Besitzer, der *Conte di Valmarana*, ließ die Villa um Stallungen und ein Gästehaus, die *Foresteria*, erweitern. 1757 beauftragte sein Sohn *Giustino di Valmarana* **Giambattista Tiepolo** mit der Ausmalung der Gemächer. Tiepolo bezog in das Projekt auch seinen Sohn **Giandomenico** ein, der u. a. zauberhafte Naturdarstellungen sowie den Freskenzyklus des Gästehauses mit seinen beschwingten Karnevals- und Genreszenen schuf. Für die Villa selbst gestaltete Giambattista Tiepolo u. a. die Opferung Iphigenies, Epsioden der Ilias und der Äneis sowie Szenen aus den Epen ›Orlando furioso‹ von Ariost und ›Gerusalemme liberata‹ von Torquato Tasso.

Villeggiatura – das herrschaftliche Landleben

»O Glückseligkeit des süßen Lebens auf dem Land, das sich ständig guter Luft erfreut, des Grüns der Bäume, der Vielfalt der Früchte, der Reinheit des Wassers, der Heiterkeit des Waldes, des Anblicks fruchtbaren Landes, üppiger Weinstöcke und herrlicher Gärten«, begeisterte sich der Villendichter **Agostino Gallo** Mitte des 16. Jh. Und wem sprach er damit aus dem Herzen, wenn nicht den landentwöhnten **venezianischen Nobili**. In Scharen schwärmte der Adel nach der Eroberung der **Terra ferma** aufs Land, wo bis zum Ende des 18. Jh. fast **1000 Villen** im Auftrag von Dogen, Condottieri (Söldnerführern), Gesandten und Patriziern entstanden. Sie alle einte die Sehnsucht nach dem einfachen Landleben, nach einer idealen Existenzform im Einklang mit der Natur, wie sie der Venezianer **Alvise Cornaro** und **Andrea Palladio** in seinen 1570 erschienenen ›Quattro Libri dell' Architettura‹ propagierten. Das Veneto wurde zu einem **Villenparadies**, in dem die Nobili Schwemmland kultivierten, Gemüse anbauten und Wein kelterten. In der **Santa agricoltura**, der heiligen Landwirtschaft, erblickte man die höchste menschliche Lebensform, der sich auch die Nobili aus Verona und Vicenza anschlossen. Das Ideal ›Naturnähe plus Komfort‹ fußte dabei auf antiker Tradition. Bereits die Römer zelebrierten den alternativen Lebensstil in ihren Landvillen. Als Weg zur Weisheit hatten schließlich schon **Cato** und **Cicero** diese Daseinsform in ihren Schriften gepriesen und als Gegenbild zum moralischen Verfall der Städte gelobt.

In der Villa ai Nani (›zu den Zwergen‹) erwarten den Besucher die großartigen Fresken Giambattista und Giandomenico Tiepolos

Die Villa Almerico Capra, genannt **La Rotonda** 22 (Di–So 10–12 und 15–18 Uhr, 15. März–5. Nov. Mi auch Innen), liegt in unmittelbarer Nachbarschaft der Valmarana gut sichtbar auf einer Anhöhe. Sie entstand 1566–70 nach Plänen Andrea Palladios und ist als *Musterbeispiel* der venetischen Villenarchitektur berühmt geworden. »Vielleicht hat die Baukunst ihren Luxus niemals höher getrieben«, schrieb Goethe voller Bewunderung angesichts der Harmonie der Bauglieder und Proportionen, die dem Betrachter auf den ersten Blick ins Auge fällt. Palladio konnte den Bau der Rotonda nicht bis zum Schluss betreuen, vollendet wurde sie von *Vincenzo Scamozzi* (1552–1616).

So entstand ein von einer kleinen Kuppel bekrönter quadratischer Baukörper mit vier identischen Schaufronten, die jeweils aus einem als ionische Tempelfront ausgebildeten Portikus mit Freitreppe bestehen. Im Inneren gruppieren sich unter der Kuppel identische rechteckige Nebenräume um die zentrale, kreisförmige **Sala**.

i Praktische Hinweise

Information

APT, Piazza dei Signori 8, Vicenza, Tel./Fax 04 44 32 08 54. – APT, Piazza Duomo 5, Vicenza, Tel. 04 44 54 41 22, Fax 044 43 25 00, www.vicenza.org

Hotels

******Campo Marzio**, Viale Roma 21, Vicenza, Tel. 04 44 54 57 00, Fax 04 44 32 04 95, www.hotelcampomarzio.com. Komfortables Hotel am Rande der Altstadt, ruhig gelegen.

*****Aries**, Via Leonardo da Vinci 28, Vicenza, Tel. 04 44 23 92 39, Fax 04 44 23 92 55, www.arieshotel.it. Mittelklassehotel, das einfachen Ansprüchen genügt.

*****Castello**, Contrà Piazza Castello, Vicenza, Tel. 04 44 32 35 85, Fax 04 44 32 35 83, www.hotelcastelloitaly.com. Kleines Hotel direkt in der Altstadt (Parkmöglichkeit), die Zimmer sind recht klein, aber sauber und ansprechend möbliert.

Restaurants

Agli Schioppi, Contrà Piazza al Castello 26, Vicenza, Tel. 04 44 54 37 01. Vicentiner Spezialitäten, in einem angenehmen Ambiente serviert.

Zi Teresa, Contrà Sant' Antonio 1, Vicenza, Tel. 04 44 32 14 11. Große Auswahl an Gerichten; vorzügliche Steinofenpizza.

Die venetische Ebene – Wissenschaft, Wasserstraßen, Wandmalerei

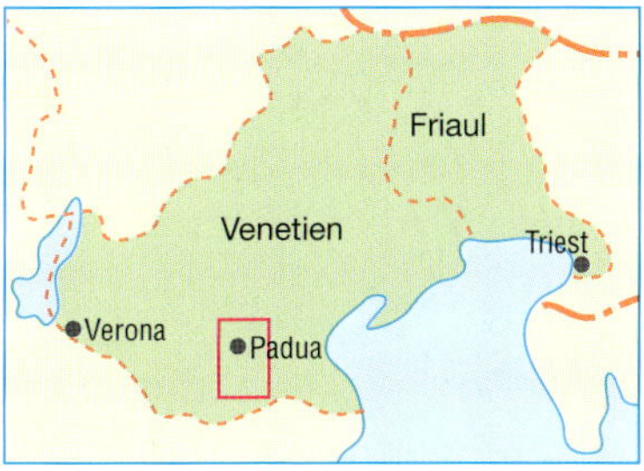

Auf dem Weg nach Padua durchquert man die **venetische Ebene**, in der die Pappeln wie mit dem Lineal gezogene Geraden bilden und der Horizont zu verschwimmen scheint. Das weite, flache Land am Rand der Alpen bildet das *Herzstück* des Veneto. Seit den 70er-Jahren des 20. Jh. hat es sich spürbar verändert. Hemmungslos und ohne Rücksicht auf gewachsene urbane Strukturen hat man Industrieanlagen und Gewerbebetriebe, Supermärkte und ausufernde Wohnsiedlungen errichtet. Kaum vorstellbar, dass *Goethe*, als er von Padua hinüber nach Venedig blickte, ein »grünes Pflanzenmeer, ohne eine Spur von Erhöhung, Baum an Baum, Busch an Busch, Pflanzung an Pflanzung, unzählige weiße Häuser, Villen und Kirchen aus dem Grünen hervorblickend« sah.

Heute werden folglich nur noch die unbebauten Reste des fruchtbaren Schwemmlandes der **Poebene** für die Landwirtschaft genutzt. Endlose Mais- und Gemüsefelder, aber auch Weinreben sowie Apfel- und Kirschbaumpflanzungen prägen das Landschaftsbild bis zu den unvermittelt aufsteigenden **Colli Euganei**. Mit ihren großzügigen Wald- und Wiesenflächen hat sich die Hügelkette im Südwesten Paduas ihre heiteren Züge weitgehend bewahrt. Besonders idyllisch liegt **Arquà Petrarca**, der Ort, der seinen berühmtesten Bewohner im Namen trägt: Francesco Petrarca, den spätmittelalterlichen Dichter, der hier in völliger Zurückgezogenheit seine letzten Lebensjahre verbrachte. Zum kulturellen Zentrum der Region entwickelte sich zunächst **Este**. Erst nachdem die Römer durch den Bau von Dämmen und Kanälen den Überreichtum an Wasser reguliert hatten, stieg **Padua** zum städtischen Mittelpunkt der *Pianura Padana* auf. Am **Naviglio di Brenta**, dem Brenta-Kanal zwischen Padua und Venedig, reiht sich ein prachtvoller Landsitz an den anderen – der venezianische Adel ließ hier im 16. Jh. seine Villen errichten.

5 Padua

Wallfahrtsort, alte Universitätsstadt, mittelalterliches Kunstzentrum und quirliger Mittelpunkt der Padana.

Padua gehört zu den schönsten Städten Oberitaliens, auch wenn gesichtslose Neubausiedlungen das historische Ortskern immer dichter umschnüren. Im *Zentrum* hat sich Padua jedoch eine geschichtsträchtige Atmosphäre und das *Flair großer Kunst* bewahrt, die auf bezaubernde Weise das städtische Leben der Gegenwart bereichern.

◁ *An diesem Anblick erfreut sich das Auge, an diesem Ort findet die Seele Frieden – Arquà Petrarca*

Geschichte Paduas Stadtbild ist im Wesentlichen durch das Mittelalter geprägt. Eine erste Blütezeit erlebte der Ort unter den Römern, doch der Glanz *Pataviums* verblasste mit dem Untergang des Weströmischen Reiches im Jahr 476, zumal viele Einwohner vor den Angriffen der *Hunnen* unter Attila auf die Laguneninseln vor der Adriaküste flüchteten. 601 wurde die Stadt von den Langobarden dem Erdboden gleichgemacht. Neuen Aufschwung brachte erst das 12. Jh., als Padua *freie Stadtkommune* wurde. Der prächtige Palazzo della Ragione auf dem

Marktplatz ist Ausdruck dieses neuen städtischen Selbstverständnisses. Bereits 1222 wurde die *Universität* gegründet, und nachdem der Florentiner **Giotto di Bondone** die Scrovegni-Kapelle 1304/05 mit seinen wunderbaren Fresken ausgemalt hatte, festigte sich auch Paduas Ruf als Kunststadt. 1337 erlangten die *Carrara* die Macht im Stadtstaat. Sie erwiesen sich als eifrige Bauherren und erweiterten ihren Herrschaftsbereich bis nach Feltre und Belluno im Nordosten. Gegen das aufstrebende Venedig konnten sie sich jedoch auf Dauer nicht erfolgreich zur Wehr setzen, und so geriet Padua 1405 unter venezianische Hoheit, unter der es bis 1797 verblieb. Es folgten die *Habsburger* als neue Herren der Stadt, bis sich auch Padua 1866 dem neuen Königreich Italien anschloss. Das heutige Padua ist

Hinter klar gegliederter Fassade wurde einst Recht gesprochen – der Palazzo della Ragione

zugleich eine Stadt der Gelehrsamkeit und des turbulenten Lebens: Studenten machen immerhin beinahe ein Drittel der 227 000 Einwohner aus.

Das mittelalterliche Zentrum

Im Herzen der Altstadt von Padua steht der **Palazzo della Ragione** 1 (Di–So 9–19 Uhr). Die Marktplätze – *Piazza delle Erbe* im Süden und *Piazza della Frutta* im Norden – lassen der Architektur seiner imposanten Schaufronten viel Raum zur Entfaltung ihrer Wirkung. Das Rathaus, der *Salone* der Stadt – ein Name, der sich auf die grandiose *Sala* im Obergeschoss des Palazzo bezieht –, entstand im Kern 1218/19, wurde im 14. Jh. erweitert, mit zweigeschossigen *Loggien* aufgelockert und mit einem gewaltigen Dach bekrönt.

1420 geriet dieses hölzerne Kielbogendach in Brand – auch die Fresken wurden damals zerstört, mit denen Giotto die Sala, den **Rats-** und **Gerichtssaal**, ausgeschmückt hatte. Er dehnt sich auf einer Fläche von 80 x 17 m aus und inspirierte den Italienreisenden Goethe zu der Metapher vom »ungeheuersten abgeschlossenen Gefäß, das man sich nicht vorstellen (...) kann. Es ist ein abgeschlossenes Unendliches, dem Menschen analoger als der Sternenhimmel«.

Die *Fresken*, die nach dem Brand von 1420, in der Endphase des *Weichen Stils* der Gotik, von Giusto de' Menabuoi und Nicolò Miretto angefertigt wurden, orientieren sich an Giottos ursprünglichem Bildprogramm und stellen in den oberen drei Bändern ein komplexes Geflecht reli-

Schon Goethe war vom Gerichtssaal des Palazzo delle Ragione begeistert

Wo man medizinischen Vorlesungen wie einer Theatervorstellung beiwohnte – das Teatro Anatomico der Universität

giös-astrologischer Szenenfolgen dar. Das *Holzpferd* im Salone ist eine Kopie von Donatellos Reiterstandbild des Gattamelata (1466) vor der Basilica di Sant' Antonio [s. S. 51].

An der Ostseite der Piazza delle Erbe liegt die renommierte **Università** 2 (Führungen Mo, Mi, Fr 15.15, 16.15, 17.15, Di, Do, Sa 9.15, 10.15, 11.15 Uhr, Tel. 04 98 27 51 11) Ihre Fakultäten, zunächst über die Stadt verstreut, wurden Ende des 15. Jh. hier unter einem Dach vereint. Dem ein ganzes Straßengeviert einnehmenden Gebäude musste auch der alte Gasthof *Il Bò* (Ochse) weichen, dem die Universität ihren Kurznamen verdankt. Noch heute flößt sie mit ihrem schönen wappengeschmückten Innenhof, mit dem *Pult Galileo Galileis*, der hier 1592–1610 unterrichtete, mit dem berühmten **Teatro Anatomico** (1594), dem medizinischen Lehrsaal mit Seziertisch, und der *Aula Magna* Respekt vor der Gelehrsamkeit vergangener Jahrhunderte ein.

An der *Piazzetta Pedrocchi* kamen zur Zeit des Risorgimento (1848) Studenten, Patrioten und Literaten in dem berühmten neoklassizistischen **Caffè Pedrocchi** 3 (Tel. 04 98 77 41 48, Mo geschl.) zusammen, das sich heute in einen Treffpunkt des altbürgerlichen Padua verwandelt hat.

Südöstlich der Universität findet man die **Tomba di Antenore** 4 von 1284, das Grabmal des Antenor, der einer römischen Legende zufolge nach dem Fall Trojas vor etwa 3000 Jahren in die Poebene geflüchtet sein und dort eine Siedlung gegründet haben soll, Vorgängerin des römischen *Patavium*.

Im westlichen Teil der Altstadt schließt sich an die Piazza della Frutta die **Piazza dei Signori** 5 an. Hier ist der architektonische Einfluss Venedigs am deutlichsten zu spüren. An ihrer Schmalseite erhebt sich der monumentale **Palazzo del Capitanio** 6, 1599–1605 errichtet. Teile der Bausubstanz des mittelalterlichen Vorgängers, des Palastes der *Carrara*, dienten als Grundmauern des prächtigen *Arco dell' Orologio*, dessen Untergeschoss in Form eines Triumphbogens gestaltet ist. Die *astronomische Uhr* (1427) soll die älteste Turmuhr Italiens sein.

Dem Palazzo gegenüber steht die Kirche *San Clemente* mit ihrer wenig ansprechenden Fassade von 1598. Im Innenraum sieht man ein Fresko der Madonna mit Kind, das Jacopo Bellini zugeschrieben wird. Über der hohen Freitreppe an der Längsseite der Piazza erhebt sich die 1496 nach Plänen von Annibale Maggi gestaltete **Loggia del Consiglio** 7, in der der Maggior Consiglio, der Große Rat, zusammenkam. Durch den Arco dell' Orologio hindurch gelangt man auf die *Piazza Capitaniato* mit der eleganten *Loggia Carrarese* (14. Jh.) und dem modernen **Liviano** 8, in dem die Philosophische Fakultät der Universität untergebracht ist. Hier stand im Mittelalter die Residenz der Carrara. Deren **Sala dei Giganti**, ein im 14. und 16. Jh. prachtvoll mit Fresken geschmückter Saal, wurde in das Obergeschoss des Universitätsgebäudes mit einbezogen.

Im Süden schließt sich die **Piazza del Duomo** an, die man durch den *Arco Vallaresso* am Ende der Via Accademia betritt. Der **Duomo S. Maria Assunta** 9 geht auf das 9. Jh. zurück, wurde aber ab Mitte des 16. Jh. komplett erneuert. Die Fassade blieb unvollendet. An der Umgestaltung war aller Wahrscheinlichkeit nach auch *Michelangelo* beteiligt. Vor allem den Innenraum prägt die Klarheit seiner Formensprache. Sakrale Kunst aus der Blütezeit der Stadt zeigt auch das **Museo Diocesano** (www.museodiocesanopadova.it, Do, Fr, Sa 14–18, So/Fei 10–18 Uhr,) im *Palazzo Vescovile* neben der Kirche.

Der kuppelbekrönte Kubus des **Battistero** 10 (tgl. 10–18 Uhr) wurde 1260 neben dem Dom errichtet. Sein Inneres schmückt ein fabulierfreudiger **Freskenzyklus** (1380) des Florentiner Malers *Giusto de' Menabuoi* mit Szenen des Alten und Neuen Testaments. Im Zenit der hoch aufragenden *Kuppel* thront – gemäß byzantinischer Ikonographie – *Christus Pantokrator*, der Weltenherrscher, umgeben von Engeln und Heiligen sowie den vier Evangelisten in den Pendentifs. Die Stifterin der Taufkirche, *Fina Buzzacarini*, ist gegenüber vom Eingang im dunkelroten Samtkleid mit weißem Pelzkragen dargestellt. Johannes der Täufer empfiehlt sie der thronenden Madonna.

Chiesa degli Eremitani, Cappella degli Scrovegni und Musei Civici

Über Piazza Cavour, Piazza Garibaldi und Corso Garibaldi erreicht man die imposante **Chiesa degli Eremitani** 11 im Norden der Altstadt. Die Kirche der Augustiner-Eremiten (1276–1300) ließ der Baumeister *Fra Giovanni degli Eremitani* mit einem eindrucksvollen hölzernen Kieldach à la Palazzo della Ragione versehen, die Fassade mit venezianischen Rundbogennischen schmücken. Durch einen Luftangriff 1944 weitgehend zerstört, wurde die Kirche zwar wieder hergestellt, doch der kostbare *Freskenzyklus* (1448–56) der Cappella Ovetari, ein Meisterwerk Andrea Mantegnas, war verloren. Erhalten sind lediglich die lange vor der Bombardierung wegen ihres schlechten Erhaltungszustands abgenommenen Fresken ›Himmelfahrt Mariens‹, ›Martyrium des hl. Christophorus‹ und ›Abtransport seines Leichnams‹. Rechts und links vom Eingang sieht man außerdem die *Grabmäler* von Jacopo und Ubertino da Carrara. Das monumentale Grabmonument in der Mitte des linken Seitenschiffs gab der Paduaner Rechtsgelehrte Marco Mantoa Benavides 1544 bei Bartolomeo Ammananti in Auftrag. Die *Cappella Sanguinacci* neben dem Chor birgt einige leider nur sehr schlecht erhaltene Fresken des paduanischen Malers Guariento (14. Jh.), der auch das Holzkruzifix schuf.

Auf dem Gelände des *römischen Amphitheaters*, der Arena, liegt das kunsthistorische Juwel Paduas, die **Cappella degli Scrovegni** 12 (www.capelladegliscrovegni.it, tgl. 9–19 Uhr, Buchung muss mind. 24 Stunden vor Besuch erfolgen, Tel. 04 92 01 00 20). Der

TOP TIPP

Errichtet als Abbitte für Wucherei, ausgeschmückt mit verschwenderisch prächtigen Fresken wie Giottos ergreifender ›Grablegung Christi‹ – die Cappella degli Scrovegni

Große Verehrung für einen Diener der Armen – die Basilica di Sant' Antonio

äußerlich unscheinbare, klar gegliederte Backsteinbau, auch Arenakapelle genannt, wurde 1303 als Hauskapelle des nicht erhaltenen Scrovegni-Palazzo geweiht. Mit dieser Stiftung wollte *Enrico Scrovegni* den Himmel gnädig stimmen, denn sein Vater hatte das beachtliche Familienvermögen allein durch Wucherei erwirtschaftet.

Die **Fresken**, mit denen *Giotto di Bondone* ab 1304 die Kapelle ausschmückte, zählen zu den bedeutendsten Kunstwerken der Welt. Der Eindruck beim Betreten des tonnengewölbten Raums ist überwältigend: Unter einem blauen Sternenhimmel reihen sich 38 Bildsequenzen aneinander, in denen Giotto das Leben Mariens, das ihrer Eltern Joachim und Anna sowie Vita und Passion Christi schildert. In der *Sockelzone* sind mit den Personifikationen der sieben Tugenden und sieben Laster die ersten **Grisaille-Malereien** der Kunstgeschichte zu bewundern. Die Rahmenstreifen zieren Szenen aus dem Alten Testament sowie Figuren von Engeln, Heiligen und Propheten. Das *Jüngste Gericht* nimmt die Eingangswand ein. Hier ist unter den Auferstandenen auch der Stifter bei der Übergabe der Kapelle an die Barmherzigkeit dargestellt.

Die Scrovegni-Kapelle, in der neben Giottos Fresken noch Giovanni Pisanos *Marmorskulptur* der Madonna mit Kind auf dem Altar erwähnenswert ist, gehört heute zum **Musei Civici Emeritani** 13 (Di–So 9–19 Uhr) im einstigen Eremiten-Kloster. Die *archäologische Sammlung* wird in den Sälen rund um den Kreuzgang präsentiert. Im Obergeschoss brilliert die **Pinakothek** mit Werken großer Meister wie Giotto, Bellini, Giorgione, Tiepolo, Tizian, Tintoretto und Veronese. Ergänzt wird diese Kollektion italienischer Malerei des 13.–17. Jh. durch Arbeiten flämischer und niederländischer Meister.

Gegenüber des Klosters befindet sich der 1912 im klassizistischen Stil erbaute **Palazzo Zuckermann** 14 (Di–So 9–19 Uhr) mit dem *Museum für angewandte Kunst* mit seiner Sammlung kostbarer Majolika-Arbeiten aus Venedig und liturgischen Geräts aus der Capella degli Scrovegni sowie dem *Museo del Bottacin*, in dessen Räumen erlesene Möbel des 19. Jh. und die Kunstsammlung Nicola Bottacins (1805–1876) zu sehen sind.

Folgt man der *Via Giotto* nach Nordosten und biegt linker Hand in die *Via del Carmine* ein, gelangt man zur Piazza Petrarca mit der Kirche **S. Maria del Carmine** 15. Die ursprüngliche Architektur romanischen Zuschnitts ging infolge zahlreicher Umbauten leider verloren – die Fassade war ohnehin nie vollendet worden. Aus dem Dunkel des **Innenraums** taucht ein Freskenzyklus (Mitte 17. Jh.) auf, der die Geschichte des Karmeliterordens erzählt. Auch die benachbarte **Scuola del Carmine** 16 (tgl. 8–12 und 16–19.30 Uhr) birgt Fresken. Die Bildfolge (15./16. Jh.) hat das Leben Mariens und Christi zum Gegenstand.

Folgt man der Via Giotto nun in entgegengesetzter Richtung, gelangt man über ihre Verlängerung, die *Via Morgagni*, zur Piazzetta J. Nievo mit der romanischen Kirche **S. Sofia** 17. Ihre heutige Gestalt prägte im Wesentlichen das 12. Jh.

TOP TIPP Basilica di Sant' Antonio 18

Im Süden der Altstadt führt die *Via del Santo* zu einer der bedeutendsten Kirchen der Christenheit, zur Basilica di Sant' Antonio. Wäre es nach dem Willen des hl. Antonius gegangen, der in Padua – ebenso wie die ihm geweihte Kirche – kurz *Santo* genannt wird, stünden wir heute vor einer kleinen Grabeskirche. Doch nach seinem Tod 1231 avancierte der in Padua tätige *Franziskanermönch* zum Volksheiligen, und man baute ihm eine imposante, von sechs byzantinischen Kuppeln bekrönte und zahlreichen Türmchen überragte *Basilica*. Die Architektur der Kirche (1232–1310, erweitert 1690) verquickt byzantinische, romanisch-lombardische und gotische Formelemente. Der **Innenraum** der dreischiffigen Emporenbasilika mit Chorumgang und rechteckigen Kapellen strahlt Feierlichkeit aus. Kostbarstes Ausstattungsstück ist der nur selten zugängliche **Hochaltar [1]**, geschmückt mit paduanischen Werken (1443–53) des florentinischen Bildhauers Donatello. Zu den Heiligendarstellungen aus Bronze kommen die Bronzereliefs der Predella mit den Wundertaten des hl. Antonius.

Das *südliche Querhaus* der Kirche wurde 1372–77 zur gotischen **Cappella San Felice [2]** umgestaltet und von Altichiero mit prachtvollen Fresken geschmückt. Szenen aus der Vita des hl. Jakobus d. Ä. gruppieren sich um die ›Kreuzigung‹ im Zentrum der Längswand. Im *nördlichen Querhaus* enstand im 16. Jh. als Renaissance-Gegenstück die **Cappella dell' Arco del Santo [3]**. Sie bewahrt den *Silbersarkophag* mit dem Leichnam Sant' Antonios, Wallfahrtsziel Tausender Gläubiger. Als man das Grab vor einigen Jahren öffnete, entdeckte man, dass die Zunge des Heiligen wunderbarerweise nicht verwest war. Zusammen mit anderen *Reliquien* wird sie nun in der barocken **Cappella del Tesoro [4]** aufbewahrt. Hier erzählen *Marmorreliefs* (16. Jh.) Szenen aus dem segensreichen Leben des Antonius. Ausführende waren Antonio und Tullio Lombardo, Antonio Minello und Jacopo Sansovino. In der **Cappella del Beato Luca Belludi [5]** schließlich ist der Ordens-

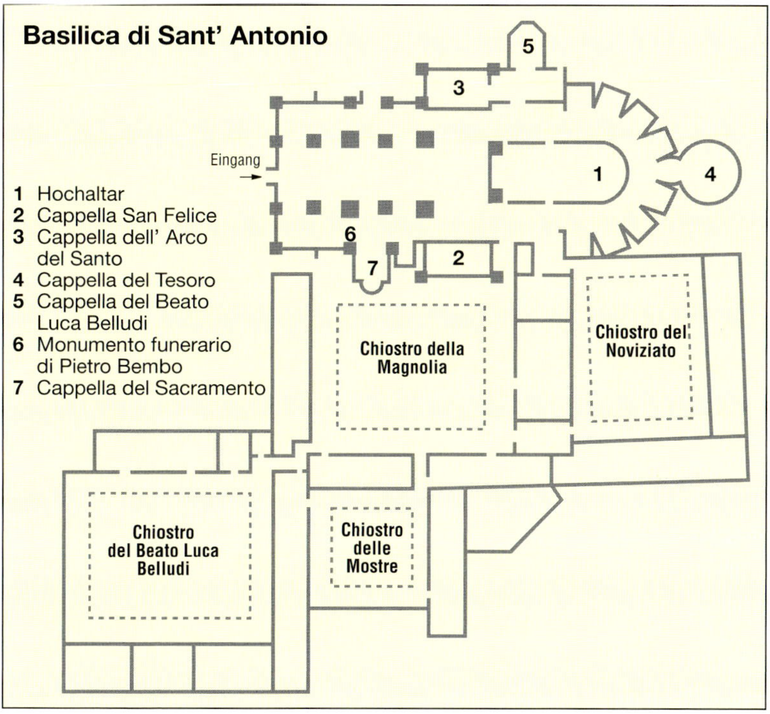

bruder und Freund des hl. Antonius, Luca Belludi, beigesetzt, dessen Lebensstationen die figurenreichen Fresken von Giusto de' Menabuoi (Ende 14. Jh.) nachzeichnen.

Am zweiten Langhauspfeiler rechts ist das prachtvolle, von Michele Sanmicheli geschaffene **Monumento funerario di Pietro Bembo [6]** (†1547) zu bewundern, das Grabmal des Dichters Pietro Bembo.

In Bronze gegossen reitet vor der **Fassade** seit mehr als 500 Jahren der einstige Oberbefehlshaber der venezianischen Landstreitkräfte, *Erasmo da Narni*, wegen seiner kämpferischen Geschicklichkeit **Gattamelata**, ›gefleckte Katze‹, genannt. Der Condottiere starb 1443 in Padua und wurde rechts von der **Cappella del Sacramento [7]** in der Basilica beigesetzt. Im Auftrag der Witwe des Feldherrn schuf Donatello 1447–53 dieses Reiterstandbild und damit das erste frei stehende Bronzemonument seit der Antike. Dank seiner unmittelbaren Ausdruckskraft, des Zusammenspiels von Kraft und Beherrschung, Heldentum und Kontemplation, setzte **Donatellos** Meisterwerk folgenreiche Maßstäbe für diesen Denkmalstyp.

TOP TIPP

Die Südseite der *Piazza del Santo* nimmt die **Scuola di Sant' Antonio** 19 (wg. Restaurierung geschl.) ein. Den Kapitelsaal des 1427 errichteten Zunftgebäudes schmückt ein *Freskenzyklus* mit den Wundern des hl. Antonius, an dem auch *Tizian* mitwirkte.

Westlich der Scuola liegt das **Oratorio di San Giorgio** 20, eine 1377–84 nach dem Vorbild der Scrovegni-Kapelle gestaltete Grablege der Familie *Lupi di Soragna*, vollständig mit **Fresken** ausgemalt. *Altichiero* schuf hier unter Mitarbeit von Jacopo Avanzo (untere Zone) einen prachtvollen, durch harmonisches Kolorit und sanfte Linienführung bestechenden Bilderzyklus, der Szenen aus dem Leben Christi (Eingangswand), des hl. Georg (linke Wand), der hl. Lucia (rechte Wand, untere Reihe) sowie Episoden aus der Vita der hl. Katharina (rechte Wand, obere Reihe) schildert. Auf der *Altarwand* erscheint vor blauem Hintergrund die eindringliche ›Kreuzigung Christi‹, das Lünettenbild zeigt die Krönung Mariens.

S. Giustina

Südwestlich der Basilica di Sant' Antonio erstreckt sich – von einem Kanal umgeben – der **Prato della Valle** 21, eine Grünanlage, in der die Standbilder ehrenwerter Bürger Paduas versammelt sind. In römischer Zeit standen hier Circus und Theater. Im Südosten der Anlage erhebt sich die der hl. Justina geweihte Kirche,

Sant' Antonio – der Nothelfer für Leib und Seele

Sant' Antonio ist der Italiener liebster Heiliger. Der **Nothelfer**, der Reisende und Liebende behütet, verlorene Dinge wieder zu finden hilft, die Bergleute unter Tage schützt und das Fieber senken kann, wurde schon zu Lebzeiten als Wunderheiler verehrt. 1188 erblickte Sant' Antonio als **Fernando Bulhoes y Taveira de Azevedo** in Lissabon das Licht der Welt. Nach seinem Beitritt zum Franziskanerorden begab er sich 1220 auf eine Missionsreise nach Marokko, doch eine Krankheit zwang ihn bald zur Rückkehr. Auf der Heimfahrt erlitt er Schiffbruch und erreichte glücklich Sizilien, von wo er sich nach Assisi aufmachte. Er schloss Freundschaft mit dem **hl. Franziskus** und wirkte nach dessen Vorbild fortan vor allem in **Padua**. Sein Eintreten für die Armen war ebenso beispielhaft wie der Beistand, den er Kranken zukommen ließ – davon künden bereits die Heiligenlegenden des 13. Jh. Sein letztes Lebensjahr brachte Sant' Antonio in völliger Zurückgezogenheit auf einem Nussbaum zu. Nur wenige Monate nach seinem Tod am 13. Juni 1231 in Arcella wurde Antonius von Padua durch **Papst Gregor IX.** heilig gesprochen. Unmittelbar danach errichtete Padua seinem Heiligen eine der schönsten Kirchen Italiens, die noch heute zu den populärsten **Pilgerzielen** der Christenheit zählt.

Das Spiegelbild von Paduas großer Vergangenheit – der Kanal des Prato della Valle

der größte Sakralbau der Renaissance in Oberitalien. Die Märtyrerin stammte aus Padua und stand für ihren Glauben im Jahr 304 mit dem Leben ein. Der heutige Bau der **Basilica di S. Giustina** 21 entstand im 16. Jh. Von den Vorgängern sind die Cappella di San Prodoscimo (z. T. 5. Jh.), die Cappella di San Luca (1301) sowie der Chor von 1462 erhalten geblieben. Mit ihren acht großen Kuppeln und dem sie überragenden *Campanile* weist S. Giustina stilistische Verwandtschaft zur Basilica di San Marco in Venedig [s. S. 68] sowie zur Basilica di Sant' Antonio auf.

Das **Innere** ist der Ästhetik der *Renaissance* verpflichtet: Der weite und helle Raum ist feierlicher Rahmen für die kunstvolle Ausstattung, zu der vor allem venezianische Malerei des 16. Jh. gehört. Den *Hochaltar* schmückt das ›Martyrium der Justina‹ (1575), ein Bild Paolo Veroneses, in dessen Bewegtheit sich bereits der Barock ankündigt. Die **Cappella di San Prodoscimo** ist ein suggestiver kleiner Raum, den eine Trompenkuppel krönt. Das Grab des ersten Bischofs von Padua trägt ein *Relief* mit seinem Brustbild, das ebenso wie die Altarschranken aus dem 5. Jh. stammt. Die Wände der **Cappella di San Luca**, in der die Äbte des Benediktinerklosters beigesetzt wurden, bemalte Giovanni Storlato 1437 mit der Vita des hl. Lukas, dessen Reliquien in einem Porphyrsarkophag des linken Querarms aufbewahrt werden.

i Praktische Hinweise

Information

APT, Riviera dei Mugnai 8, Padua, Tel. 04 98 76 79 11, Fax 049 65 07 94, www.turismopadova.it.

Hotels

******Donatello**, Via del Santo 102/4, Padua, Tel. 04 98 75 06 34, Fax 04 98 75 08 29, www.hoteldonatello.net. Mittelgroßes Hotel mit familiärer Atmosphäre.

******Plaza**, Corso Milano 40, Padua, Tel. 049 65 68 22, Fax 049 66 11 17, www.plazapadova.it. Allen Komfort bietet dieses zentral gelegene Haus.

*****Al Giardinetto**, Prato della Valle 54, Padua, Tel. 049 65 67 66, Fax 049 65 69 72, www.hotelalgiardinetto.it. Hier nächtigt man unmittelbar neben der Basilica di Sant' Antonio.

Restaurants

Antico Brolo, Corso Milano 22, Padua, Tel. 049 66 45 55. Eines der besten Restaurants der Stadt bietet vor allem regionale Spezialitäten.

L'Anfora, Via dei Soncin 13, Padua, Tel. 049 65 66 29. Gleich hinter der Piazza delle Erbe kocht Alberto Grinzato vorzügliche paduanische und internationale Spezialitäten. Die Bouillabaisse und der Couscous sind sehr zu empfehlen.

La Corte dei Leoni, Via Pietro d' Abano 1, Padua, Tel. 04 98 75 00 83. Zu einer großen Auswahl an exquisiten Weinen gibt es internationale und verfeinerte regionale Küche.

Eine Reverenz an den architektonischen Geschmack des Sonnenkönigs – Villa Pisani

6 Naviglio di Brenta

TOP TIPP *Die Villen der venezianischen Nobili als Ausdruck höchster Ästhetisierung des Landlebens.*

Der Naviglio di Brenta, ein kanalisierter Seitenarm der Brenta, verbindet *Padua* mit *Venedig* und mündet nach 33 km bei Fusina in die Lagune von Venedig. Die *idyllischen Ufer* der langsam dahinziehenden Brenta waren im 16. Jh. beim venezianischen Patriziat als Baugrund von **Sommerresidenzen** besonders begehrt. Mehr als 150 Landhäuser säumten den Wasserlauf, der zum *Canal Grande* der Terra ferma wurde. Von der einstigen Pracht ging viel verloren, die ehedem so romantische Gegend bietet heute vielerorts ein trauriges Bild der Zersiedelung. Gleichsam als letzte Inseln der Grandezza nehmen sich die verbliebenen Brenta-Villen aus, welche die Uferstraße SS 11 erschließt. Wer es bei der Besichtigung lieber wie Goethe halten möchte, kann den *Burchiello* (s. u.) besteigen, einst eine Passagierbarke mit Segeln und nun ein modernes Ausflugsschiff, das zwischen Padua und Venedig verkehrt.

Die erste Villa liegt gleich hinter *Strà* am linken Ufer und gehörte der Familie *Foscarini-Negrelli*. Blickfang des Settecento-Baus (18. Jh.) ist der palladianische Portikus. Es folgt die barocke *Villa Cappello Gianti*.

Schließlich erreicht man die **Villa Pisani** (nur auf Anmeldung, Tel. 04 12 71 90 19, April–Sept. Di–So 9–20, Okt.–März Di–So 9–17 Uhr), die größte ihrer Art im Veneto. Der Bauherr, Alvise Pisani, war lange Zeit Venedigs Botschafter in Paris gewesen und hatte dort großen Gefallen am Schloss von Versailles gefunden. Nachdem er 1735 zum Dogen gewählt worden war, beauftragte er *Francesco Maria Preti* mit dem Bau einer repräsentativen Villa, deren fünfflügelige Anlage dem Vorbild barocker Prunkschlösser folgte. Von den insgesamt *114 Räumen* des als *Villa Nazionale* seit 1882 in Staatsbesitz befindlichen Gebäudes sind allein die Prunksäle zu besichtigen. Besonders eindrucksvoll ist die großartige **Sala del Ballo**, der Ballsaal. *Giambattista Tiepolo* malte das Deckenfresko, eine farbenprächtige Verherrlichung der Familie Pisani. Die mythologischen Szenen in Grisaille-Technik über der Galerie schuf Tiepolos Sohn *Giandomenico.Vor* den Fenstern liegen die Stallungen und der Park, zu dem mehrere Pavillons, ein Belvedere sowie ein Labyrinth gehören.

Bei *Mira* trifft man auf die **Villa Widmann Foscari** (Di–So 10–17 Uhr), die 1719 errichtet wurde. Die Innenräume schmücken mythologische Fresken des venezianischen Künstlers Giuseppe Angeli (um 1750/60). Gegenüber, am südlichen Ufer, stehen von der **Villa Valmarana**

(1700, www.villavalmarana.net, März–Okt. Di–So 10–18 Uhr) nur noch die beiden *Barchessen*, die Gästehäuser – sie befinden sich heute in amerikanischem Besitz. Die Villa selbst wurde 1850 abgerissen, weil der Hausherr die Grundsteuer nicht mehr aufbringen konnte. Das rechte Gästehaus wurde unlängst, wenn auch nicht sehr einfühlsam, restauriert.

Die letzte bedeutende Villa vor der Mündung des Brenta-Kanals ist die **Villa Malcontenta** (Tel. 04 15 47 00 12, April–Okt. Di/Sa 9–12 Uhr), die Andrea Palladio 1560 im Auftrag der *Familie Foscari* errichtete. Der nüchterne, strenge, gleichsam alle Kräfte bündelnde Baukörper ruht auf einem hohen Podest. Die Schaufassade akzentuiert ein mächtiger Portikus mit ionischen Säulen. Ihre Berühmtheit verdankt die Villa vor allem den **Fresken** der Innenräume. In der zentralen **Sala dei Giganti** malte Battista Franco im 16. Jh. den Sturz der Giganten, dem Giambattista Zelotti zur gleichen Zeit Episoden aus den ›Metamorphosen‹ Ovids sowie Allegorien der Künste und Tugenden hinzufügte.

i Praktische Hinweise

Information

APT, Via Nazionale 420, Porte Mira, Tel. 041 42 49 73, www.turismovenezia.it

Hoffentlich werfen sie die Angeln nicht nur nach Spiegelbildern aus

Schiff

Burchiello, Tel. 04 98 20 69 10, www.ilburchiello.it. An wechselnden Tagen verkehrt das Ausflugsschiff zwischen Venedig (ab Pontile della Pietà) und Padua (Zubringerbus ab Piazzale Boschetti)

Hotel

TOP TIPP ****Margherita, Via Nazionale 146, Porte Mira, Tel. 04 14 26 58 00, Fax 04 14 26 58 38, www.villamargherita.com. Wer einmal selbst sein Haupt im noblen Ambiente einer venezianischen Villa betten möchte, ist in diesem Hotel am Brenta-Ufer an der richtigen Adresse.

Villenarchitektur in Vollendung, zur Schau gestellt auf einem hohen Podest – Andrea Palladios Villa Malcontenta am Brentakanal

Die Colli Euganei sind die Heimat leichten Weißweins – und wirkungsvollen Wassers

7 Colli Euganei

Heilendes Wasser und Wein, Wiesen und Wald machen seit jeher den Reiz des Hügellandes aus.

Unvermittelt erheben sich die konischen Colli Euganei aus der *Pianura Padana*. Die Hausberge Paduas sind altes Siedlungsgebiet, das eine erste Blütezeit unter den Römern erlebte. Diese schätzten die vulkanische Hügelwelt wegen der gesundheitsfördernden Wirkung ihres *Quellwassers*. Überall zwischen Abano Terme und Monselice fand man Überreste antiker **Thermalbäder** – die römische Tradition lebt in den modernen Kurorten fort, die die therapeutische Wirkung des mit Mineralien angereicherten Wassers und des *Fango*, des Schlamms, nutzen.

Berühmt sind die Colli Euganei auch für ihren **Wein**, besonders für den leichten weißen *Moscato*. Die gut ausgeschilderte *Strada del Vino* bringt Weinliebhaber direkt zu den Erzeugern.

Das Zentrum des Kurbetriebs in den Euganeischen Hügeln liegt an deren Nordrand: **Abano Terme**. Hier sprudelt bereits seit der Römerzeit die Heilwasserquelle *Montirone*. Auf die lange Tradition des Ortes als nobles Thermalbad verweisen die zahlreichen Kurhotels entlang des *Viale delle Terme* und im übrigen Ort.

Wenige Kilometer westlich liegt, umgeben von Wald und Feld, die **Abbazia di Praglia** (Di–So 15.30–17.30, im Winter 14.30–16.30 Uhr). Immer noch leben Benediktinermönche an dem beschaulichen Ort. Gegründet wurde die Abtei im 11. Jh., die heutige Klosteranlage, die vier Kreuzgänge umschließt, wurde jedoch erst ab 1490 errichtet. Die Abteikirche **S. Maria Assunta** entstand nach Plänen von *Tullio Lombardo*. Ihre Fassade im Stil der Frührenaissance wird geprägt vom spannungsvollen Wechselspiel zwischen dem Schwung der Volutengiebel und der Ruhe des breit gelagerten Baukörpers. Das Kloster ist ein etabliertes Zentrum der *Buchrestauration*.

Der kurze Weg von der Abtei nach **Luvigliana di Torreglia** führt durch eine beschwingt-heitere Hügellandschaft mit

Weingärten und prächtigen Sommerresidenzen. Die rotbraune **Villa dei Vescovi** (wg. Restaurierung bis Ende 2008 geschl., www.fondoambiente.it) liegt weithin sichtbar am Nordrand der Euganeischen Hügel. Die Pläne für das spektakuläre, theatralisch anmutende Gebäude, das 1567 vollendet wurde, stammen von *Alvise Cornaro*, dem unermüdlichen Fürsprecher und wichtigsten Theoretiker der Villenkultur.

Ein Ausflug lohnt zum **Monte Rua** (403 m), der sich über dem Ort *Torreglia Vecchia* erhebt und einen großartigen Blick über die Euganei freigibt.

Gleich einem Klotz in der Landschaft nimmt sich das **Castello Cataio** (Di–So 14.30–19 Uhr) bei *Battaglia Terme* aus, das sich der venezianische Condottiere Pio Enea degli Olbizzi 1570 nach eigenen Plänen errichten ließ. Das Äußere der mit Zinnen bewehrten Burg ist erwartungsgemäß abweisend, umso überraschender ist die Eleganz der Innenausstattung. Die vorrangig von Giambattista Zelotti ausgeführten *Fresken* verherrlichen Olbizzi und seine Familie, aus der sich Generationen von Heerführern der Republik rekrutierten.

Die zum Kunstwerk vervollkommnete Natur kann man im Garten der unscheinbaren **Villa Barbarigo** (Tel. 04 99 13 00 42, tgl. 10–13 und 14 Uhr bis Sonnenuntergang) bei *Valsanzibio* bewundern. Zypressenalleen und Buchsbaumhecken inszenieren ein raffiniertes *Spiel der Perspektiven*, und das Weiß der Marmorstatuen und Brunnenanlagen des Parks hebt sich markant vor dem warmen Dunkelgrün der Vegetation ab.

i Praktische Hinweise

Information

APT, Via Pietro d' Abano 18, Abano Terme, Tel. 04 98 66 90 55, Fax 04 98 66 90 53

8 Arquà Petrarca

TOP TIPP *Der Alterswohnsitz Francesco Petrarcas.*

Einer der schönsten Orte der Colli Euganei, Arquà Petrarca, hat sich sein *mittelalterliches Stadtbild* nahezu vollständig erhalten. In diese Idylle zog sich der humanistische Philosoph und Dichter **Francesco Petrarca** (1304–1374), der Verfasser des berühmten *Canzoniere*, nach einem erfüllten Leben an den Höfen der Visconti in Mailand, König Roberts in Neapel und der Carrara in Padua zurück. »Gesegnet sei der Tag, der Monat und das Jahr, die Jahreszeit, die Zeit, die Stunde und der Punkt, das schöne Land, der Ort, wohin ich nun gekommen war«, dichtete Petrarca angesichts seines neuen Domizils, der **Casa di Petrarca** (Tel. 04 29 71 82 94, Di–So 9.30–12.30 und 15–19 Uhr), die sich

Ein monumentaler Quaderbau inmitten freundlichen Grüns – das Castello Cataio

im Nordwestteil des Ortes befindet und alle Voraussetzungen für eine *Vita solitaria* bot, für das einsame, kontemplative Leben, nach dem sich Petrarca im Alter sehnte. Dass der Dichter hier seinen »Seelenfrieden« fand, wie er 1373 in einem Brief an seinen Bruder schrieb, mag man beim Anblick des Hauses und der umgebenden Natur gerne glauben. Die *Fresken*, die in lyrischer Manier die Gesänge des Dichters illustrieren, ließ einer der späteren Hausherren, Pietro Paolo Veldezocco, Mitte des 16. Jh. anfertigen.

Die **Tomba di Petrarca**, ein auf vier mächtigen Pfeilern ruhender Sarkophag, steht auf dem einstigen Friedhof vor der Pfarrkirche.

9 Monselice

Traditionsreicher Ort mit dem Kastell des Tyrannen Ezzelino da Romano.

Monselice am Fuße der Colli Euganei verlor, anders als Arquà Petrarca, seinen historischen Ortskern im Zuge einer fragwürdigen Modernisierung (19. Jh.). Am Hauptplatz, der **Piazza Mazzini**, sind jedoch noch die mittelalterliche *Torre Civica* und der *Monte di Pietà*, das Leihhaus (16. Jh.), erhalten, das sich dem Platz mit einer schönen Loggia zuwendet. Von hier führt die *Via del Santuario* den Hang hinauf, an dem sich die wichtigsten Sehenswürdigkeiten gruppieren. Wehrhaft erhebt sich am Fuß des Hügels der Kubus des **Castello Ca' Marcello** (April–Nov. Di–So 9–12 und 14–17 Uhr), das im 13. Jh. als Residenz des *Ezzelino da Romano* entstand. Sie beherbergt eine sehenswerte Sammlung mittelalterlicher Möbel und Waffen sowie ein Langobarden-Museum, zu dessen schönsten Stücken ein Kreuz aus Blattgold gehört. Kleinwüchsige, mit großen Nasen verunstaltete Wesen bevölkern die Ummauerung der *Villa Nani-Mocenigo*, gleichsam groteske Vorfahren unserer Gartenzwerge, wie sie im 18. Jh. groß in Mode kamen. Die Kirche **S. Giustina**, der im frühen 13. Jh. errichtete einstige Dom der Stadt, schmiegt sich ein Stück weiter malerisch an den Hang und wird von einem mit Rundbogenfriesen geschmückten *Campanile* überragt. Der *Innenraum* nimmt in seiner architektonischen Schlichtheit, in seiner saalartigen Gestaltung mit offenem Dachstuhl die Formprinzipien der Bettelordenskirchen des ausgehenden 13. Jh. vorweg.

Ezzelinos Palast in Monselice entstand um die Mitte des 13. Jh.

Sechs Kapellen säumen weiter oben die *Via Sacra*, die zur Villa Duodo und der kleinen Kirche **San Giorgio** führt, in der die Reliquien von 30 frühchristlichen Märtyrern aufbewahrt werden. Mit den Gebeinen honorierte 1592 Papst Paul V. die Dienste Pietro Duodos, des Gesandten Venedigs am Heiligen Stuhl. Die *Kapellen*, mit Altarbildern von Jacopo Palma d. J. geschmückt, tragen die Namen der sechs wichtigsten römischen Kirchen – und stehen ihnen an *religiöser Bedeutung* in nichts nach, denn laut päpstlichem Dekret von 1605 erhält man nach ihrem Besuch denselben Ablass wie nach dem der sieben Pilgerkirchen der Ewigen Stadt.

Die Kapellen und der rechte, schlichte Flügel der **Villa Duodo** zeugen von der Baukunst *Vincenzo Scamozzis*, den Francesco Duodo 1595 mit der Errichtung seines Wohnhauses beauftragte. Andrea Tirali erweiterte den Bau im frühen 18. Jh. und lockerte die strenge *Fassade* mit Statuen, Reliefs und Halbsäulen auf.

10 Este

Das kulturelle Zentrum der Colli Euganei blickt auf eine ruhmreiche Vergangenheit zurück.

Die Geschichte von Este reicht bis in prähistorische Zeiten zurück. Bereits die *Veneter* hatten hier ihr Siedlungszentrum,

Bruchstücke einer großen Vergangenheit in den Räumen des Museo Nazionale Atestino

das sich bis zum 6. Jh. v. Chr. zu einer bedeutenden Stadt entwickelte. Die Römer setzten diese urbane Tradition fort und erhoben *Ateste* 49 v. Chr. zum Municipium. Im Jahr 589 trat die Etsch, die zu diesem Zeitpunkt noch das Stadtgebiet durchfloss, über die Ufer und verwüstete den Ort. Eine Besiedlung fand erst wieder im 11. Jh. unter der Herrschaft der Este statt. Das *Adelsgeschlecht* schmückte sich zwar mit dem Namen des Ortes, verlegte seine Residenz Ende des 13. Jh. jedoch nach Ferrara, wo es dann einen der glanzvollsten Höfe des Mittelalters unterhielt.

Funde aus der Zeit der Veneter sowie der Römer bewahrt das interessante **Museo Nazionale Atestino** (tgl. 9–20 Uhr) im Stadtpark. Darüber liegen am Hügel die Reste des **Castello** (14. Jh.). Die Wehrmauern und zwei Türme geben eine Vorstellung von der einst imposanten Festung der Carrara. Im Südosten des Parks erhebt sich der **Duomo S. Tecla** (um 1700). Sein ovaler Innenraum birgt ein Hochaltarbild von Giambattista Tiepolo: Die hl. Thekla bewirkt durch ihre Fürsprache das Ende der Pest in Este. Die Hauptkuppel ist mit Szenen des Martyriums der hl. Thekla von Jacopo Amigoni geschmückt.

Zentrum von Este ist die **Piazza Maggiore**, der umlaufende Laubengänge und der gotische *Palazzetto degli Scaligeri* besonderen Charme verleihen. Das Rathaus entstand im 18. Jh. Auf dem Weg zur Wallfahrtskirche **S. Maria delle Grazie** (18. Jh.) im Südosten der Piazza passiert man den ältesten Sakralbau von Este, die romanische Kirche von *San Martino* mit ihrem schiefen Campanile (1293).

i Praktische Hinweise

Information

IAT, Via Guido Negri, am Haupteingang der Burg, Este, Tel. 04 29 60 04 62, www.comune.este.pd.it

11 Montagnana

Attraktion ist die turmreiche mittelalterliche Wehranlage.

Das feindliche Klima zwischen den verschiedenen *Signorie*, den Herrschergeschlechtern Oberitaliens, brachte *Francesco da Carrara* im 14. Jh. dazu, Montagnana, den Außenposten seines Einflussbereichs, mit einer außerordentlich wehrhaften **Festungsanlage** zu umgeben. Die Mauer mit ihren 24 polygonalen Türmen bezieht teilweise noch die aus dem 13. Jh. stammende Befestigung Ezzelino da Romanos mit ein, zu der auch die **Porta Padova** und das **Castello di San Zeno** gehörten. Vor der Mauer verlief ehedem ein Wassergraben, heute Spazierweg. Im Südwesten erhebt sich die palastartige **Villa Pisani Placco**, ein Werk Andrea Palladios aus den Jahren 1552–55.

Über die *Via Carrarese*, vorbei am *Palazzo Comunale* (16. Jh.), gelangt man zur zentralen, weiträumigen *Piazza Vittorio Emanuele II* mit dem **Duomo S. Maria**. Die nüchterne, ungewöhnlich schlanke Fassade wird akzentuiert durch eine große Uhr und das von Halbsäulen flankierte Portal. Der Entwurf für die ab 1431 erbaute Kirche wird *Lorenzo da Bologna* und

Schier uneinnehmbar waren die Wehranlagen von Montagnana

dem einheimischen Baumeister Alvise Lamberti zugeschrieben. Während sich das Äußere noch der Gotik verpflichtet zeigt, kommen im **Inneren**, in der klaren Konzeption der Raumteile, bereits die Stilprinzipien der Frührenaissance zur Geltung. Den *Hochaltar* schmückt eine ›Transfiguration‹ Paolo Veroneses. Spätgotik und Frührenaissance verbindet auch die Fassadenarchitektur des **Palazzo Magravin Foratti** in der *Via Matteotti Nr. 40*. Folgt man der Straße, gelangt man zur **Rocca degli Alberi** (1360), einer Torfestung im Nordwesten der Stadtmauer. Die *Via delle Mure* führt schließlich zur Kirche **San Francesco**, für die Jacopo Palma d. J. das bemerkenswerte Altarbild ›Madonna mit Kind und Heiligen‹ schuf.

i Praktische Hinweise

Information

IAT, Piazza Trieste 15, Tel. 042 98 13 20, www.comune.montagnana.pd.it

12 Rovigo

Villen und Meisterwerke der Malerei im Süden des Veneto zwischen Etsch und Po.

Keine Erhebung, so weit das Auge reicht – die weite Ebene des **Polesine** ist geprägt vom immer währenden Kampf zwischen Wasser und Land. Polesine leitet sich vom lateinischen *pullum* ab, was so viel wie ›weiche Erde‹ bedeutet. Bei heftigen Regenfällen kommt es in dieser Region leicht zu *Überschwemmungen*, da das Wasser nicht zügig abfließt. Sedimentation, Ablagerung ›weicher Erde‹, ist die Folge, wodurch sich das Mündungsdelta von Po und Etsch immer weiter in die Adria hinausschiebt.

Die Provinzhauptstadt des Polesine ist **Rovigo**, das zunächst nicht sonderlich einladend wirkt, jedoch mit mancherlei Sehenswürdigkeiten aufwartet. Zentrum ist die **Piazza Vittorio Emanuele II**. Das lang gestreckte Rechteck säumen der *Palazzo del Municipio* mit dem Uhrturm und der Loggia sowie der *Palazzo Roverella*, der 1475 nach Plänen von Biago Rosetti im Stil der Renaissance errichtet wurde. Gegenüber liegt der klassizistische **Palazzo dell' Accademia dei Concordi** (Mo–Fr 9.30–12 und 15.30–19, Sa 9.30–12 Uhr), in dem eine Bibliothek, die archäologische Sammlung sowie die *Pinakothek* mit bedeutenden Werken des 15.–18. Jh., z. B. von Bellini, Tiepolo und Longhi, untergebracht sind. Über die *Piazza Garibaldi* und die *Via Silvestri* gelangt man zur *Piazza XX Settembre* mit der Wallfahrtskirche **Beata Vergine del Soccorso**, genannt La Rotonda. Der 1594 von Francesco Zamberlan errichtete, erstaunlich schmucklose Barockbau erhebt sich über einem achteckigen Grundriss. Barocker Formenzauber entfaltet sich erst im **Inneren**, wo Stuckfiguren und eine Fülle von Gemälden dem *Horror vacui* entgegenwirken. Der prächtige Altar birgt das als wundertätig verehrte Bild der *Madonna del Soccorso*. Die Gestaltungsprinzipien des Barock inspirierten auch *Baldassare Longhena* beim Bau des mit üppigen Ornamenten geschmückten **Campanile** (17. Jh.).

Ausflug

Zu einem architektonischen Glanzstück Palladios fährt man von Rovigo über die SS 16 nach **Fratta Polesine**. Im Zentrum des kleinen Ortes errichtete der Meister um 1560 für den venezianischen Statthalter in Bergamo, Francesco Badoer, die **Villa Badoer** (Do 13–16, Sa/So 10.30–16 Uhr). Ein zinnenbesetzter Mauerkranz umgibt das elegante Gebäude, zu dem eine würdevolle Paradetreppe führt.

Weitere prachtvolle Herrensitze wie die *Villa Mocenigo Arezzù* oder die *Villa Nani Mocenigo* in Fratta und Umgebung bezeugen, dass auch das Polesine ein Zentrum der *Villegiatura* [s. S. 42] war, die hier jedoch erst mit Beginn des 16. Jh. einsetzte.

i Praktische Hinweise

Information

APT, Via H. Dunant 10, Rovigo, Tel. 04 25 36 14 81, Fax 042 53 04 16

Hotel

******Villa Regina Margherita**, Viale Regina Margherita 6, Rovigo, Tel. 04 25 36 15 40, Fax 042 53 13 01, www.hotelvillareginamargherita.it. Nördlich des Stadtzentrums gelegenes komfortables Hotel mit Restaurant.

Milde Abendstimmung über dem Polesine, dem Wasserland der ›weichen Erde‹

Restaurant

TOP TIPP **Al Sole**, Via Bedendo 6, Rovigo, Tel. 042 52 29 17. Eine der ältesten Osterien des Polesine, in der es vorzügliche *Cicheti* (Häppchen) und kleine Gerichte zu guten Weinen gibt.

13 Adria

Die einstige Königin des Meeres.

Gut 20 km östlich von Rovigo liegt Adria, längst aber nicht mehr – wie der Name auch den Besuchern unserer Tage noch signalisiert – am Meer, sondern 25 km landeinwärts. Adria war die größte *Hafenstadt* der Veneter und Etrusker am Adriatischen Meer, das sich jedoch infolge von Verlandung immer weiter zurückzog. Daraufhin versank die Stadt, die noch unter den Römern eine prächtige Lagunensiedlung mit zahlreichen Pfahlbauten war und den Status eines *Municipiums* genoss, schließlich in der Bedeutungslosigkeit. Einzig der *Canal Biancho* erinnert noch an die wasserreichen Zeiten Adrias, das einst sogar einem ganzen Meer seinen Namen gegeben hatte. Die Stadtgeschichte wird auf beispielhafte Weise durch die Sammlung des **Museo Archeologico** (Mo–Sa 9–19, So 14–19 Uhr) mit etruskischen, griechischen und römischen Exponaten, Keramik, Schmuck, Grabsteinen, Glaskunstwerken u. a. erlebbar gemacht.

i Praktische Hinweise

Information

Pro Loco, Piazza Bocchi 1, Adria, Tel. 042 62 16 75

Venedig und die Städte der Collina – Kunst und Natur im Wettstreit

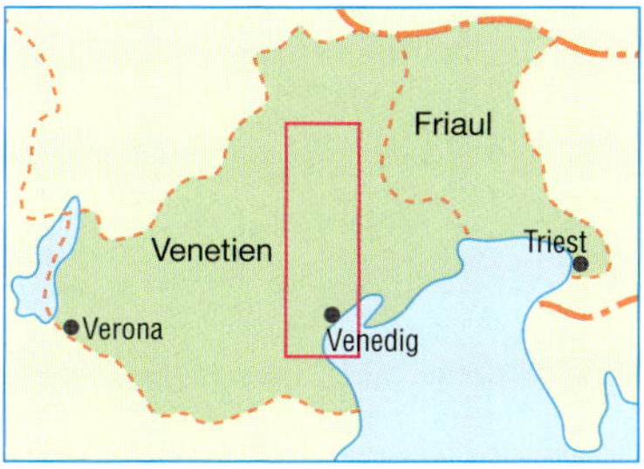

Auf *116 Inseln* breitet sich in der Laguna Vexneta eine der schönsten Städte der Welt aus. **Venedig** – das ist unbestritten ein Inbegriff urbaner Harmonie, ein Denkmal künstlerischer Genialität. Seinen gleichsam überirdischen Reiz verdankt Venedig dem Wasser, den vielen Kanälen, in denen sich alle Pracht der Stadt spiegelt. Das Wasser nötigt Bewohner und Besucher zu Umwegen, zu einem anderen Tempo und Rhythmus, durch die die Einzigartigkeit der Stadt erst richtig zur Geltung kommen. Und dem festlichen Treiben des berühmten **Carnevale di Venezia**, der etwa zwei Wochen vor Aschermittwoch beginnt, dient die Stadt als gewaltige Bühne, von geheimnisvollen, prachtvoll maskierten Figuren bevölkert.

Kanäle und Kanälchen durchziehen auch **Chioggia**, Venedigs kleine, volkstümliche Schwester am südlichen Ende der Lagune und das nördlich der *Serenissima* gelegene **Treviso**. In **Bassano del Grappa**, **Feltre** und **Belluno** verbindet sich südländisches Flair mit alpenländischem Charme – zu Füßen des *Monte Grappa* und am Südrand der *Dolomiten*.

14 Venedig

Plan Seite 66/67, 68

Die Durchlauchteste der Adria.

Die Anfänge Venedigs liegen im Sumpf. Als sich an der Wende zum 6. Jh. Flüchtlinge vor den Wirren der Völkerwanderung auf die unwirtlichen Inseln der Lagune retteten, fanden sie nichts als malariaverseuchten Schlamm vor. Die Legende überliefert als *Gründungsdatum* der Stadt den **25. März 421**. Doch erst im 9. Jh. begann die Bautätigkeit auf den Inseln des heutigen Stadtgebietes. Zu Weltruhm gelangte Venedig, das auf einem Wald unzähliger Baumstämme wuchs, die in den Sumpf der Lagune getrieben wurden, nachdem zwei venezianische Kaufleute 829 in Alexandria die **Reliquien des hl. Markus** gestohlen und nach Venedig überführt hatten. San Marco, dessen Wappen den geflügelten Löwen trägt, löste den hl. Theodor als Schutzpatron der aufstrebenden Republik ab, die sich nun als *Wahrerin der Christenheit* zelebrierte. Ökonomisches Geschick, unermüdliches Gewinnstreben sowie eine aggressive Außenpolitik trugen darüber hinaus zur Erfolgsgeschichte der Republik bei. Venedig entwickelte sich zum zentralen *Handelsplatz* zwischen Orient und Okzident, gründete Niederlassungen im gesamten Mittelmeerraum und dehnte seine Macht ab dem Jahr 1000 auch auf das Hinterland der Lagune, die *Terra ferma*, aus.

Der Aufstieg zur Großmacht äußerte sich selbstverständlich auch im Stadtbild. Am Canal Grande entstanden prunkvolle *Palazzi*, venezianische *Maler* wie die Bellinis, Vittore Carpaccio, Tizian und Giorgione setzten mit ihren Werken wichtige Impulse. Doch auf der Höhe der Macht kündigte sich bald schon der Niedergang an. 1453 eroberten die Türken Konstantinopel, wodurch Venedig von all seinen Fernhandelswegen abgeschnitten wurde. Mit der Erschließung des Seewegs nach Indien sowie der Entdeckung Amerikas büßte die Serenissima auch ihre Vorherrschaft auf dem Meer ein. Im Inneren wurde die Republik durch einen schrecklichen Feind ganz anderer Art geschwächt,

◁ *Ein Häusermeer, die Lagune und ein adriablauer Himmel – Blick vom Campanile über die Basilica di San Marco und die Stadt Venedig*

Ein prachtvoller Boulevard, über den kein Mensch flaniert – Blick über den Canal Grande nach Norden

die *Pest*, der im 16. Jh. nahezu 60 000 Einwohner zum Opfer fielen.

Im 18. Jh. musste Venedig sukzessive sämtliche Kolonien und Besitzungen auf der Terra ferma abtreten. Ihres schützenden Umlandes beraubt, wurde die Seerepublik zur leichten Beute. 1797 besetzten napoleonische Truppen die Serenissima und zwangen den letzten Dogen, *Lodovico Manin*, zur Abdankung. Venedig geriet nun abwechselnd unter französische und österreichische Herrschaft, bis es 1866 in das neue *Königreich Italien* integriert wurde.

Das 20. Jh. brachte Venedig die Industrie. Auf dem Festland, in *Mestre* und *Marghera*, entstanden riesige Chemie- und Raffinerieanlagen, die zwar Arbeitsplätze boten, die Stadt selbst jedoch langsam ihres Fundamentes beraubten. Durch die Entnahme großer Grundwassermengen sackte Venedig beständig ab und wurde so von *Hochwasserkatastrophen* heimgesucht. Mittlerweile versucht man dem Problem mit dem Bau eines großangelegten Dammsystems namens MOSE, dessen Fertigstellung bis 2011 geplant ist, Herr zu werden.

TOP TIPP Canal Grande

Venedig hat zweifellos die prachtvollste Hauptstraße der Welt: Auf 3,8 km Länge überbieten sich Kirchen und Palazzi zu beiden Seiten des Canal Grande an Schönheit. Kaum ein Adelsgeschlecht, das nicht zumindest im Namen eines der etwa 200 Palazzi fortlebt, die die Venezianer profan *Casa* oder *Ca'* nennen.

Ein anmutiges Portal für die historischen Boote – der Ponte di Rialto über dem Canal Grande

Die *erste Schleife* des Canal Grande liegt zwischen den Sestieri (Stadtsechsteln) Cannaregio und Dorsoduro. Dem Bahnhof *Stazione S. Lucia* gegenüber schuf das 18. Jh. mit der kleinen Kirche **San Simeone Piccolo** 1 eine Miniaturausgabe des römischen Pantheons. Linker Hand rückt die **Chiesa degli Scalzi** 2 ins Blickfeld, die 1660 vom venezianischen Barockbaumeister Baldassare Longhena entworfen wurde und ihre Fassade Giuseppe Sardi verdankt. Die Handelsniederlassung der Türken, der **Fondaco dei Turchi** 3, gehört zu den frühesten Bauten am Canal Grande und entstand zu Beginn des 13. Jh. im veneto-byzantinischen Stil. Heute ist in dem 1880 alles andere als originalgetreu restaurierten Gebäude das *Museo di Storia Naturale* (Renovierung bis 2009, Dinosaurierausstellung Di–Fr 9–13 Sa/So 10–16 Uhr), das Museum für Naturgeschichte, untergebracht. Gegenüber thront der **Palazzo Vendramin-Calergi** 4, ein eleganter Bau

der Frührenaissance. Mit zwei spitzen Türmchen kündigt sich der **Palazzo Belloni-Battagia** 5 an, ein verspielter Barockbau, für den Baldassare Longhena die Pläne lieferte. Barocke Stilelemente variiert auch die Fassade der Kirche **San Stae** 6 sowie die **Ca' Pesaro** 7. In dem Palazzo ist heute die *Galleria d' Arte Moderna* (Di–So 10–17 Uhr) untergebracht. Wuchtig rückt sich nun der **Palazzo Corner della Regina** 8 ins Blickfeld, der bereits klassizistische Züge trägt.

Zu den schönsten Palästen am Canal Grande gehört die gotische **Ca' d'Oro** 9 am linken Ufer, ein dreigeschossiger, leicht-luftiger Bau, dessen Fassade einst mit *Blattgold* überzogen war. Das ›Goldene Haus‹ beherbergt heute die *Galleria Giorgio Franchetti* (Mo 8.15–14, Di–So 8.15–19.15 Uhr).

Fische und Meeresfrüchte werden jeden Morgen fangfrisch im neogotischen Bau der **Pescheria** 10 gegenüber angeboten. Am rechten Ufer erkennt man die **Ca' da Mosto** 11, deren Fassade trotz Veränderungen noch die Formensprache der veneto-byzantinischen Architektur des 13. Jh. bewahrt. Dem Handelshof der Deutschen, dem **Fondaco dei Tedeschi** 12, folgt der **Ponte di Rialto** 13, die berühmteste der etwa 400 Brücken Venedigs. Antonio da Ponte lieferte 1567 die Pläne. Im **Palazzo Dolfin Manin** 14, einem Bau von Jacopo Sansovino, lebte der letzte Doge Venedigs, Lodovico Manin. Die **Palazzi Loredan** und **Farsetti-Dandalo** 15, zusammen Sitz der Stadtverwaltung, sind Werke des 13. Jh. Die Hochrenaissance prägte die Fassade des wuchtigen **Palazzo Grimani** 16; der elegant-verspielten Formensprache der venezianischen Frührenaissance hingegen ist die Architektur des **Palazzo Corner Spinelli** 17 verpflichtet. Es folgen die **Palazzi Moncenigo** 18, ein gewaltiger Gebäudekomplex am linken Ufer des Canal Grande. Als letzter großer Palast entstand am Canal Grande im 18. Jh. der **Palazzo Grassi** 19 (www.palazzograssi.it, bei Ausstellungen tgl. 10–18 Uhr) von Giorgio Massari, in dem heute prestigeträchtige Kunstausstellungen stattfinden. Massari vollendete 1745 auch die **Ca' Rezzonico** 20, die Baldassare Longhena ein knappes Jahrhundert zuvor in barocker Manier konzipiert hatte. Sie ist heute Sitz des *Museo del Settecento Veneziano* (Sa–Do 10–17 Uhr), des Museums der venezianischen

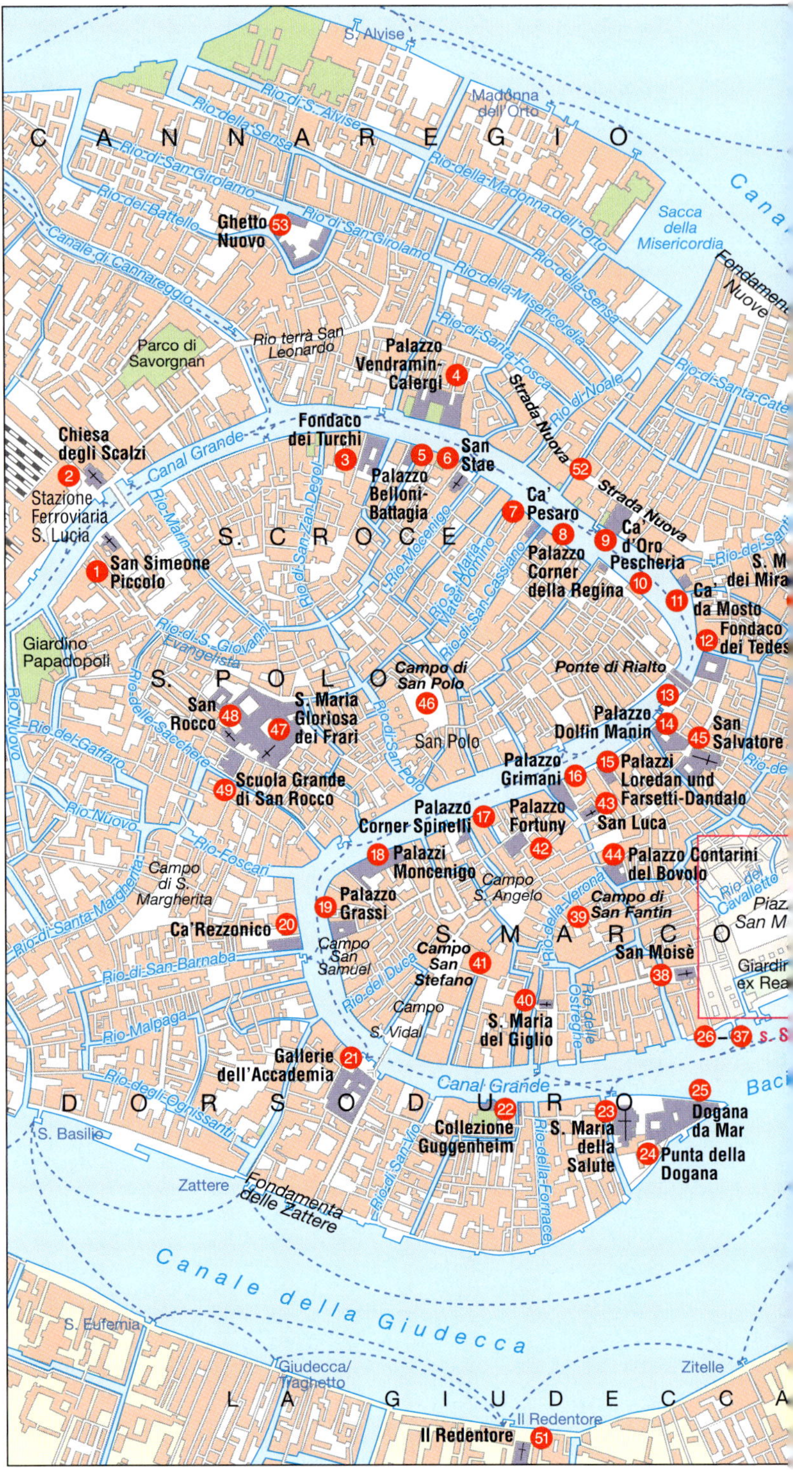
CANNAREGIO
S. Alvise
Madonna dell'Orto
Sacca della Misericordia
Canale
Fondamenta Nuove
Ghetto Nuovo 53
Parco di Savorgnan
Rio terrà San Leonardo
Palazzo Vendramin-Calergi 4
Strada Nuova 52
Chiesa degli Scalzi 2
Stazione Ferroviaria S. Lucia
Fondaco dei Turchi 3
5 6 San Stae
Palazzo Belloni-Battagia
Ca' Pesaro 7
8 Palazzo Corner della Regina
9 Ca' d'Oro Pescheria
10
11 Ca' da Mosto
12 Fondaco dei Tedes
S. CROCE
1 San Simeone Piccolo
Giardino Papadopoli
S. POLO
Campo di San Polo 46
San Polo
Ponte di Rialto 13
San Rocco 48
47 S. Maria Gloriosa dei Frari
49 Scuola Grande di San Rocco
Palazzo Dolfin Manin 14
45 San Salvatore
Palazzo Grimani 16
15 Palazzi Loredan und Farsetti-Dandalo
43 San Luca
Palazzo Corner Spinelli 17
Palazzo Fortuny 42
44 Palazzo Contarini del Bovolo
18 Palazzi Moncenigo
Campo S. Angelo
Campo di San Fantin 39
Campo di S. Margherita
19 Palazzo Grassi
Ca'Rezzonico 20
Campo San Samuel
Campo San Stefano 41
S. MARCO
San Moisè 38
Piaz. San M
Giardir ex Rea
Campo S. Vidal
40 S. Maria del Giglio
26 – 37
Gallerie dell'Accademia 21
Canal Grande
DORSODURO
22 Collezione Guggenheim
23 S. Maria della Salute
25 Dogana da Mar
24 Punta della Dogana
S. Basilio
Zattere
Fondamenta delle Zattere
Canale della Giudecca
S. Eufemia
Giudecca/ Traghetto
Zitelle
LA GIUDECCA
Il Redentore
Il Redentore 51

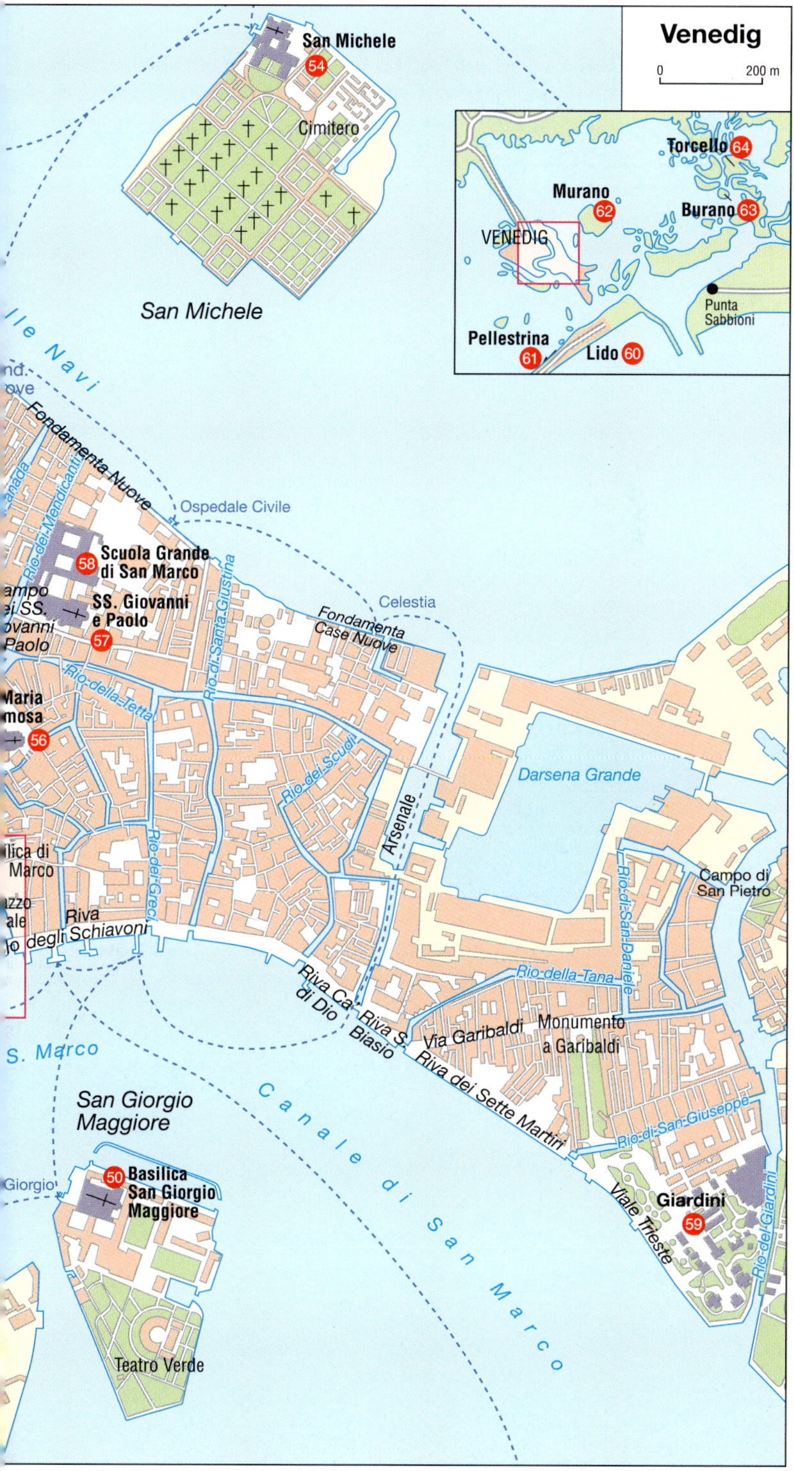
Venedig
0
200 m
Torcello 64
Murano 62
Burano 63
VENEDIG
Punta Sabbioni
Pellestrina 61
Lido 60
San Michele 54
Cimitero
San Michele
Fondamenta Nuove
Ospedale Civile
Rio-dei-Mendicanti
58 Scuola Grande di San Marco
SS. Giovanni e Paolo 57
Rio-di-Santa-Giustina
Celestia
Fondamenta Case Nuove
Rio-della-Tetta
56
Rio-dei-Scudi
Arsenale
Darsena Grande
Rio-dei-Greci
Riva degli Schiavoni
Rio-di-San-Daniele
Campo di San Pietro
Rio-della-Tana
Riva Ca' di Dio
Riva S. Biasio
Via Garibaldi
Monumento a Garibaldi
Riva dei Sette Martiri
Rio-di-San-Giuseppe
Viale Trieste
Giardini 59
Rio-dei-Giardini
S. Marco
San Giorgio Maggiore
50 Basilica San Giorgio Maggiore
Canale di San Marco
Teatro Verde

Kultur des 18. Jh. Gleich hinter dem **Ponte dell' Accademia** ist Venedigs bedeutendste Gemäldesammlung zu finden, die **Gallerie dell' Accademia** 21 (Mo 8.15–14, Di–So 8.15–19 Uhr, www.gallerieaccademia.org) mit einer großartigen Sammlung venezianischer Malerei von den Anfängen im byzantinischen Stil bis zu Canalettos Veduten.

TOP TIPP

Der *Palazzo Venier dei Leoni*, 1749 begonnen, kam nie über das Erdgeschoss hinaus und wurde in dieser Extravaganz zum willkommenen Domizil der exzentrischen amerikanischen Industriellentochter Peggy Guggenheim. Sie legte den Grundstein für eines der großen Museen der klassischen Moderne, die **Collezione Guggenheim** 22 (Mi–Mo 10–18 Uhr, www.guggenheim-venice.it) mit Werken von Klee, Kandinsky, Picasso, Giacometti u. a.

TOP TIPP

Den letzten und glänzendsten Höhepunkt am Canal Grande setzt die imposante Barockkirche **S. Maria della Salute** 23 (tgl. 9–12 und 15–17 Uhr). Der gewaltige Bau (1631–87) Baldassare Longhenas wurde nach der Pest zum Dank an Maria errichtet. Das achteckige Gebäude schmückt ein als Triumphbogen gebildetes Portal, riesige Voluten leiten zur gewaltigen *Hauptkuppel* über, der *Innenraum* aber setzt auf elegante Zurückhaltung.

Wie ein Schiffsbug teilt die **Punta della Dogana** 24 die Fluten des Bacino di San Marco und trägt die **Dogana da Mar** 25, das alte Zollamt, auf dessen Dach zwei Atlanten den goldenen Erdball schultern. Und die wetterwendische Fortuna tänzelt triumphierend auf einem Bein über die Weltkugel.

Sestiere San Marco

Das Herz Venedigs und des Sestiere San Marco ist die **Piazza San Marco** 26. Mit ihren umlaufenden Arkadenbögen und

Einst schien die ganze Welt nur ein Spielball in Händen venezianischer Kaufleute zu sein – die Punta della Dogana mit der mächtigen S. Maria della Salute im Hintergrund

Himmlischer Glanz und ergreifende Pracht von wahrhaft biblischen Ausmaßen – die goldenen Gewölbe der Basilica di San Marco

einzigartigen Baudenkmälern präsentiert sie sich als »schönster Salon Europas«, und wenn man sich erst einmal auf der Terrasse des berühmten **Caffè Florian** 27 oder des **Caffè Quadri** gegenüber niedergelassen hat, wird man diesen Worten Napoleons gern zustimmen.

TOP TIPP Die Architektur der **Basilica di San Marco** 28 verquickt den byzantinischen Typus der massiven *Fünfkuppelkirche* über kreuzförmigem Grundriss mit dem filigranen *Schmuckwerk der Gotik*, den Ziergiebeln, Fialen und Tabernakeln. Im Kern geht sie auf das 11. Jh. zurück, ihre prachtvolle Ausgestaltung erfuhr sie im 13. Jh. Dabei griff man vor allem auf *Beutekunst* zurück, die die Venezianer anlässlich des 4. Kreuzzugs 1204 aus Konstantinopel verschleppt hatten. Auffälligster Schmuck der **Fassade** sind die *Mosaiken* der Portalbögen und des Narthex, dessen Kuppeln Szenen aus dem Alten Testament zeigen. Dem **Innenraum** verleihen auf 4000 m^2 goldene Mosaiken mit biblischen Szenen einen unvergleichlichen Glanz. Die *Reliquien des hl. Markus* ruhen unter dem Hochaltar. Diese kostbaren Gebeine waren nach dem Brand der ersten Markuskirche für mehr als 100 Jahre verschwunden, tauchten aber fabelhafterweise pünktlich zum Neubau 1094 wieder auf. Hinter dem Altar steht die **Pala d'Oro** (10–14. Jh.) ein edelsteinbesetzter Altaraufsatz mit Emaillebildern, die das Leben Mariens, Christi und des hl. Markus erzählen. Weitere Schätze, vor allem liturgische Gefäße aus Byzanz, bewahrt der **Tesoro**.

Tapisserien, Ikonen, Messgewänder und andere Kostbarkeiten sind im **Museo Marciano** (tgl. 9.45–17.30, Okt.–März bis 16.30 Uhr) zu sehen, das man über die Treppe in der Vorhalle erreicht. Hier sind auch die weltberühmten *Pferde von San Marco* (1. Jh.) ausgestellt, eine antike Bronzegruppe, einst Teil des Fassadenschmucks.

TOP TIPP Nach seinem Einsturz 1902 stand der **Campanile** 29 (9.–16. Jh.) zwei Jahre später wieder in seiner alter Pracht. Er ist Venedigs bestes *Belvedere* (Aufzug 9.30–19 Uhr). Dessen Fuß schmückte Jacopo Sansovino im 16. Jh. mit der stilvollen **Loggetta** 30, der Wandelhalle der Patrizier.

Im Westen der Piazza San Marco ließ Napoleon als Verbindungstrakt zwischen den **Procuratie Vecchie und Procuratie Nuove** 31 1807 als Residenz die **Ala Napoleonica** errichten, in der seit 1922 das **Museo Correr** 32 (tgl. 9–19, Nov.–März 9–17 Uhr) mit Werken der Bellinis, Vittore Carpaccios sowie Seekarten, Globen, Schiffsmodelle etc. untergebracht ist. Im Osten erhebt sich die **Torre dell' Orologio** 33. An dem vierstöckigen Uhrturm (1496–99) schlagen zwei Bronzemohren die Stunde.

Die der Piazza San Marco vorgelagerte **Piazzetta**, einst Hafenmole, trägt seit 1172 zwei Säulen mit Statuen der Stadtheiligen, die **Colonna di San Marco** 34 und die **Colonna di Todaro** 35. Beherrscht wird sie aber vom imposanten **Palazzo Ducale** 36 (tgl. 9–19, Nov.–März tgl. 9–17 Uhr). Eine erste Dogenresidenz stand hier ab 812, der Nachfolgebau (1340–1550) sollte sie an Größe und Pracht übertreffen. Zwei filigrane Arkadengeschosse verleihen der Fassade des gotisch-byzantinisch geprägten Palazzos ihren Adel. Die **Porta della Carta** neben der Markuskirche gewährte einst Einlass. An dem üppig verzierten Portal überreichten die Bürger den Mitgliedern des Maggior Consiglio schriftliche Anfragen (daher ›Papiertür‹). Heute betritt man den Dogenpalast von Süden, durch die **Porta del Frumento**. Das benachbarte **Museo dell' Opera** zeigt Bauschmuck des Palazzo, der am Gebäude selbst zum Schutz vor Verfall durch Kopien ersetzt werden musste. Den Innenhof **Cortile** beherrscht die *Scala dei Giganti*. Zwischen Jacopo Sansovinos Kolossalfiguren Mars und Neptun am oberen Ende dieser Treppe wurden ab dem 15. Jh. die Dogen inthronisiert. In den Skulpturen des *Arco Foscari* gegenüber kommt der ideelle Kern der Zeremonie zum Ausdruck: Über Adam und Eva, die sündige Menschheit symbolisierend, erhebt sich der Doge, über dem wiederum die Figur des hl. Markus thront. An der Ausstattung des Dogenpalastes, seiner Prunksäle und Amtsräume waren die größten Künstler der Republik beteiligt, darunter *Giovanni Bellini*, *Vittore Carpaccio* und *Tizian*. Nach einem verheerenden Brand 1574 wirkten *Jacopo Tintoretto* und *Paolo Veronese* an der Wiederherstellung mit. Vom 1. Stock des Ostflügels führte die berühmte Seufzerbrücke, der **Ponte dei Sospiri**, einst zu den **Prigioni**, den Gefängnissen des Dogenpalastes mit ihren gefürchteten Folterkammern. Zu zweifelhaftem Ruhm gelangten sie durch die Erzählungen Giacomo Casanovas, dem 1756 die Flucht aus den *Bleikammern* gelang.

Im Westen der Piazzetta steht die **Libreria Marciana** 37 (Mo–Fr 8.10–19, Sa 8.10–13.30 Uhr), ein Renaissancebau, der die schwungvolle Handschrift Jacopo Sansovinos trägt. Der prachtvollen *Fassade* gemäß ist das Innere äußerst prunkvoll gestaltet. Sansovinos Bau, 1536 begonnen und 1588 von Vincenzo Scamozzi vollendet, beherbergt neben der venezianischen *Biblioteca Nazionale* das **Museo Archeologico** (Nov.–März tgl. 9–17, April–Okt. tgl. 9–19 Uhr) mit einer umfangreichen Antikensammlung.

Wie ein einsamer Wächter bei Nacht erhebt sich der Campanile über der Piazza San Marco

Im Licht der Lampen schimmern sogar die holzgetäfelten Wände des stilvollen Caffè Florian unweit der Basilica di San Marco golden

Der Sestiere San Marco reicht bis zu den beiden südlichen Schleifen des Canal Grande. Von der Ala Napoleonica gelangt man schnell zum *Campo San Moisè*, den die üppige, skulpturengeschmückte Fassade der gleichnamigen Kirche beherrscht. **San Moisè** 38, 1668 errichtet, geht auf Pläne von Alessandro Tremignon zurück. Ausgesprochen malerisch ist der **Campo di San Fantin** 39 mit dem **Gran Teatro La Fenice**, einem der bedeutendsten Opernhäuser der Welt, auf dessen Bühne die Opern Rossinis, Verdis und Puccinis Triumphe feierten. Südlich des Campo lohnt die Kirche **S. Maria del Giglio** 40 einen Besuch, denn sie ist mit bedeutenden Gemälden von Tintoretto und Rubens ausgestattet.

Weit öffnet sich inmitten des Gassengewirrs der **Campo San Stefano** 41. Prachtvolle Palazzi sorgen für seine festliche Atmosphäre. An der Stirnseite thront die gotische Kirche **San Stefano**, deren Sakristei Werke Tintorettos (›Fußwaschung‹, ›Letztes Abendmahl‹, ›Christus auf dem Ölberg‹) bewahrt.

Im Norden des Sestiere liegt der **Palazzo Fortuny** 42 (Di–So 10–18 Uhr), stilvolles Domizil des spanischen Künstlers und Modeschöpfers *Mariano Fortuny y Madrazo* an der Wende zum 20. Jh. Das Museum zeigt u. a. Fortunys Stoffentwürfe und Bilder. Den Rio di San Luca überquerend, gelangt man zum gleichnamigen volkstümlichen Campo. Für die Kirche **San Luca** 43 schuf Paolo Veronese 1581 das sehenswerte *Hochaltarbild*. Über den nahe gelegenen *Campo Manin* erreicht man den prachtvollen **Palazzo Contarini del Bovolo** 44 (bis 2009 wg. Restaurierung geschl.). Schmuckstück des Ziegelbaus (1499) ist der *Bovolo* (Seeschnecke) genannte Wendeltreppenturm. Die Kirche **San Salvatore** 45 schließlich birgt mit der ›Verklärung Christi‹ und der ›Verkündigung‹ zwei Meisterwerke Tizians.

Sestiere San Polo

Das traditionelle *Handelsviertel* San Polo mit Wochenmärkten und vielen kleinen Läden schmiegt sich jenseits des Canal Grande in seine westliche Schleife. Zentrum ist der **Campo di San Polo** 46, ein weitläufiger, lebhafter Platz mit morbiden Palastfassaden. Weiter westlich erreicht man die imposante Basilika **S. Maria Gloriosa dei Frari** 47 (tgl. 9–11.45 und 14.30–18 Uhr). Ihre kolossalen Dimensionen resultieren aus Ordensrivalitäten des 14. Jh. Venedig verdankt diesem Bauwettstreit neben der franziskanischen Frari die Do-

Eine Sternstunde der abendländischen Kunstgeschichte – Tizians ›Assunta‹

minikaner-Kirche SS. Giovanni e Paolo. 1469, nach über 150 Jahren, war der schlichte Ziegelbau der Frari vollendet. Stilprägend war die Spätgotik, das Armutsideal der Franziskaner führte zum Verzicht auf üppiges Schmuckwerk. Im **Inneren** ging man mit dieser Auflage allerdings großzügiger um. Den Hochaltar schmückt Tizians weltberühmte **›Assunta‹** (1516–18), Mariä Himmelfahrt, ein Gemälde von ungewöhnlicher Bewegtheit und Ausdruckskraft, ein Vorbote des Barock. Seit dem 15. Jh. war die Frari-Kirche *Grablege* der Dogen, aber auch berühmter Künstler wie *Tizian*, der 1576 an der Pest starb, des Bildhauers *Antonio Canova* (1757–1822) und des Opernkomponisten *Claudio Monteverdi* (1567–1643).

TOP TIPP

Benachbart ist der Campo San Rocco, eine der schönsten Platzarchitekturen der Stadt. Dem Klassizismus ist die Fassade der Kirche **San Rocco** 48 zu verdanken, in die Zeit der Renaissance fiel der Bau der **Scuola Grande di San Rocco** 49 (Tel. 04 15 23 48 64, tgl. 9–17.30, Nov.–März tgl. 10–16 Uhr), die nach Plänen Bartolomeo Bons ab 1515 entstand. Die fürstlich-elegante *Fassade* bildet den Auftakt zum weltberühmten Bildpanorama *Jacopo Tintorettos* (ab 1564) im Inneren. Im Erdgeschoss schuf er einen furiosen *Marienzyklus*, im Obergeschoss einen prachtvollen Bilderreigen mit Szenen aus dem Alten und Neuen Testament.

Sestiere Dorsoduro

Dorsoduro, was so viel wie ›harter Rücken‹ bedeutet, nimmt den Südwesten des Stadtgebiets ein und umfasst auch die vorgelagerten Inseln Giudecca und **San Giorgio Maggiore**. Letztere, ab dem 10. Jh. von Benediktinern besiedelt, wur-

de im 15./16. Jh. repräsentativ neu gestaltet. Der Entwurf für die prachtvolle Basilica **San Giorgio Maggiore** 50 (tgl. 10–12.30 und 14.30–17 Uhr) geht auf *Andrea Palladio* zurück. Die Kirche wurde erst 1610, 30 Jahre nach seinem Tod, vollendet. Von der Plattform des *Campanile* (Aufzug tgl. 10–12.30 und 14–17 Uhr) bietet sich ein unvergesslicher Panoramablick auf Stadt und Lagune.

Auch den Plan für die Kirche **Il Redentore** 51 (tgl. 7–12 und 16–19 Uhr) auf der **Giudecca** entwarf Palladio – ein harmonischer Bau mit schlanker Tempelfront und graziler Kuppel (1577). Für den feierlichen *Innenraum* schuf Veronese die ›Taufe Christi‹ (heute in der Sakristei).

Sestiere Cannaregio

Sein Gepräge erhält das beliebte Wohnviertel Cannaregio im Norden Venedigs vor allem durch die Mitte des 19. Jh. angelegte breite Geschäftsstraße **Strada Nuova** 52. Im Nordwesten liegt das **Ghetto Nuovo** 53, das den Juden 1516 als Wohngebiet zugewiesen wurde – das erste seiner Art weltweit. Zum Sestiere gehört auch die unter Napoleon 1804 angelegte Friedhofsinsel **San Michele** 54. Im Südosten Cannaregios steht die Kirche **S. Maria dei Miracoli** 55 (1481–89), ein von Pietro Lombardo entworfenes Juwel der Renaissance, das innen wie außen mit polychromem Marmor verkleidet ist.

Die Zeiten, in denen der Condottiere Colleoni Truppen musterte, sind längst vorbei

Sestiere Castello

Im Osten liegt Castello, das größte Viertel Venedigs. Zentrum ist der Campo S. Maria Formosa, in dessen Mitte die Kirche **S. Maria Formosa** 56 (Mo–Sa 10–17 Uhr) aus dem 15. Jh. thront. Weiter nördlich erstreckt sich ein weitläufiger Campo, benannt nach der größten Kirche Venedigs, **SS. Giovanni e Paolo** 57 oder venezianisch kurz ›*Zanipolo*‹ (Mo–Sa 9.30–18, So 9.30–13 Uhr). Die Dominikanerkirche, ebenfalls Dogengrablege wie die Frari, wurde im 13.–15. Jh. errichtet. Hinter ihrer gleichfalls schlichten Fassade verbirgt sich ein prachtvoller **Innenraum**. Neben monumentalen Renaissance- und pompösen Barockgrabmälern verdient vor allem Baldassare Longhenas *Hochaltar* Beachtung.

Nebenan steht die bedeutende **Scuola Grande di San Marco** 58, für die Pietro Lombardo im späten 15. Jh. die Pläne lieferte. Mit eleganten Rundgiebeln, Reverenzen an die Basilica di San Marco, krönte Mauro Codussi das Gebäude (heute Krankenhaus). Den Campo selbst beherrscht Andrea del Verrocchios meister-

◁ *Palladios venezianisches Vermächtnis – die Basilica di San Giorgio Maggiore auf der gleichnamigen Insel*

Strandspaziergänge vor der Kulisse einer großen Vergangenheit – am Lido

haftes, kraftgeladenes **Monumento Colleoni** (1481–88), das Reiterstandbild des wohlhabenden und stolzen Condottiere Bartolomeo Colleoni (1400–1475).

Im äußersten Westen Castellos liegen die **Giardini** 59, das Gelände, auf dem alle zwei ungeraden Jahre die berühmte **Biennale** zeitgenössische Kunst aus aller Welt präsentiert.

Lido und Pellestrina

Als 12 km lange Inselzunge zwischen Lagune und offenem Meer erstreckt sich der **Lido** 60, der Hausstrand Venedigs. Seine große Zeit erlebte er um die Jahrhundertwende, als sich die europäische Hautevolee in Luxusherbergen wie dem *Grandhotel des Bains* zur Sommerfrische traf. *Luchino Visconti* drehte hier den berühmten Film ›Der Tod in Venedig‹ nach Thomas Manns Novelle. Anfang September finden alljährlich die **Mostra Internazionale d'Arte Cinematografica**, die Internationalen Filmfestspiele, auf dem Lido statt – dann atmet Venedigs Strandinsel noch einmal den Hauch der großen Welt.

Top Tipp

Ganz anders **Pellestrina** 61. Die Fischerinsel im Süden der Lagune hat sich mit ihren kleinen bunten Häuschen volkstümlichen Charme bewahrt. Ihre Hauptsehenswürdigkeit sind die aus dem 18. Jh. stammenden *Murazzi*, bis zu 4 m hohe Steindämme, die Venedig vor dem Hochwasser schützen sollen.

Murano, Burano und Torcello

Aus Furcht vor Bränden lagerte Venedig seine Glasproduktion im 13. Jh. auf die Insel **Murano** 62 in der nördlichen Lagune aus. Seither floriert hier das Gewerbe, für das Venedig bis ins 17. Jh. eine Monopolstellung in Europa innehatte. Murano-Glas, von dessen Spitzenprodukten man sich im **Museo dell' Arte Vetraria** (Do–Di 10–17, im Winter bis 16 Uhr) ein besseres Bild machen kann als in den meist sehr kommerziellen Läden der *Fondamenta dei Vetrai*, wurde über Jahrhunderte als das kostbarste Glas der Welt gehandelt.

Am Canale di San Donato erhebt sich das architektonische Juwel Muranos: die **Basilica SS. Maria e Donato** mit romanischer Fassade (im 19. Jh. verändert) und byzantinisch geprägtem Innenraum. Schmuckstück ist hier der *Mosaikfußboden* von 1140.

Was für Murano das Glas, ist für **Burano** 63 die Spitze. Auf der kleinen Insel mit ihren bunten Häusern wurde die venezianische Technik der Nadelspitze (*Punto-in-aria*) entwickelt. Eine Sammlung feinster Nadelarbeiten findet man in der **Scuola dei Merletti** (Mi–Mo 10–17, im Winter bis 16 Uhr) an der Piazza Galuppi.

Im äußersten Osten der Lagune liegt **Torcello** 64, das lange vor Venedig, bereits zur Römerzeit, besiedelt war. Die **Cattedrale S. Maria Assunta** mit ihrem schiefen Campanile gilt denn auch als *ältestes Bauwerk* der Lagune. Der Grundstein wurde bereits im Jahre 640 gelegt. In ihrer heutigen Gestalt ist die Kirche aber eine Schöpfung des 12. Jh., die Vorhalle entstand im 14. Jh. Im **Innenraum** sind großartige *Mosaiken* erhalten, darunter das eindrucksvolle ›Jüngste Gericht‹ an der Westwand. Die griechisch-byzantinische Kirche **S. Fosca** trägt den Namen der Märtyrerin aus Ravenna, der zu Ehren sie im 11. Jh. errichtet wurde. Gegenüber liegt das **Museo di Torcello** (März–Okt. Di–So 10.30–17, sonst bis 16.30 Uhr), das der Vor- und Frühgeschichte der Lagune gewidmet ist.

Diffizilste Handarbeit vollbringt diese routinierte Spitzenstickerin auf Burano

i Praktische Hinweise

Information

APT, Castello 5050, Tel. 04 15 29 87 11, Fax 04 15 23 03 99, www.turismovenezia.it. – **APT**, Stazione S. Lucia, Tel. 04 15 29 87 27, Fax 0 41 71 90 78. – **APT**, Lido, Gran Viale S. M. Elisabetta 6/a (nur im Sommer), Tel. 04 15 29 87 11, Fax 041 55 23 03 99. In Hotels und APT-Büros liegt die Gratis-Broschüre ›Un ospite di Venezia‹ mit nützlichen Adressen und Veranstaltungshinweisen aus.

Aufgefädelt wie bunte Steine entlang des Kanals – Häuser und Boote auf Burano

Ein leiser Anklang an die große Basilica di San Marco – Gewölbe der Cattedrale S. Maria Assunta auf Torcello

Bahnhof: Stazione S. Lucia, Auskunft Tel. 041 78 58 70

Flughafen: Marco Polo in Tessera, Busverbindung bis Piazzale Roma, Boote bis San Marco, Information Tel. 04 12 60 92 60

Parkplätze und Garagen: Piazzale Roma, Isola del Tronchetto; nur in der Hauptsaison: San Giuliano, Fusina, Punta Sabbioni

Stadtverkehr

Vaporetti (Linienboote) verkehren auf 17 Linien zwischen 6 und 23 Uhr im 10- bis 20-minütigen Takt, einige auch die ganze Nacht lang.

Taxi Acquei (Motoscafi, Wassertaxis) mit feststehenden Tarifen: Stände an Piazzale Roma, Trochetto, Fondamenta Nuove, Molo di San Marco, Rialto.

Gondeln findet man an mehreren Standplätzen am Canal Grande.

Traghetti (Gondelfähren) setzen an wichtigen Stellen über den Canal Grande.

Hotels

TOP TIPP *******Cipriani**, Fondamenta San Giovanni 10, Giudecca, Venedig, Tel. 04 15 20 77 44, Fax 04 15 20 39 30, www.hotelcipriani.com. Nobelunterkunft (105 Zi.) hinter hohen Hecken, eines der berühmtesten Hotels der Welt, prachtvoller Blick auf San Marco.

*****Accademia**, Fondamenta Bollani 1058, Dorsoduro, Venedig, Tel. 04 15 21 01 88, Fax 04 15 23 91 52, www.pensioneaccademia.it. Palazzo aus dem 17. Jh. in der Nähe der Gemäldegalerie, 27 Zimmer mit Blick auf den Kanal.

TOP TIPP *****La Fenice et des Artistes**, Campiello della Fenice 1936, San Marco, Venedig, Tel. 04 15 23 23 33, Fax 04 15 20 37 21, www.fenicehotels.com. Hotel (75 Zi.) mit viel Charme, das häufig auch Opernstars beherbergt.

***Antica Locanda Montin**, Fondamenta delle Eremite 1147, Dorsoduro, Venedig, Tel. 04 15 22 71 51, Fax 04 15 20 02 55. Einfache Zimmer in einer Pension mit familiärer Atmosphäre.

Restaurants

Antico Martini, Campo San Fantin 1983, San Marco, Venedig, Tel. 04 15 22 41 21. In angenehmem Ambiente werden erlesene Gerichte serviert. Dazu gibt es die entsprechende Weinauswahl (Di und Mi Mittag geschl.).

Cantina do Spade, Calle do Spade 860, San Polo, Venedig, Tel. 04 15 21 05 74. In der mittelalterlichen Weinbar genießt man köstliche Tramezzini, Weißbrotsandwiches mit verschiedenen Belägen.

TOP TIPP **Al Mascaròn**, Calle Lunga S. Maria Formosa 5225, Castello, Venedig, Tel. 04 15 22 59 95. Beliebte Osteria, die typisch venezianische Küche bietet.

Osteria al Ponte, Ponte di San Polo 2741, San Polo, Venedig, Tel. 04 15 23 72 38. Zu venezianischen Häppchen und Fischgerichten trinkt man guten Wein aus dem Veneto.

15 Chioggia

Beschauliches Fischerstädtchen und Venedigs kleine Schwester.

In den Kanälen liegen Boote, auf dem Markt wird fangfrischer Fisch angeboten, zwischen den Häusern trocknen Netze – in Chioggia dreht sich alles um den Fisch. Das Städtchen im Süden der *Laguna Veneta* lebt bis heute in enger Verbundenheit mit dem Meer. Nur zwei Brücken verbinden Chioggia, das sich über mehrere lange schmale Inseln erstreckt, mit dem Festland und der Halbinsel *Sottomarina*. Das Netz rechtwinkling angelegter Gassen, das die Stadt durchzieht, stammt noch aus der Zeit der Römer, die hier mit *Clodia Maior* einen bedeutenden Hafen unterhielten. Im Mittelalter verhalfen Fischfang und Salzhandel Chioggia zu ansehnlichem Reichtum und politischer Autonomie. Ab dem 14. Jh. unterstand die Stadt dann jedoch der Hegemonie Venedigs.

Die Sehenswürdigkeiten Chioggias säumen die Hauptstraße **Corso del Popolo**. Auftakt ist der *Campo del Duomo* mit Baldassare Longhenas Duomo **S. Maria Assunta**, einem eher zurückhaltend gestalteten Barockbau, der 1632–74 entstand, der *Campanile* ist noch aus dem 14. Jh. erhalten. Gotisch präsentiert sich das **Oratorio San Martino**, in dem ein Polyptychon Paolo Venezianos von 1349 zu bewundern ist. Hinter dem modernen *Palazzo Comunale* liegt der alte Kornspeicher Chioggias, der **Granaio**, ein Bau aus dem 14. Jh., den Jacopo Sansovinos *Madonnenstatue* krönt. Seit Mitte des 19. Jh. findet hier täglich außer Montag der *Fischmarkt* statt, auf dem man auch heute noch Charaktere wieder zu finden glaubt, wie sie *Carlo Goldoni* in seiner Komödie ›Le baruffe chiozzotte‹ (›Rauferei in Chioggia‹, 1762 uraufgeführt) beschrieben hat.

Beschaulicher und bescheidener als in Venedig – doch mit ganz eigener Bellezza – geht es in Chioggia am südlichen Ende der Lagune zu

TOP TIPP Der Strand Chioggias erstreckt sich rund um **Sottomarina** auf der *Isola dell' Unione*. Feiner Sand auf 6 km Länge sowie Cafés und Restaurants ziehen in den Bademonaten Tausende von Sonnenhungrigen an.

Praktische Hinweise

Information

APT, Lungomare Adriatico 101, Chioggia, Tel. 041 40 10 68, Fax 04 15 54 08 55

Hotel

*****Grande Italia**, Piazza Vigo 1, Chioggia, Tel. 041 40 05 15, Fax 041 40 01 85, www.hotelgrandeitalia.com. Schönes und dabei preisgünstiges Hotel in romantischer Lage mit Blick auf die Kanäle und Brücken.

Restaurants

Al Granso Stanco, Lungomare Adriatico, Sottomarina, Chioggia, Tel. 041 49 11 92. Gediegenes Restaurant mit Pizzeria am Strand. Die Küche wartet mit Spezialitäten der Region auf.

Osteria da Penzo, Calle Larga Bersaglio 526, Chioggia, Tel. 041 50 09 92. Die beste Adresse für frischen, köstlich zubereiteten Fisch. Nette, ungezwungene Atmosphäre.

Durch die malerischen Gässchen Trevisos fließt der Strom der Passanten

16 Treviso

Verträumte Stadt zwischen Wasserläufen.

Das Gesicht und der gemächliche Rhythmus Trevisos, etwa 25 Kilometer nördlich von Venedig gelegen, werden vom Wasser bestimmt. Der Fluss *Botteniga* hieß zu Dantes Zeit noch Cagnan, und in den Tagen der Römer trug die Stadt noch den Namen *Tarvisium*. Im Mittelalter unterlag sie, kaum war sie freie Kommune geworden, dem skrupellosen Tyrannen Alberico da Romano, später seinem nicht minder verhassten Bruder Ezzelino III. Im 14. Jh. folgten die Machthaber rasch aufeinander, bis sich Treviso 1388 freiwillig der Regentschaft Venedigs unterstellte. Im Zweiten Weltkrieg wurde die Stadt heftig bombardiert. Viele Bauten der Altstadt sind daher Rekonstruktionen des 20. Jh.

Altstadt

Spielende Kinder, diskutierende alte Männer und stille Genießer bevölkern Tag für Tag die **Piazza dei Signori** ❶ mit ihren Terrassencafés. Seit der Römerzeit markiert der Platz das Zentrum Trevisos, das einer Insel gleich zwischen den Flüssen Botteniga und Sile liegt. An der Piazza erhebt sich der imposante **Palazzo dei Trecento**, der Kommunalpalast (1213), in dem sich der Rat der 300 Bürger und Adeligen traf. Der benachbarte **Palazzo Pretorio** und der **Palazzo della Podestà** mit seinem charakteristischen Uhrturm sind weitgehend von Restaurierungen des 19. Jh. geprägt.

Gen Norden führt die Via Calmaggiore zum **Duomo San Pietro** ❷. Auf den ersten Blick ist zu erkennen, wie verwickelt seine Baugeschichte (12.–19. Jh.) ist: Massive Backsteinmauern, die ebenso der Romanik entstammen wie der schwere Unterbau des *Campanile* und die Löwen als Portalwächter, vereinen sich mit einem monumentalen, klassizistischen Säulenportikus sowie mit Gestaltungselementen der Renaissance.

Den **Innenraum** charakterisiert eine ebenso verwinkelte wie wohlproportionierte Staffelung der einzelnen Bauabschnitte. Bedeutende Künstler haben zur Ausstattung beigetragen, so schuf Tizian etwa das Altarbild einer ›Verkündigung‹ für die *Cappella dell' Annunziata*. Weitere Kunstschätze San Pietros findet man im *Museo Diocesano* (Via Canoniche 9, Di/Fr/Sa 15–18, Do 9–12 Uhr).

Das romanische **Battistero** wurde wohl als eigenständige Kirche gebaut, denn es entspricht nicht dem Typus der Taufkapelle über kreisförmigem oder oktogonalem Grundriss.

Ein frühchristliches Baptisterium hat sich vermutlich in der *Via Canoniche* befunden. Darauf weist ein *römisches Mosaik* aus dem 4. Jh. hin. Weitere Funde aus der Römerzeit bewahrt das **Museo Civico** ❸ (Di–So 9–12.30 und 14.30–18 Uhr) in seiner archäologischen Abteilung. Zum Bestand des Stadtmuseums gehört darüber hinaus eine Sammlung venezianischer Malerei.

Folgt man nun der *Via F. Filzi* und biegt linker Hand in die *Via San Nicolò* ein, erreicht man die Dominikanerkirche **San Nicolò** ❹, einen imposanten gotischen Bau des 14. Jh. Hinter der schlichten Backsteinfassade verbirgt sich ein klarer, dreischiffiger Innenraum, der mit kostbarer **Malerei** ausgestattet ist. Die feinlinigen und von großer Lebensnähe durchdrungenen Fresken an den Rundpfeilern schuf der Maler Tommaso da Modena (um 1325–1379), der auch den sehenswerten Freskenzyklus mit Dominikanerbildnissen im klösterlichen *Kapitelsaal* gestaltete (Eingang rechts von der Kirchenfassade).

Östliches Zentrum

Im Nordosten des Stadtzentrums steht die **Porta San Tommaso** 5 (1518), ein prachtvolles, mit istrischem Marmor verkleidetes Tor, das einst den Hauptzugang Trevisos bildete. Über dem Bogen prangt der geflügelte venezianische Löwe. Folgt man dem *Borgo Mazzini*, gelangt man zur *Piazza Matteotti* mit der Kirche **S. Caterina** 6 (Di–So 9–12.30 und 14.30–18 Uhr), einem Bau des 14. Jh., der heute dem Museo Civico unterstellt ist. Sehenswert ist hier vor allem der bedeutende *Freskenzyklus* des Tommaso da Modena, der die Vita der hl. Ursula illustriert. Auf den großen oberitalienischen Künstler des 14. Jh. trifft man auch in der gotischen Bettelordenskirche **San Francesco** 7 hinter dem pittoresken Fischmarkt **Pescheria** 8 auf der *Isola* im Kanal Cagnan. Der imposante Bau (13.–16. Jh.) birgt *Grablegen* bedeutender Trevisaner Familien sowie die Grabstätten von Dantes Sohn Pietro und Petrarcas Tochter Francesca. Tommaso da Modena malte für San Francesco die ›Thronende Maria mit Heiligen‹ (um 1358), eine Figurengruppe, die durch ihre Zartheit besticht. Tommasos Schülern werden die Gewölbefresken im Chor zugeschrieben.

Tommaso da Modenas hl. Agnes in der Dominikanerkirche San Nicolò

Die *Via Manzoni* und ihre Verlängerung, die *Via Carlo Alberto*, führen zur Kirche **S. Maria Maggiore** 9 (ab 1467), deren Architektur Formelemente aus Gotik und Renaissance verquickt. Die Kirche bewahrt den *Tempietto della Madonna* mit dem als wundertätig verehrten Gna-

Hereinspaziert! Die Fresken der Villa Barbaro laden zur Betrachtung ein

denbild der ›Madonna della Liberazione‹ (Madonna der Befreiung) von Tommaso da Modena (um 1352).

i Praktische Hinweise

Information

CPT, Piazzetta Monte di Pietà 8, Treviso, Tel. 04 22 54 76 32, Fax 04 22 41 90 92

Hotels

******Cà del Galletto**, Via San Bona Vecchia 30, Treviso, Tel. 04 22 43 25 50, Fax 04 22 43 25 10, www.hotelcadel galletto.it. Das beste Haus am Platze, komfortabel und sehr geschmackvoll eingerichtet.

****Campeol**, Piazza G. Ancilotto 4, Treviso, Tel. 042 25 66 01, Fax 04 22 54 08 71, www.albergocampeol.it. Preiswerte, aber dennoch sehr gute Unterkunft.

Restaurants

Al Dante, Via Garibaldi 6, Treviso, Tel. 04 22 59 18 97. Osteria in historischem Gebäude, im Sommer kann man draußen sitzen. Sehr gute einfache Küche.

Alla Pescheria, Via Pescheria 41, Treviso, Tel. 04 22 54 03 51. Kleine Osteria am stimmungsvollen Fischmarkt, die sich auf die Zubereitung der dort angebotenen Produkte spezialisiert hat.

17 Villa Emo

TOP TIPP *Ein nüchterner Bau zur Verherrlichung des Landlebens.*

In der kleinen Ortschaft *Fanzolo* nordwestlich von Treviso steht die *Villa Emo* (Tel. 04 23 47 63 34, Fax 04 23 48 70 43, April –Okt. Mo–Sa 15–18.30, So 10–12.30 und 15–18.30 Uhr, Nov.–März Mo–Fr 14–18, Sa/So 14–17.30 Uhr,), ein strenger, schmuckloser Landsitz, 1560 im Auftrag des venezianischen Nobile Leonardo Emo nach Plänen *Andrea Palladios* errichtet. Bis heute befindet sich die Villa im Familienbesitz der Emos, einige der Räume sind jedoch zu besichtigen, und man kann sogar in den luxuriösen **Gästezimmern** der Villa übernachten und im dazugehörigen *Restaurant* stilvoll speisen. Dem in einem weitläufigen **Park** gelegenen Herrenhaus blendete Palladio einen Portikus mit vier weit auseinander stehenden Säulen toskanischen Zuschnitts vor. Zu beiden Seiten des Haupthauses schließen sich Wirtschaftsgebäude an, die ebenfalls mit Portiken aufgewertet wurden. Die **Innenräume** der Villa Emo stattete der Veronese-Schüler Giambattista Zelotti 1564 mit einem unterhaltsamen *Freskenzyklus* aus, der sich thematisch auf die griechisch-römische Antike und ihren Götterhimmel bezieht.

18 Villa Barbaro

TOP TIPP *Das Werk eines großen Baumeisters und eines berühmten Malers.*

Über die Ortschaften *Casalle* und *Caerano San Marco* hat man von Fanzolo aus bald **Maser** erreicht. Inmitten sanft geschwungener Hügelketten liegt hier die *Villa Barbaro* (www.villadimaser.it, März–Okt. Di, Sa, So 15–18, Nov.–Febr. Sa/So 14–17 Uhr), die zu den berühmtesten Villen Palladios zählt. Doch die Entstehungsgeschichte der Villa gibt bis heute Rätsel auf. Gesichert ist, dass Palladio an dem Bau (1554–58) beteiligt war, denn er erwähnt die Villa Barbaro und sein daran geknüpftes Konzept einer Neubelebung des antiken römischen Hauses in seinen ›Quattro Libri dell' Architettura‹ ausführlich. Doch die Auftraggeber, die Brüder Daniele und Marcantonio Barbaro, waren selbst intime Kenner der Baukunst und nötigten Palladio möglicherweise zu einigen Zugeständnissen. Darüber hinaus war ihnen am Erhalt der Villa gelegen, die ihr Vater Francesco hatte errichten lassen und die in den Neubau zum Teil mit einbezogen wurde. Diese Umstände mögen der Grund für einige Disharmonien im Erscheinungsbild der *Fassade* sein, wie etwa die ungewöhnlich weit auseinander gerückten ionischen Säulen. Die *Räume* der Villa schmückte Paolo Veronese mit einem seiner bedeutendsten **Gemäldezyklen**. In mythologischen Darstellungen, antiken Ideallandschaften und Personifikationen der Tugenden, der Jahreszeiten und der Künste wird ein Lobgesang auf die Familie Barbaro und die universelle Harmonie angestimmt.

Dem Hauptgebäude schräg gegenüber befindet sich der **Tempietto** ein kleiner, runder Tempel mit üppiger Stukkatur, den Palladio als *Hauskapelle* konzipierte. Der sakrale Zentralbau (1580) nach dem Vorbild des römischen Pantheons ist Palladios letztes Werk.

19 Asolo und Colli Asolani

TOP TIPP *Pittoreske Kulturstadt inmitten der Hügellandschaft des Veneto.*

Asolo ist einer der schönsten Orte des Veneto. Das homogene *Stadtbild* prägen Palazzi und Bürgerhäuser aus dem Mittelalter, der Renaissance und dem Barock, die von der *Rocca* des 12. Jh. im Norden überragt werden. Zum unverwechselbaren Charme der Region tragen aber vor allem die grünen, zackig zulaufenden *Colli Asolani* bei, die sich um die Stadt

Palladianische Harmonie in Proportionen und Gestaltung prägt die Fassade der Villa Emo

schmiegen und immer neue Ausblicke eröffnen.

Vom römischen **Acelum** sind heute allein die Ruinen eines Theaters sowie verschiedener Thermen erhalten. Machthaber kamen und gingen, ohne große Spuren zu hinterlassen, bis Asolo schließlich von der Republik Venedig erobert wurde. Eine außerordentliche Blütezeit verdankt die Stadt **Caterina Cornaro** (1454–1510), die nach dem Tod ihres Mannes auf Weisung Venedigs als Königin von Zypern abdanken musste und im Gegenzug das Gebiet von Asolo zugesprochen bekam. Ihr Hof entwickelte sich zu einem Zentrum des *Humanismus* und zog zahlreiche bedeutende Literaten und Gelehrte an, darunter den Dichter *Pietro Bembo* (1470–1547), der hier 1505 die neoplatonischen Dialoge der *Asolani* schrieb. Die Residenz Caterina Cornaros war das **Castello della Regina**, das jedoch bis auf den Uhrturm und den Audienzsaal im 19. Jh. abgetragen wurde. Gegenüber liegt der schöne **Palazzo del Municipio**, das Rathaus von Asolo. An der zentralen *Piazza Garibaldi* entstand ab dem 9. Jh. der **Duomo S. Maria Assunta**. Der heutige Bau geht auf den Entwurf von Giorgio Massari (18. Jh.) zurück, wurde jedoch durch spätere Um- und Anbauten maßgeblich verändert. Der *Innenraum* birgt das berühmte Gemälde ›Mariä Himmelfahrt‹ (1506) von *Lorenzo Lotto*, eines der wenigen Werke der Kunstgeschichte, die eine spürbar gealterte Gottesmutter zeigen. Neben dem Dom ist in einem freskengeschmückten Palazzo des Cinquecento (16. Jh.) das **Museo Civico** (Sa/So/Fei 10–12 und 15–19 Uhr) u. a. mit einer archäologischen Sammlung untergebracht.

Südlich von Asolo, in **San Vito d' Altivole**, legte der italienische Stararchitekt Carlo Scarpa 1967–78 als Teil des öffentlichen Friedhofs den **Cimitero della Famiglia Brion** an. Scarpas Entwurf vereinigt Stilelemente der islamischen, japanischen und venezianischen Kunst mit denen der klassischen Antike und lässt den Friedhof so zu einem Ort werden, an dem sich Leben und Tod ebenso begegnen wie Tradition und Moderne und verschiedenste Kulturkreise.

Nordwestlich von Asolo liegt der kleine Ort **Possagno**, der sich ganz dem Gedenken an seinen berühmten Sohn gewidmet hat, den klassizistischen Bildhau-

Blick über das beschauliche Asolo zum Castello della Regina auf dem Hügel über der Stadt

er *Antonio Canova* (1757–1822). Das **Museo Canova** (Di–So 9–12 und 15–18 Uhr), das Carlo Scarpa 1957 um einen Neubau erweiterte, bewahrt eine große Sammlung von Gipsmodellen sowie einige Marmorskulpturen des Künstlers. Die **Casa di Canova** (Di–So 9–12 und 15–18 Uhr), sein Geburtshaus an der nach ihm benannten Piazza, wurde ebenfalls in ein Museum umgewandelt. Über Possagno thront der heute als Pfarrkirche genutzte **Tempio di Canova** (Di–So 9–12 und 15–18 Uhr), der 1819–32 nach Plänen des Bildhauers entstand. Er verbindet die Formensprache des Athener Parthenon mit der des römischen Pantheon. Canova wurde 1822 in einem *Sarkophag* in der linken Kapelle des Querhauses beigesetzt.

i Praktische Hinweise

Information

APT, Piazza Garibaldi 73, Tel. 04 23 52 90 46, 04 23 52 41 37

Hotel

TOP TIPP *****Villa Cipriani**, Via Canova 298, Asolo, Tel. 04 23 95 21 66, Fax 04 23 92 50 95, www.villacipriani.com. Wunderschöne, exklusive Villa aus dem 16. Jh. (31 Zi.), in der die Nacht allerdings ihren Preis hat. Ausgezeichnetes Restaurant.

Restaurant

Ca' Derton da Nino, Piazza d'Annunzio 11, Asolo, Tel. 04 23 52 96 48. Traditionelle, jahreszeitenspezifische Küche bester Qualität (Mo geschl.).

20 Castelfranco und Cittadella

Mittelalterliche Städte mit imposanten Wehranlagen.

Castelfranco wurde 1195 als *Grenzfestung* Trevisos errichtet. Die bis zu 17 m hohen Mauern zeugen noch heute von der Feindseligkeit, die zu jener Zeit zwischen Treviso und Padua herrschte. Der **Verteidigungswall**, den Türme an den Eckpunkten und an den vier Toren verstärken, musste allerdings nur einmal im Laufe der Auseinandersetzungen, 1215, dem Angriff der Paduaner standhalten. Aus der Festung entwickelte sich schließlich ein friedliches Städtchen, in dem 1478 Giorgio da Castelfranco geboren wurde, genannt **Giorgione**. Die **Casa di Giorgione** (Di–So 9–12 und 15–18 Uhr), das Geburtshaus des berühmten Künstlers, steht gleich neben dem Dom. Im Obergeschoss schuf Giorgione einen Grisaille-Fries mit symbolischen Darstellungen, die neben den schönen Künsten auch die Astrologie, die Philosophie oder etwa den Krieg zum Thema haben. Eines der Hauptwerke des Künstlers, die **Pala di Castelfranco**, birgt der 1723–45 errichtete **Duomo**. Diese *Sacra conversazione* der thronenden Madonna mit dem hl. Liberalis zur Linken und dem hl. Franziskus zur Rechten entstand 1504 im Auftrag des Condottiere Tuzio Constanzo. Eine neue, entscheidende Rolle kommt in Giorgiones Altarbild der lichtdurchfluteten, von warmem Kolorit getragenen *Landschaft* zu beiden Seiten des Thrones zu.

In der *Sakristei* des Domes werden Fragmente von Fresken bewahrt, die Paolo Veronese für die zu Beginn des 19. Jh. abgetragene *Villa Sorano* schuf.

Nur 12 km westlich von Castelfranco liegt **Cittadella**, ein ebenfalls von einer wuchtigen *Festungsmauer* umgebener Ort, der seinerseits Padua als nördlicher Vorposten vor den feindlichen Übergriffen der Trevisaner schützen sollte. Der elliptische Mauerring, 1461 m lang und bis zu 13 m hoch, wird von 32 Türmen verstärkt und zählt zu den bedeutendsten Wehranlagen des Mittelalters. Im Süden ragt an der *Porta di Padova* die berüchtigte **Torre di Malta** aus der Wehrmauer. Der 1251 errichtete Turm diente Ezzelino III. als Gefängnis und Folterkammer. Hier wurden politische Gegner des Tyrannen zu Tode gequält.

21 Bassano del Grappa

Plan Seite 85

Südländisches Flair und der herbe Charme des Alpenvorlandes.

Bassano del Grappa liegt malerisch am Fuße des 1775 m hohen *Monte Grappa*. Die Landschaft, aber auch die Architektur und der berühmte hölzerne **Ponte degli Alpini** 1 über die *Brenta* verleihen Bassano das Flair einer alpenländischen Stadt. Die überdachte Brücke, von Andrea Palladio konzipiert, wurde in beiden Weltkriegen gesprengt; ihr Name erinnert an die glücklosen Verteidiger des Bauwerks, die Gebirgsjäger. Die Rekonstruktion der Brücke, die auch *Ponte*

Vecchio genannt wird, erfolgte zum Glück stets originalgetreu, das Dach (18. Jh.) konnte gar gerettet werden.

Den Beinamen ›del Grappa‹ verdankt Bassano übrigens seinem Hausberg. Und nur zufälligerweise heißt das Destillat, das in Bassano seit dem 18. Jh. gebrannt wird, nach dem italienischen Wort für ›Traube‹ (›grappolo‹) ebenfalls *Grappa*. Seit 1779 vertreibt die **Grapperia Nardini** 2 an der Ponte degli Alpini edle Grappe, über deren Geschichte das **Museo della**

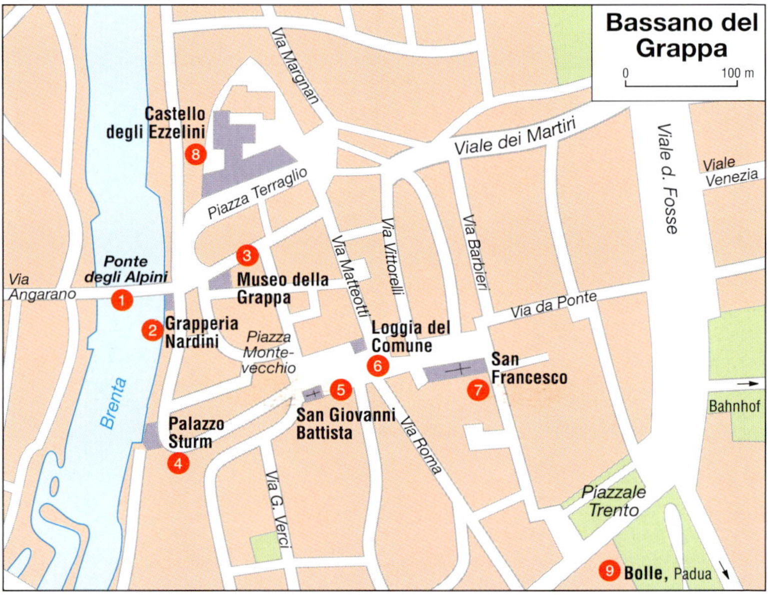

◁ *Eng drängen sich die Häuser von Bassano del Grappa am Ufer der Brenta, die der Ponte Vecchio überspannt*

Grappa ❸ (Di–So 9–19, Mo 14.30–19.30 Uhr) in der Distilleria Poli gegenüber alles Wissenswerte vermittelt. Neben der Grappa-Produktion ist Bassano auch für seine *Majolika-Herstellung* weit über die Grenzen des Veneto hinaus berühmt. Qualitätvolle Produkte des Kunsthandwerks zeigt die Keramiksammlung des **Palazzo Sturm** ❹ (Di–Sa 10–13 und 15.30–18.30 Uhr) in der *Via Ferracina* am Brenta-Ufer.

Zentrum des Städtchens ist die *Piazza Garibaldi*, die im Westen in die *Piazza della Libertà* übergeht. Auf ihr erhebt sich die Kirche **San Giovanni Battista** ❺, ein Bau des 18. Jh., dessen Architektur auf die Formensprache Palladios zurückgreift. An der Ecke zur *Via Matteotti* sieht man die **Loggia del Comune** ❻, einen im 15. Jh. errichteten luftigen Bau, den eine Uhr mit Tierkreiszeichendarstellungen (16. Jh.) schmückt sowie das Wappen des venezianischen Statthalters, dem Bassano ab 1404 unterstand. In einem *Palazzo* des frühen 18. Jh. hinter der Loggia befindet sich das Rathaus.

An der Piazza Garibaldi, dem alten Kräutermarkt von Bassano, entstand ab 1287 die schlichte Bettelordenskirche **San Francesco** ❼. Im Konventsgebäude des dazugehörigen Klosters hat seit dem 19. Jh. das *Museo Civico* (Di–Sa 9–12.30 und 15.30–18.30, So 15.30–18.30 Uhr) seinen Sitz, dessen Sammlung neben archäologischen Funden zahlreiche Werke der venezianischen Malerei umfasst. Bemerkenswert sind vor allem die Bilder der Malerfamilie *da Ponte*, die aus Bassano stammte und später den Orts- als Familiennamen trug. Zu großem Ruhm gelangte **Jacopo Bassano** (1517/18–1592), dessen Gemälde der Jahreszeiten und Monate sowohl bei den venezianischen Nobili als auch beim gesamten europäischen Adel hoch geschätzt waren.

Folgt man der *Via Matteotti*, in der sich einige *Palazzi* des 15. Jh. aneinander reihen, gelangt man zu den Resten des **Castello degli Ezzelini** ❽, einer einst imposanten Wehranlage aus dem 13. Jh., von der allein die mächtige *Torre di Ser Ivano* erhalten ist.

Wie zwei gerade gelandete Raumschiffe muten die Laboratorien der Grapperia Nardini im Süden Bassanos an. In der sog. **Bolle** ❾ (Via Madonna Monte Berico 7, nur nach Anmeldung, Tel. 04 24 22 77 41) können Besucher beobachten, wie Wissenschaftler am ›perfekten Grappageschmack‹ arbeiten, zudem ist eine Multimediaschau zur Grappaproduktion zu sehen.

Zum 225. Geburtstag beschenkten sich die Nardinis mit der Bolle

Ausflüge

Südwestlich von Bassano liegt das kleine Städtchen **Marostica**, das vom *Monte Pausilio* und seiner mittelalterlichen Burg überragt wird, zu der zinnenbewehrte Mauern ansteigen. Bauherren des kriegerischen Wahrzeichens waren die *Scaliger*.

Im Ortskern selbst ist eine weitere Burg zu finden. Alle zwei Jahre im September verwandelt sich die Piazza vor dem **Castello Inferiore** in ein Schachbrett, auf dem mit Menschen in historischen Kostümen des 15. Jh. als Figuren gespielt wird. Der Schachpartie liegt eine *Legende* zugrunde, nach der die anmutige Lionora, die Tochter des Burgherrn, das Herz zweier Männer erobert hatte, die ihren Streit in einem Duell ausfechten wollten. Auf Weisung des Vaters der Schönen trugen die beiden Bewerber ihre Auseinandersetzung aber am überdimensionalen Schachbrett aus, mit ihren Soldaten als Figuren.

Bei *Lugo di Vicenza* – wenige Kilometer westlich von Marostica – liegt die **Villa Godi Valmarana Malinverni** (März–Nov. Di, Sa/So 14–18, Juni–Sept. Di/Sa/So 15–19 Uhr). Sie ist der erste Bau, für den *Andrea Palladio* allein verantwortlich zeichnete, und entstand 1537 im Auftrag der Vicentiner Familie Godi. Ein reich mit Skulpturen und Vasen geschmücktes Eingangstor bildet den Auftakt zu der auf einem Hang thronenden Villa, die sich aber entgegen alle Erwartungen überraschend schlicht ausnimmt.

i Praktische Hinweise

Information

IAT, Largo Corona d' Italia 35, Bassano del Grappa, Tel. 04 24 52 43 51, Fax 04 24 52 53 01. – **Associazione Pro Marostica**, Castello Inferiore, Marostica, Tel. 042 47 21 27, Fax 0 42 47 28 00

Hotel

Al Castello, Via Bonamigo 19, Bassano del Grappa, Tel./Fax 04 24 22 86 65, www.hotelalcastello.it. Angenehme Unterkunft mit persönlicher Atmosphäre am Burgberg.

Restaurant

Alla Riviera, Via San Giorgio 17, Bassano del Grappa, Tel. 04 24 50 37 00. Traditionelle Regionalküche, gekrönt von einem herrlichen Ausblick auf die Brenta (Mo Abend und Di geschl.).

In Marostica treffen keine Großmeister aufeinander, sondern lebensgroße Schachfiguren

Als wollte er sich gleich in den tiefblauen Himmel erheben – der venezianische Löwe über der Piazza Maggiore von Feltre

22 Feltre

Freskengeschmückte Palazzi vor schroffen Felshängen.

In Feltre hat man bereits *alpines Gebiet* erreicht. Die pittoresken Gipfel der Dolomiten geben eine stimmungsvolle Kulisse für Feltres Stadtbild des 16./17. Jh. ab.

Der indogermanische Stamm der *Räter* besiedelte die Region bereits im 6. Jh. v. Chr. Ihm folgten die Römer, die hier ihr *Feltria*, einen Kontrollposten an der *Via Claudia Augusta Altinate*, errichteten, einer wichtigen Nord-Süd-Verbindung über die Alpen. Einen Aufschwung erlebte Feltre im Mittelalter als freie Kommune, 1404 wurde es dann der *Terra ferma* Venedigs einverleibt. 1510, im Krieg der *Liga von Cambrai* gegen Venedig, zerstörten die Truppen Kaiser Maximilians I. die Stadt bis auf die Grundmauern. Dem schnellen Wiederaufbau in weniger als drei Jahrzehnten verdankt sie ihr bis heute stilistisch ausgesprochen homogenes Gesamtbild.

Das Zentrum erreicht man über die *Via Mezzaterra*, deren Auftakt die **Porta Imperiale** bildet, das alte Stadttor aus dem 16. Jh. Bogengänge und freskengeschmückte Fassaden geleiten zur Kirche **San Giacomo** (16. Jh.) und auf die stimmungsvolle **Piazza Maggiore**. Prachtvolle Palazzi und Arkaden rahmen den als Terrasse angelegten Platz, den der venezianische Löwe auf seiner Säule beherrscht. Den Südwesten der Piazza nimmt der majestätische **Palazzo della Ragione** ein, in dem noch heute die Stadtverwaltung ihren Sitz hat. Als Architekt des imposanten Baus mit rustifizierten Arkaden ist Andrea Palladio überliefert. Den *Brunnen* im Norden der Piazza schuf Tullio Lombardo 1488. Dahinter erhebt sich die Kirche **San Rocco**, ein Bau des ausgehenden 16. Jh.

Dem **Castello**, leider nur noch in Resten erhalten, verdankt Feltre sein Wahrzeichen, den weithin sichtbaren mittelalterlichen Turm. In der *Via L. Luzzo*, benannt nach dem bedeutendsten Freskenmaler Feltres, Lorenzo Luzzo, befindet sich (in Nr. 23) das **Museo Civico** (Di–Fr 10.30–12.30 und 15–18, Sa/So 9.30–12.30 und 15–18 Uhr). Die Sammlung, die in den Räumen des **Palazzo Villabruna** mit seiner schönen spätgotischen Innenhoffassade untergebracht ist, umfasst neben Fundstücken aus der Frühgeschichte und der Römerzeit Gemälde, z. B. Gentile Bellinis ›Bild eines Geistlichen‹. Durch die *Porta Orio*, das mittelalterliche Stadttor im Nordosten, gelangt man zur Chiesa Ognisanti. Auf dem Weg beachte man die Fresken am Haus Nr. 40 der Via Port' Orio – Lorenzo Luzzo malte hier die Madonna mit den hll. Viktor und Lucia. Eines seiner bedeutendsten Werke schuf der

Maler schließlich im *Innenraum* der im Kern romanischen, während des 15. Jh. aber stark veränderten Kirche. Die ›Transfiguration mit den hll. Antonius und Lucia‹ beeindruckt vor allem durch die Schwerelosigkeit der Figuren.

Moderne Kunst präsentiert in der Via Paradiso die **Galleria d'Arte Moderna** (Di–Fr 10.30–12.30 und 15–18, Sa/So 9.30–12.30 und 15–18 Uhr), deren Grundstock die *Gusseisenplastiken* des Künstlers Carlo Rizzarda (1883–1931) bilden. Gemälde und Skulpturen des 19. und 20. Jh. ergänzen die kleine Sammlung.

Feltres **Duomo San Pietro** liegt außerhalb der Wehrmauern in der Unterstadt, die man über eine Reihe von zum Teil überdachten Treppen von der *Piazza Maggiore* aus erreicht. Der Grundstein zu San Pietro wurde Mitte des 16. Jh. gelegt, die Architektur fügt sich jedoch zu keinem einheitlichen Bild.

Über einen Zugang in der Nähe des Domes erreicht man die unter dem Platz entdeckten – und heute wieder von ihm bedeckten – Straßen und Gebäudereste des römischen **Feltria** (Mai So 10–12 und 15–18, Juni–Sept. Sa/So 10–12 und 15–18 Uhr). Einige von ihnen lassen sich als einstige Geschäfte identifizieren. Im Zentrum der Ausgrabung deutet ein Mosaik darauf hin, dass sich dort einst der Sitz eines Berufsverbandes befand.

i Praktische Hinweise

Information

IAT, Piazzetta Trento e Trieste 9, Feltre, Tel. 04 39 25 40, Fax 04 39 28 39

23 Belluno

Ein Renaissancestädtchen als Tor zu den Dolomiten.

Belluno ist die nördlichste Provinzhauptstadt des Veneto. Sie erstreckt sich auf einem Bergvorsprung am Zusammenfluss von *Piave* und *Ardo*. Die exponierte, strategisch bedeutsame Lage hatten schon die Römer genutzt und ein Kastell errichtet. Das mittelalterliche Belluno bewahrte im Wesentlichen die antiken Grenzen, während sich der Ort heute längst über die Bergkuppe hinaus ausgedehnt hat und von einem hässlichen Industriegürtel umgeben ist. Eine städtebauliche Blütezeit erlebte Belluno nach dem Anschluss an die Serenissima 1404. Man orientierte sich nun auch architektonisch am Vorbild Venedig und errichtete Paläste, Kirchen und Brunnen im neuen Stil der *Renaissance*.

Die schneeweißen Häuser von Belluno vor der sommerlichen Bergkulisse der Dolomiten

Auftakt zur Altstadt – im Mittelalter umgab sie eine Mauer, von der heute leider nur noch die beiden Stadttore Porta Doiona und Porta Ruga erhalten sind – ist die volkstümliche *Piazza dei Martiri* mit den für das 16. Jh. typischen Laubengängen. Die Kirche **San Rocco** wurde in der Renaissance errichtet, verdankt ihre heutige Gestalt jedoch weitgehend Umbauten des 19. Jh. Im Osten schließt sich die *Piazza Vittorio Emanuele* mit dem klassizistischen Teatro, dem Stadttheater, an. Nördlich des Platzes gelangt man durch die *Via Roma* zur *Piazza San Stefano*, auf der ab Mitte des 15. Jh. ein Servitenkloster entstand. Wo sich zuvor eine alte Marienkirche befunden hatte, wurde nach Plänen des lombardischen Baumeisters Giorgio da Como der spätgotische Bau von **San Stefano** errichtet. Hinter der schlichten, ungegliederten Fassade öffnet sich ein dreischiffiger *Innenraum*, den abwechselnd rote und weiße Marmorsäulen strukturieren.

Von der Piazza Vittorio Emanuele gelangt man durch die **Porta Doiona** und die *Via Rialto* zur **Piazza delle Erbe**, einem Renaissanceensemble mit charakteristischen Bogengängen und Palastfassaden, die Wappen und Fresken schmücken. Südwestlich liegt die weitläufige *Piazza del Duomo* mit dem schlichten **Duomo S. Maria Assunta**, der 1517 nach Plänen des Bildhauer-Architekten Tullio Lombardo entstand. Der *Campanile* (1743), einer der schönsten barocken Kirchtürme Italiens, trägt die Handschrift Filippo Juvarras. Das Kircheninnere gibt sich sehr dunkel, da die Fenster der Seitenschiffe im frühen 18. Jh. den großartigen *Barockaltären* geopfert wurden. Die Altargemälde stammen u. a. von Jacopo Bassano, Palma d. J. und Pietro della Vecchia. Vom linken Seitenschiff aus gelangt man in die Sakristei, die gleich einer Krypta unter dem Chor liegt. Den stimmungsvollen zweischiffigen Raum schmückt ein *Polyptychon* mit der Vita des hl. Martin (15. Jh.).

Die venezianischen Statthalter residierten im **Palazzo dei Rettori** (1491), an dessen Fassade sie sich in Büsten und Wappen verewigen ließen. Der elegante dreigeschossige Bau verfügt über eine *Loggia*, die sich am Vorbild des venezianischen Dogenpalastes orientiert. Und der 1549 errichtete, später etwas unbeholfen aufgestockte *Uhrturm* zitiert in gleicher Manier die Torre dell' Orologio der Piazza San Marco.

Ein elegantes Domizil, auch für die prosaische Staatsgewalt unserer Zeit – der Palazzo dei Rettori in Belluno

Das **Museo Civico** (Mai–Sept. Di–So 10–13 und 16–19, Okt–April Mo–Sa 9–13, Do 15–18 Uhr) mit seiner Sammlung archäologischer Fundstücke und einer lokal ausgerichteten Gemäldegalerie findet man östlich der Piazza in der *Via Duomo 16*.

i Praktische Hinweise

Information

APT, Via Psaro 21, Belluno, Tel. 04 37 94 00 83

Restaurant

La Taverna, Via Cipro 7, Belluno, Tel. 043 72 51 92. Heimelige Osteria hinter dem Teatro, die sich besonders auf die traditionelle Küche der Region spezialisiert hat.

24 Vittorio Veneto

Eine Stadt zu Ehren des italienischen Königs Vittorio Emanuele.

Vittorio Veneto ist ein künstlich geschaffenes Stadtgebilde, das sich aus den beiden Orten Céneda und Serravalle zusammensetzt. 1866 vereinte man die beiden Nachbargemeinden am Ufer des *Meschio* und benannte die neue Stadt nach dem ersten italienischen König. Das nördliche

Von der Lagune an den Fuß der Berge – die venezianischen Statthalter residierten in der stilistisch vertrauten Loggia Serravallese

Serravalle konnte sich dabei sein historisches Zentrum bewahren, während **Cénedas** homogenes Ortsbild den Veränderungen zum Opfer fiel. Nur wenig deutet hier noch auf die römische oder die mittelalterliche Vergangenheit hin; allein der *Campanile* neben dem 1912 klassizistisch umgestalteten Duomo stammt noch aus dem 13. Jh. Die **Loggia Cénedese** (16. Jh.) gegenüber ist ein Werk Jacopo Sansovinos, dessen Handschrift an der Leichtigkeit des mit Arkaden aufgelockerten Baus abzulesen ist. Das **Castello San Martino** im Norden ist lombardischen Ursprungs, weist jedoch nach Umbauten im 15. Jh. nur noch wenig originale Bausubstanz auf.

Nach Serravalle führt nun der breite *Viale della Vittoria*. Ein Abstecher lohnt in den Stadtteil **Bigonzo** östlich des Viale, wo am Ende der *Via Antonello da Serravalle* die Kirche **Sant'Andrea** aus dem 14. Jh. (Campanile 16. Jh.) liegt. Hinter der schlichten, aber suggestiven Fassade, die von einem Bogenfries eingefasst wird, erstreckt sich ein dunkler, prachtvoll mit Fresken (15. Jh.) und Gemälden ausgestatteter Innenraum. Einen der bedeutendsten venetischen *Freskenzyklen* des 15. Jh. birgt die nahe Hospitalkirche **San Lorenzo**, die man über die *Via Petrarca* erreicht. Die Urheberschaft der sehr gut erhaltenen Fresken ist ungesichert, doch die stilistische Nähe zur venezianischen Malerei der Spätgotik sowie die meisterhafte Ausführung der Bilder lassen die beiden Maler Jacobello del Fiore und Nicolo di Pietro ins Blickfeld rücken.

Das alte Zentrum **Serravalles** bildet die von Bürgerhausfassaden des 15. und 16. Jh. gerahmte *Piazza Flaminio*. In der **Loggia Serravallese**, einem stattlichen Bau von 1462, residierten die venezianischen Statthalter, deren Wappen die Fassade schmücken. Das alte Rathaus ist heute Sitz des **Museo Cénedese** (www.museocenedese.it, Di–So 9.30–12.30 und 15–19 Uhr) mit einer bunt zusammengewürfelten, lokal geprägten Kunstsammlung. Wandmalerei (frühes 16. Jh.) von Francesco da Milano bildet den feierlichen Rahmen der Ausstellung. Der **Duomo S. Maria Nuova** wurde im 13. Jh. am gegenüberliegenden Ufer des Meschio errichtet. Seine heutige, etwas klobig wirkende Gestalt ist allerdings ein Ergebnis von Umbauten des 18. Jh. Den Innenraum schmückt ein *Hochaltarbild* der ›Madonna mit Kind und den Aposteln Petrus und Andreas‹ (1547) von Tizian. Krönender Abschluss eines Besuchs in Vittorio Veneto ist ein Spaziergang über die *Via Martiri della Libertà*, die Hauptgeschäftsstraße von Serravalle, der fantasievoll gestaltete *Arkadengänge* ihren prägnanten optischen Rhythmus verleihen. Von künstlerischem Interesse sind auch die Fassaden der *Palazzi* aus Gotik, Renaissance und Barock entlang der Straße.

i Praktische Hinweise

Information

IAT, Viale della Vittoria 110, Vittorio Veneto, Tel. 043 85 72 43

Hotel

*****Flora**, Viale Trento Trieste 28, Vittorio Veneto, Tel. 043 85 31 42, Fax 04 38 94 14 40. Zentral gelegenes Hotel mit familiärer Atmosphäre.

Restaurant

Ai Cadelach, Via G. Grava 1, 5 km westl. von Vittorio Veneto, Revine Lago, Tel. 04 38 52 30 10, Fax 04 38 52 40 00. Feinste Spezialitäten des Veneto werden in herrlicher Landschaft auch im Freien serviert; die Küche zeichnet sich durch höchste Qualität aus.

25 Conegliano

Zentrum des Prosecco-Weinanbaus.

Conegliano ist eines der Weinbauzentren Norditaliens. In den höheren Regionen der sanft geschwungenen trevisanischen Hügellandschaft, die sich zwischen Conegliano und Valdobbiadene erstreckt, wird die **Prosecco-Rebe** angebaut, aus der man Schaumwein keltert.

Conegliano, um dessen historischen Kern sich eine beachtliche Industriezone gelegt hat, verdankt seine Stadtgründung venezianischen Nobili, die sich in der anmutigen Hügellandschaft *Sommersitze* errichten ließen. Auf einer Anhöhe im Norden der Stadt entstand ab dem 13. Jh. das **Castelvecchio**. Leider haben nur Reste der Befestigungsanlage überdauert, darunter der Wachtturm, in dem heute die Sammlung des kleinen **Museo Civico** (Di–So 10–12.30 und 15–18 Uhr) u. a. mit Gemälden von Giovanni Antonio Pordenone gezeigt wird. Das bedeutendste Baudenkmal Coneglianos liegt in der *Via XX Settembre*, der von herrschaftlichen Palazzi gesäumten Hauptstraße. Einige Fassaden sind mit Fresken geschmückt, das Gebäude Nr. 129–133 bemalte Pordenone. Ab Mitte des 14. Jh. entstand am Ende der Via XX Settembre, kurz vor der *Piazza Cima*, die **Scuola dei Battuti** (Sa 10–12, So 15–19 Uhr), ein prachtvoller Bau mit neun weiten Pfeilerarkaden. Den oberen Teil der Fassade, strukturiert von Biforienfenstern und zwei Balkontüren, bemalte Lodewyk Teoput, genannt *Pozzoserrato*, 1595 mit Szenen aus dem Alten Testament sowie mit Propheten und Sibyllen. Begebenheiten aus dem Neuen Testament schmücken die **Sala dei Battuti**, den lang gestreckten Saal im Inneren der Scuola.

Der *Duomo*, eine dreischiffige Säulenbasilika mit Kreuzgratgewölbe gleich hinter der Scuola dei Battuti, birgt eine sehenswerte *Sacra conversazione* (1493) von Cima da Conegliano, dem berühmtesten Sohn der Stadt.

Praktische Hinweise

Information

APT, Via XX Settembre 61, Conegliano, Tel. 04 38 21 23 0, Fax 04 38 42 87 77

Sanfter Frizzante oder prickelnder Spumante – die Hügel um Conegliano sind die Heimat des allseits beliebten Prosecco

Am Golfo di Venezia – Abglanz der Antike im modernen Leben

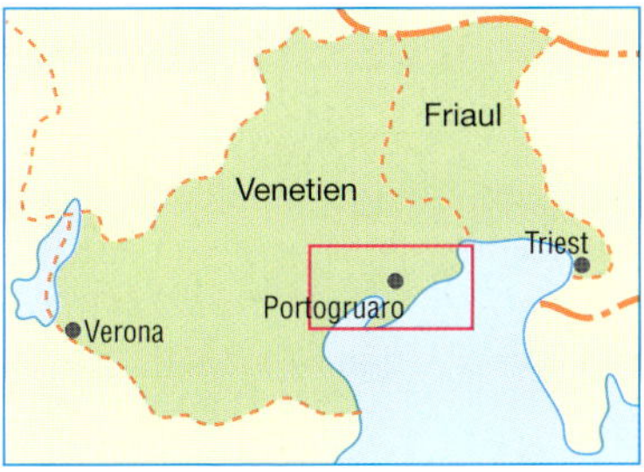

Das Zusammenspiel von Wasser und Land verleiht der Region nordöstlich des Golfo di Venezia, zwischen den Mündungsgebieten der Alpen- und Voralpenflüsse *Piave*, *Livenza*, *Tagliamento*, *Stella* und *Isonzo*, ihren besonderen Zauber. Einem Netz von Kapillaren gleich durchziehen Kanäle, Flussläufe, verwinkelte Lagunen und Sümpfe die Ebene. Seit Jahrhunderten bemühen sich Menschen darum, diese Landschaft zu erschließen und urbar zu machen. Die größten Veränderungen erfuhr dabei die **Adria-Küste**. Von ihrem Waldgürtel aus Pinien, zwischen denen das Schilf im Wind raschelte – so kann man es noch bei *Dante* nachlesen –, sind heute allenfalls grüne Inseln erhalten. Der gewaltige *Tourismusboom* seit den 50er-Jahren des 20. Jh. hat zwischen Venedig und Grado, rund um **Caorle**, **Bibione** und **Lignano**, kaum einen Zentimeter Küste unbebaut belassen. Dagegen hat sich **Aquileia**, wenige Kilometer nördlich von Grado gelegen, von einer Metropole der Antike in eine beschauliche Kleinstadt zurückverwandelt – eine der ältesten und prächtigsten Kirchen der Christenheit, die *Basilica S. Maria*, zeugt noch von Aquileias großer Vergangenheit.

26 Oderzo

Moderne Kleinstadt auf den Resten des römischen Opitergium.

Oderzo war einst eine blühende römische Stadt an der *Via Postumia*. Auch der Niedergang des Ortes ist eng mit dieser Straße verbunden, denn auf ihr drangen während der *Völkerwanderungszeit* nacheinander Hunnen, Goten und Langobarden vor und verwüsteten die Stadt. Dasselbe Schicksal traf Oderzo noch einmal im Mittelalter, als erst die Truppen Venedigs und dann die der Liga von Cambrai weite Teile des Ortes zerstörten. Abgesehen vom **Duomo San Giovanni Battista** aus dem 14. Jh., der ein Jahrhundert später im Stil der Renaissance umgebaut wurde, ist daher von Oderzos historischer Bausubstanz nicht viel übrig geblieben. Rund um die **Piazza del Foro** hat man im Zuge umfangreicher Ausgrabungen interessante Relikte aus der glanzvollen Römerzeit freigelegt.

◁ *Einst trugen sie steinerne Dächer, heute überwölbt die Säulen des Forums von Aquileia nur noch der Himmel*

Römerzeit und Moderne auf engstem Raum vereint findet man im **Palazzo Foscolo**. Im Gästeflügel wurde das *Museo Archeologico* (Mi–Sa 9–12 und 15.30–18.30 Uhr) eingerichtet, wo angesichts eines prachtvollen *Fußbodenmosaiks* aus dem 4. Jh. sowie zahlreicher anderer römischer Fundstücke noch vergangene Größe zu spüren ist. Im Palazzo selbst hat die *Pinacoteca Alberto Martini* (Mi/Do/Fr/Sa 9–12 und 15.30–18.30 Uhr) mit beeindruckenden Werken des surrealistischen Malers Alberto Martini (1889–1954) ihren Sitz.

27 Portogruaro und Concordia Sagittaria

Venezianisches Ambiente und die Reste einer römischen Handelsstadt.

Nur der Ortsname erinnert heute noch daran, dass **Portogruaro** eine römische *Flusshafenstadt* war. Wie Oderzo wurde auch sie in den Wirren der Völkerwanderungszeit mehrfach zerstört. 1420 fiel Portogruaro an Venedig, das seine Spuren im Stadtbild hinterlassen hat. Vor allem an den Ufern der *Lemene* mit ihren gotischen Palazzi und Laubengängen ist das architektonische Vorbild deutlich zu erkennen. Zentrum des Städtchens ist die **Piazza della Repubblica**, an deren Stirnseite der breite, zinnenbewehrte **Palazzo Comunale** thront. Er ist ein eigenwilliges Werk des 14. Jh., bei dessen Bau auch römische *Marmorblöcke* Verwendung fanden. Der **Duomo** (frühes 19. Jh.) ersetzt einen romanischen Vorgängerbau, von dem allein noch der *Campanile* erhalten ist. Das römische Vermächtnis Portogruaros und Concordia Sagittarias bewahrt in einer Vielzahl von Fundstücken das **Museo Nazionale Concordiense** (tgl. 9–20 Uhr) in der Via del Seminario.

Concordia Sagittaria, 2,5 km südlich von Portogruaro, ist eine römische Gründung des 1. Jh. v. Chr. und entwickelte sich bald zu einer blühenden Handelsstadt. Seinen Reichtum verdankte Concordia aber auch der Herstellung von Pfeilen, was ihm im 19. Jh. den Beinamen *Sagittaria* (›Schützin‹) einbrachte. Im Umkreis des gotischen **Duomo** (1466) mit seinem romanischen Campanile im Zentrum des kleinen Orts sind noch zahlreiche archäologische Überreste zu finden. Besondere Aufmerksamkeit im Duomo selbst verdient der Zentralbau des **Battistero**, in dem außerdem wertvolle *Fresken* des 11.–14. Jh. erhalten sind, die noch ganz im Bann des byzantinischen Kanons stehen.

9 km nördlich von Concordia Saggitaria liegt *Sesto al Reghena* mit der ehemaligen Benediktinerabtei **Santa Maria in Sylvis**. Bereits für das 5. Jh. ist an diesem Ort eine Kirche belegt. Im 10. Jh. wurde sie bedeutend erweitert. Ihr Erscheinungsbild wird bis heute im Wesentlichen von der Romanik bestimmt. In der Krypta der Kirche, die Fresken des 12. Jh. bewahrt, findet man einen langobardischen Sarkophag (8. Jh.).

i Praktische Hinweise

Information

APT, Via Martiri Libertà 19, Portogruaro, Tel./Fax 0421 73 55 58

Hotel

*****Antico Spessotto**, Via Roma 2, Portogruaro, Tel. 0421 71 04 0, Fax 0421 71 05 3, www.hotelspessotto.com. In modernisiertem Jugendstil eingerichtetes Hotel im Zentrum mit Restaurant (Mo geschl.).

28 Jesolo

Einst Ort der Kontemplation, heute Badeparadies.

Das Städtchen Jesolo, am nordwestlichen Eck der *Laguna Veneta* gelegen, hatte sich bereits vor dem 7. Jh. zu einem geistlichen Zentrum der Region entwickelt. Drei *Klöster* und 40 *Kirchen* entstanden zu jener Zeit.

Heute pilgern die Besucher nicht der stillen Einkehr wegen nach Jesolo, sondern um das turbulente Strandleben am

Der Lido di Jesolo, in unseren Tagen ein Ort der turbulenten Einkehr

Wie ein spielerischer Nachklang der Kirchturmspitze am Strand von Caorle muten die weißen Dreiecke der Segelboote an

15 km langen **Lido di Jesolo** zu genießen. Und die Zahl der Hotels hat die der Kirchen im Ort längst um das Zehnfache übertroffen.

Praktische Hinweise

Information

APT, Piazza Brescia 13, Jesolo, Tel. 04 21 37 06 01, Fax 04 21 37 06 06, www.turismojesoloeraclea.it

Hotel

******Delle Nazioni**, Via Padova 55, Jesolo, Tel. 04 21 97 19 20, Fax 04 21 97 19 40, www.nazioni.it. Komfortables Strandhotel mit nettem Restaurant.

Restaurant

Alla Darsena, Via Oriente 166, Jesolo, Tel. 04 21 98 00 81. Im Sommer wird auf der Terrasse serviert, besonders empfehlenswert sind die Risotti.

29 Caorle

Ein wahres Urlaubsdorado für Sonnenanbeter und Wassersportler.

Top Tipp

Caorle ist einer der bekanntesten und beliebtesten Badeorte an der Adria. Die Hausstrände, die **Spiaggia di Levante** und die **Spiaggia di Ponente** mit ihrem feinen, goldfarbenen Sand, säumen Hotels, Pensionen, Restaurants, Vergnügungszentren und Sportanlagen.

Im Zuge der *Verlandung* der Lagune verschmolz die Insel seit dem Mittelalter mit dem Festland. Und die Bedeutung der Stadt, die im frühen Mittelalter sogar Residenz eines *Patriarchen* war, verlief buchstäblich im Sand.

Der Ortskern gibt sich mit seinen kleinen Gässchen, den bunten Häusern und vielen Fischerbooten im Kanalhafen **Darsena dell'Orologio** als Postkartenidylle. Hauptsehenswürdigkeit ist der **Duomo San Stefano**, eine dreischiffige Backstein-Basilika mit rundem Campanile, die im Kern auf das 11. Jh. zurückgeht. Neben dem Kirchenportal findet man byzantinische Reliefs mit Darstellungen von Heiligen, die in die Mauer eingearbeitet wurden (12. Jh.).

Das *Innere* hat man im 14. Jh. mit Fresken ausgemalt, die teilweise noch erhalten sind. Den Hauptaltar schmückt eine **Pala d'Oro** mit byzantinischen und venezianischen Silbertreibarbeiten – eine Votivgabe, die *Caterina Cornaro*, Königin von Zypern, stiftete, nachdem sie aus Seenot errettet worden war. Weitere Kostbarkeiten kann man im **Museo di Santo Stefano** (Fr/Sa/So 20–23 Uhr), dem Kirchenschatz von San Stefano Protomartire, bewundern.

Lohnend ist eine *Bootsfahrt* von der Darsena dell' Orologio aus in die Lagune.

Ein Blick durch 16 Jahrhunderte: Fußbodenmosaik der Basilica S. Maria in Aquileia

Mit ihren Inseln, Prielen, dem Watt und den kleinen Fischerhütten aus Schilf ist sie ein landschaftliches Kleinod, geschaffen von Meer und Menschenhand.

i Praktische Hinweise

Information

APT, Calle Liburniche 11, Caorle, Tel. 0 42 18 14 01, Fax 0 42 18 42 51, www.bibionecaorle.it

Hotels

******Park Hotel Pineta**, Lungomare Trieste 25, Caorle, Tel. 0 42 18 10 90, Fax 0 42 18 15 84, www.parkhotelpineta.it. Modern ausgestattetes Strandhotel mit 40 Zimmern, Pool und Restaurant.

*****Playa Blanca**, Viale Cherso, Caorle, Tel. 04 21 29 92 82, Fax 04 21 29 92 83, www.playablanca.it. Wer Ruhe abseits vom Trubel des Badeortes sucht, ist in diesem 10 km außerhalb gelegenen Hotel gut aufgehoben.

Restaurant

Duilio, Strada Nuova 19, Caorle, Tel. 0 42 18 10 87. Die Küche ist auf die Zubereitung feinster Fischgerichte spezialisiert (Sept.–April Mo geschl.).

30 Bibione und Lignano

Dem Tourismus gewidmete Halbinseln an der nördlichen Adria.

Ein weiterer populärer Ferienort an der Adria ist **Bibione**, einst eine Ansammlung von mehreren Fischernestern, den *Bibioni*, im Mündungsdelta des Tagliamento, die zu einer Halbinsel zusammenwuchsen. Heute lockt der lebhafte Badeort mit seinem 8 km langen **Sandstrand** Jahr für Jahr Tausende von Urlaubern an.

Auf der anderen Seite des Tagliamento, der die Grenze zwischen Venetien und dem Friaul markiert, liegt **Lignano**, wie Bibione ein lebhaftes Seebad mit einer Überfülle von Hotels, Restaurants und Bars. Beschaulicher geht es im Ortsteil **Lignano Riviera** zu, der mit seinen Pinienwäldern zum Spaziergang einlädt.

Seine ursprüngliche Atmosphäre bewahrt hat sich der kleine Ort **Marano Lagunare**, der an der *Laguna di Marano* liegt und sich noch ganz dem Fischfang widmet.

i Praktische Hinweise

Information

APT, Viale Aurora 111, Bibione, Tel. 04 31 44 22 31, Fax 04 31 44 22 33, www.bibioneturismo.it

31 Aquileia

Historische Größe wird greifbar in Mauerresten, Säulenfragmenten, Mosaiken und einer grandiosen Kathedrale.

In der Antike war Aquileia eine bedeutende Großstadt mit Hafen, heute liegt es als verschlafene Kleinstadt einige Kilometer landeinwärts. 181 v. Chr. gründeten die Römer den Ort, der aufgrund seiner Küstenlage bald zu einer der wichtigsten Städte des Imperiums (ca. 100 000 Einw.) avancierte. Entsprechend prachtvoll waren seine Bauten, Villen, Paläste und Thermen. Als ›Goldene Stadt‹ titulierten die Griechen Aquileia, wo römische Kaiser residierten und der Evangelist Markus missionierte. Dieser Blütezeit bereitete die Völkerwanderung ein abruptes Ende. 452 ließ der Hunnenkönig Attila Aquileia in Brand stecken. 568 zerstörten Langobarden die neu errichtete Stadt, die bis ins 11. Jh. allein in Ruinen fortbestand. 1421 wurde Aquileia von den Venezianern erobert, Anfang des 16. Jh. bereits fiel es an die Habsburger. Erst nach dem Ersten Weltkrieg wurde die alte römische Metropole Teil des italienischen Staatsgebiets.

Spuren der Antike findet man im Umkreis der Hauptstraße *Via Giulia Augusta*, an der im 2. Jh. das **Forum** angelegt wurde. 14 zu Forumsbauten gehörige Säulen, von korinthischen Kapitellen gekrönt, hat man wieder aufgerichtet. Der ursprünglich 130 x 70 m große Platz wurde nur teilweise freigelegt, zu erkennen sind Reste der Pflasterung mit rotem Marmor. Die Ruinen des **Mausoleums** (um Christi Geburt) fand man bei dem Ort Roncolon di Fiumicello. Das Grabmal wurde an der Ecke zur *Via XXIV Maggio* wieder aufgebaut. Zwei Löwen bewachen die mit filigranen Reliefs verzierte *Grabkammer*, über der sich ein kleiner Rundtempel mit der *Togafigur* des Verstorbenen, möglicherweise ein hoher römischer Beamter, erhebt.

Am ehemaligen Hafen liegt ein weiteres *Ausgrabungsfeld*. Hier wurden die Fundamente von Lagerhäusern und die alten Kais freigelegt. Das **Museo Archeologico** (www.museoarcheo-aquileia.it, Mo 8.30–14, Di–So 8.30–19.30 Uhr) am südlichen Ende der Via Giulia Augusta zeigt interessante Fundstücke, u. a. antiken Schmuck und Glas. Die umfangreiche Sammlung ergänzt das **Museo Paleocristiana** (tgl. 9–13.30 Uhr) an der *Piazza Principe Umberto*, in dem prachtvolle Mosaiken, Reliefs, Urnen und Grabplatten gezeigt werden.

TOP TIPP Symbol der mittelalterlichen Blütezeit Aquileias ist die **Basilica S. Maria** (tgl. 9–19 Uhr), die inmitten von Bäumen an der *Piazza del Capitolo* liegt. Viele Epochen hinterließen am Dom von Aquileia ihre Spuren. Seine Anfänge gehen auf das Jahr 313 zurück. Noch vor der Erhebung des Christentums zur weströmischen Staatsreligion, noch ehe man in Rom die *Lateransbasilika*, die ›Mutterkirche‹ des Christentums, errichtete, entstand in Aquileia bereits dieser Sakralbau. In karolingischer Zeit ersetzte man ihn durch eine neue Kirche, die im 11. Jh. zu einer romanischen Säulenbasilika umgebaut und erweitert wurde. Während eines Erdbebens 1348 stürzte das Mittelschiff ein. Beim Wiederaufbau fanden nun auch gotische Elemente wie die *Scheidbögen* Eingang in die Architektur.

Ihre Berühmtheit verdankt die Basilika nicht allein ihrem Alter, sondern vor allem dem einzigartigen **Fußbodenmosaik** des 4. Jh., einer Zeit, in der die christliche Kunst noch in den Anfängen steckte. Die Figuren und Ornamente legen ein Zeugnis von der Verwandtschaft spätantiker und frühchristlicher Symbolsprache ab. Die *Fresken* im Chor stammen aus dem 11. Jh. Wunderschön ist auch die frisch restaurierte farbige Holzdecke. Unter der Apsis liegt die dreischiffige **Hallenkrypta** des 9. Jh., geschmückt mit 300 bis 400 Jahre später entstandenen Fresken. Vom linken Seitenschiff aus gelangt man über eine Treppe hinab zur frühchristlichen Kultstätte (4. Jh.), der *Cripta dei Scavi*, deren Boden ebenfalls wunderbare Mosaiken überziehen. Im Zentrum des *Battistero* (5. Jh.) vor dem Dom steht ein schönes sechseckiges Taufbecken.

i Praktische Hinweise

Information

APT, Piazza Capitolo 4, Aquileia, Tel./Fax 04 31 91 94 91

Ein brauner Teppich ist für die Besucher der Basilica S. Maria von Aquileia ausgerollt – und die Sonne wirft Schlaglichter auf die Mosaiken

32 Grado

Badeort mit vielen Kunstschätzen und einer pittoresken Altstadt.

Grado, an der Spitze einer Halbinsel gelegen, die eine kleine Lagune umschließt, und mit dem Festland durch einen *Straßendamm* verbunden, war als Seebad schon bei den Patriziern Aquileias beliebt. Als die Langobarden im 6. Jh. dort einfielen, retteten sich die Bewohner auf die Inseln der *Laguna di Grado*, wo sie eine neue Stadt, *Nova Aquileia*, gründeten, nun ein Teil des heutigen Grado. Als man im 19. Jh. die heilende Wirkung von Schlamm- und Sandbädern erkannt hatte, entwickelte sich aus dem verschlafenen Fischernest ein *internationaler Kurort*.

Die **Altstadt** von Grado konnte sich trotz dieses rasanten Aufschwungs ihren Charme bewahren, auch wenn sie heute vielerorts touristisch herausgeputzt ist. Bedeutendste Kirche ist die Basilica **Sant' Eufemia** (tgl. 7–22.30, im Winter bis 19 Uhr) aus dem 6. Jh. Den Boden des dreischiffigen Innenraums bedecken auf 700 m² **Mosaiken**, die sich zu einem prachtvollen geometrischen Muster fügen, in das vereinzelt Pflanzenmotive eingearbeitet sind. Juwel der Ausstattung ist die säulengestützte **Kanzel** (13./14. Jh.), die Reliefs mit den Evangelistensymbolen schmücken. Überfangen wird sie von einem bemalten Steinbaldachin. Frühchristliche und mittelalterliche Kultgegenstände bewahrt der *Domschatz*.

Nördlich der Basilika wurde im 5. Jh. das achteckige, sehr schlichte **Battistero** errichtet. Im Zentrum des Innenraums steht das imposante *Taufbecken*, in das Täuflinge mit dem ganzen Körper eingetaucht wurden. Die benachbarte Kirche **S. Maria delle Grazie** ist wie S. Eufemia ein frühchristlicher Bau des 6. Jh. vom Typus der Säulenbasilika, wie sie vor allem in Ravenna üblich war. Von dem Vorgängerbau der Marienkirche, einer Kapelle des 4. Jh., blieben Fundamente und der Mosaikboden im rechten Seitenschiff erhalten.

TOP TIPP Besonders reizvoll ist es, mit dem Boot die **Laguna di Grado** zu erkunden, eine melancholische Wasserwelt zwischen Land und Meer, in der sich trotz zahlreicher Eingriffe durch den Menschen nach wie vor idyllische Aus- und Einblicke auftun.

Kein Motorengeräusch soll die die Ruhe der Lagune von Grado stören

Praktische Hinweise

Information

AAST, Viale Dante 72, Grado, Tel. 04 31 87 71 11, Fax 043 18 35 09, www.gradoturismo.info

Bootsausflüge

Adriamare, Ufficio Viaggi e Turismo, Piazza Vittore Carpaccio 5, Grado, Tel. 043 18 01 88

Hotels

*****Alla Spiaggia**, Via Mazzini 2, Grado, Tel. 043 18 48 41, Fax 043 18 01 62, www.albergoallaspiaggia.it. Familiär geführtes Hotel zum Wohlfühlen, ideal für Badeferien.

*****Marea**, Via Provveditori 6, Grado, Tel./Fax 043 18 12 06, www.hotelmarea.it. Gute und sehr ruhige Unterkunft am Uferdamm, der die Altstadt zum Meer hin abschirmt.

Restaurant

Tavernetta all' Androna, Calle Porta Piccola 4, Grado, Tel. 043 18 09 50. Kreative Küche in stimmungsvollem Ambiente in der Altstadt, auch auf der Piazzetta zwischen Sant' Eufemia und S. Maria delle Grazie wird serviert (Di geschl.).

Zu friulischen Höhen – Kunstzentren vor Bergkulissen

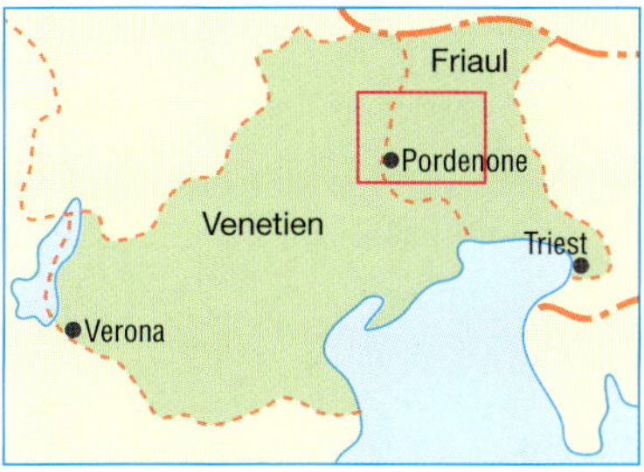

Der östliche Teil Venetiens, das Friaul, das von den Gebirgszügen der Karnischen Alpen bis zum Tiefland der Adria reicht und das Stromgebiet des Tagliamento und des unteren Isonzo umfasst, wurde 1963 mit Görz und Triest zur autonomen Region **Friaul-Julisch Venetien** (Friuli-Venezia Giulia) vereinigt. Weder in landschaftlicher noch in kultureller Hinsicht ist das Friaul, das ab 1420 zur *Terra ferma* Venedigs gehörte, von den umgebenden Regionen klar abgegrenzt. Die Baukunst in den Städten wie **Pordenone** oder **Venzone** wird im Wesentlichen durch venezianisches Stilempfinden geprägt, während in der *Karnischen Bergwelt* die architektonische Tradition der Alpenländer zum Tragen kommt, so etwa im Falle der charakteristischen *Holzbalkone*. Auch die Landschaft des Friaul mit ihren zerklüfteten Kalkfelsen, den grünen Hügelzügen, Flusstälern und Senken mit Weideland erfüllt nicht die klassischen Vorstellungen vom »Land, wo die Zitronen blühn«. Das Friaul ist vielmehr von *herber Schönheit* und vielerorts von bäuerlicher, alpenländischer Kultur geprägt. Und es ist auch keine friedliche Landschaft: 1976 wurde das Gebiet rund um den Tagliamento von einem starken *Erdbeben* erschüttert, dem viele prachtvolle Bauten des Mittelalters und der Renaissance, etwa in **Spilimbergo** oder **San Daniele del Friuli**, zum Opfer fielen.

33 Pordenone

Hauptstadt des Westfriaul und Geburtsstadt eines bedeutenden Malers.

Das Stadtbild von Pordenone ist deutlich von venezianischen Einflüssen geprägt. Ab 1508 gehörte der Ort zum Herrschaftsgebiet der Serenissima, nachdem er gut 200 Jahre lang Teil des habsburgischen Reiches gewesen war. 1483 wurde *Giovanni Antonio de' Sacchis* in Pordenone geboren, der als einer der bedeutendsten venezianischen Maler der ersten Hälfte des 16. Jh. Furore machte und sich **Il Pordenone** nannte. Mit der ungestümen Dynamik und der Robustheit der Figuren stellt sein Werk ein Bindeglied zwischen der venezianischen Hochrenaissance und dem Manierismus dar.

Die Sehenswürdigkeiten der Stadt liegen unweit des **Corso Vittorio Emanuele**, der Haupteinkaufsstraße mit ihren schönen Laubengängen. Diese führt auf die *Piazza Duomo* mit dem **Palazzo Comunale** zu, der 1291–1365 errichtet und Mitte des 16. Jh. gründlich ›venezianisiert‹ wurde. Der *Uhrturm* vor dem Palazzo erinnert an sein Vorbild auf der **Piazza San Marco** [s. S. 69]. Der Duomo San Marco, den ein romanisch-gotischer *Campanile* überragt, orientiert sich in seinem Erscheinungsbild, das er im Wesentlichen dem 15. Jh. verdankt, ebenfalls an venezianischen Vorbildern. Im saalartigen *Innenraum* hinterließ Pordenone seiner Heimatstadt das Hochaltarbild der ›Schutzmantelmadonna‹ (1515, 1. Kapelle rechts), auf dem Maria von den hll. Joseph und Christophorus flankiert wird. Unter Mariens schützendem Mantel sieht man die Familie des Auftraggebers, dessen Name nicht überliefert ist. Hinter dem Altar zeigt ein weiteres, unvollendetes Bild von Pordenone den Kirchenpatron Markus bei der Weihe eines Priesters (1533).

Praktische Hinweise

Information

APT, Via Damiani 2c, Pordenone,
Tel. 04 34 52 03 81, Fax 04 34 24 16 08

Restaurant

TOP TIPP **Vecia Osteria del Moro**, Via Castello 2, Pordenone, Tel. 0 43 42 86 58. Im Gewölbe eines mittelalterlichen Klosters findet man eines der besten Restaurants der Region, in dem Spezialitäten aus dem Veneto und Friaul serviert werden (So geschl.).

34 Spilimbergo

Das Städtchen der Spengenbergs mit einem stimmungsvollen Dom und einem prachtvollen Schloss.

Der Blick nach allen Seiten unverstellt, thront Spilimbergo auf einer Anhöhe über dem Flusslauf des Tagliamento. Der kleine Ort, der lange der Herrschaft der Kärntner Adelsfamilie *Spengenberg* unterstand, befindet sich in jenem Teil Friauls, den 1976 ein Erdbeben schwer erschütterte. Das mittelalterliche Kastell wurde gänzlich zerstört, allein der **Palazzo Dipinto** (15. Jh.) mit seinen farbenfrohen *Fresken* zeugt noch heute von der Pracht der Anlage, zu der mehrere Paläste gehörten. Der gotische **Duomo S. Maria Assunta** entstand ab 1284 im Auftrag Walterpertoldos II. von Spengenberg als Kirche des Kastellkomplexes. Die Krypta diente als *Familiengrablege*. Das prachtvolle Stufenportal an der Nordseite der Basilika, die **Porta Moresca**, wurde im 14. Jh. von Zenone da Campione, einem der berühmten Steinmetze vom Luganer See, ausgeführt.

Den spärlich beleuchteten **Innenraum** schmücken **Fresken** des 14. Jh., deren

Das verlorene Paradies Pier Paolo Pasolinis

»Ich drücke fest den Arm meiner Mutter (...) und tauche mein Gesicht in den armseligen Pelz, den sie trägt: In dem Pelz rieche ich den Duft des Frühlings, eine Mischung aus Frost und milder Wärme, aus wohlriechendem Schlamm und noch geruchlosen Blumen, den Geruch meines Zuhauses und des Landes ringsum. Dieser Geruch in dem armseligen Pelz ist der Geruch meines Lebens«, erinnert sich der Dichter und Filmemacher **Pier Paolo Pasolini** (1922–1975) an seine Mutter und an seine Heimat, den kleinen Ort **Casarsa** östlich von Pordenone. Dem Friaul, der Landschaft seiner Kindheit, blieb Pasolini zeit seines Lebens verbunden. Die bäuerliche Welt, das einfache Leben und der archaische **Katholizismus** bildeten den Nährboden, aus dem Pasolinis künstlerisches Schaffen erwuchs. »Es war eine degradierte und eine raue Welt, aber sie hatte einen Schlüssel zum Leben und zur Sprache, der durch nichts anderes zu ersetzen ist«, beschrieb er in einem Interview 1975 die inspirierende Kraft des Friaul, das für Pasolini in der zweiten Hälfte seines Lebens die Züge eines verlorenen Paradieses annahm. Nach Bekanntwerden seiner Homosexualität wurde der junge Lehrer vom Schuldienst in Casarsa suspendiert. Das Leben im Ort geriet für Pasolini und seine Mutter mehr und mehr zur Hölle, bis die beiden in die Anonymität der Metropole **Rom** flüchteten. Das Elend der Vorstädte wurde für Pasolini zur ernüchternden Inspiration für sein schonungslos gesellschaftskritisches filmisches Werk. 1975 wurde der Autor von ›Teorema‹ und ›Una vita violenta‹, der Regisseur von ›Accattone‹ und ›Edipo Re‹ von dem Strichjungen Pino Pelosi in der Nähe des Strandes von Ostia ermordet. Pasolinis Mutter sorgte dafür, dass er auf dem Friedhof von Casarsa beigesetzt wurde – und dass sie selbst ihre letzte Ruhestätte neben ihrem Sohn fand.

Ausführung darauf hindeutet, dass sie aus dem Umkreis des Vitale da Bologna stammen, der an der Ausschmückung des Doms von Udine beteiligt war [s. S. 108]. Die *Kreuzigungsszene* zwischen den Fenstern der linken Chorwand entstand erst im 15. Jh. und lässt mit ihrem dramatischen Pathos auf einen nordischen Künstler schließen. Die *Orgelflügel* wiederum bemalte 1524/25 Pordenone mit einem Freskenzyklus, dessen Formen und Figuren sich bereits manieristisch überhöht zeigen.

In Spilimbergo wie in den anderen Orten am Tagliamento sind noch überall die Spuren der verheerenden Erdstöße von 1976 zu sehen. Auch die Gegend um den Domplatz musste von Grund auf neu gestaltet werden, wodurch viel von ihrem alten Charme verloren ging.

i Praktische Hinweise

Hotel

******President**, Via Cividale, Spilimbergo, Tel. 0427 51 00 2, Fax 04 27 92 88 33, www.grandhotelpresident.it. Geschmackvoll eingerichtete Zimmer, gutes Preis-Leistungs-Verhältnis.

Restaurant

Da Afro, Via Umberto I 14, Spilimbergo, Tel. 04 27 22 64. Schweinekoteletts mit Wirsing, Gerstensuppe mit dicken Bohnen oder Gesottenes – Deftiges aus der friulischen Küche bietet hier die Speisekarte, und alles ist vorzüglich zubereitet.

Ein lebendiges Bildzeugnis spätmittelaterlicher Kunst – die bunten Fresken am Palazzo Dipinto von Spilimbergo

35 San Daniele del Friuli

Geburtsort des Renaissancemalers Pellegrino San Daniele und Stadt des Schinkens.

Schon von weitem sieht man San Daniele del Friuli hoch über der Ebene auf einem Moränenhügel liegen. Die Altstadt musste nach dem Erdbeben von 1976 vollständig rekonstruiert werden und mutet heute mit den neuen ›alten‹ Häusern, dem neuen ›spätbarocken‹ Duomo San Michele Arcangelo und der neuen ›alten‹ Rathausloggia unwirklich an. Die bedeutendste Kirche der Stadt, **Sant'Antonio Abate** (15. Jh.), überstand die Erdstöße weitgehend unbeschadet. In ihrer Architektur folgt sie dem Typus der spätgotischen *Saalkirche*. Blickfang der breit gelagerten Fassade ist das prachtvolle, mit Skulpturen geschmückte Portal. Der **Innenraum** birgt einen großen, sehr fein ausgearbeiteten *Freskenzyklus* (1498–1522) des Pellegrino San Daniele, neben Pordenone der herausragende Renaissancemaler des Friaul.

Auf dem Weg nach Gemona del Friuli kündigt sich schon von fern, exponiert vor hohen Bergmassiven thronend, das **Castello di Colloredo di Monte Albano** an. Durch das große Erdbeben wurde die prachtvolle Wohnburganlage des

Ein Schinken geht um die Welt

Schon seit dem Mittelalter genießt San Daniele del Friuli wegen seines luftgetrockneten Schinkens **Prosciutto di San Daniele** weithin Berühmtheit. Bis nach Rom wurde er bereits damals geliefert, und auch venezianische Beamte pflegte man in San Daniele mit Schinken und Würsten aus eigener Produktion zu bestechen. Ihren feinen Geschmack verdankt die kulinarische Spezialität einerseits ihrer besonderen Herstellungsweise: Mit sizilianischem **Meersalz** bestrichen, wird das Schweinefleisch 14 bis 16 Monate lang an der Luft getrocknet. Für das **zarte**, **süßliche Aroma** sorgt das spezifische Klima San Danieles, in dem sich trockene und feuchte Perioden beständig abwechseln. Die beste und größte Auswahl an San-Daniele-Schinken bietet die geradezu betörende **Prosciutteria Al Bersagliere** gleich neben dem Duomo San Michele Arcangelo.

17. Jh. stark in Mitleidenschaft gezogen – der Freskenzyklus, mit dem Giovanni da Udine die Innenräume ausgeschmückt hatte, ist unwiederbringlich verloren. Wie vielerorts im Erdbebengebiet wurde künstlerische Qualität auch hier einem schnellen Wiederaufbau geopfert, und auf diese Weise hat das Castello leider viel von seiner authentischen baulichen Kraft eingebüßt.

i Praktische Hinweise

Information

APT, Via Roma, San Daniele del Friuli, Tel./Fax 04 32 94 07 65

Hotel

*****Alla Torre**, Via del Lago 1, San Daniele del Friuli, Tel./Fax 04 32 95 45 62, www.hotelallatorrefvg.it. Einfache, aber charmante Unterkunft im Zentrum.

Restaurant

Al Ponte Antica Osteria, Via Tagliamento 13, San Daniele del Friuli, Tel. 04 32 95 49 09. Traditionsreiche Osteria. Neben dem Schinken sind vor allem die Zucchini-Gnocchi zu empfehlen. Im Sommer wird auch in der Gartenlaube serviert (Mo und Di geschl.).

36 Gemona del Friuli und Venzone

Zwei alte Handelsstädte am Tagliamento.

Die kleinen Städte Gemona del Friuli und Venzone waren nach der Erdbebenkatastrophe am 6. Mai 1976 mit einem Mal nur mehr Geschichte. Kein Stein blieb hier, in unmittelbarer Nähe des Epizentrums, auf dem anderen. Mit viel Motivation und Engagement sind die beiden Ortskerne bis heute wieder so weit rekonstruiert worden, dass sich die einstige Bedeutung der Handelsstädte an der alten Trasse der *Via Augusta* erahnen lässt, die am Ufer des Tagliamento entlang nach Norden führte.

In **Gemona del Friuli** überstand glücklicherweise der **Duomo S. Maria delle Pieve** das Erdbeben, ohne irreparablen Schaden zu nehmen. Allein das rechte Seitenschiff und der Campanile stürzten ein. Die im Kern auf das 13. Jh. zurückgehende Kirche erhebt sich vor einem schroff abfallenden Felsen. Blickfang der **Fassade** ist eine 7 m hohe Figur des hl. Christophorus, des Schutzheiligen der Reisenden. Einzigartig in Italien ist die *Königsgalerie* über dem Portal, in deren Mitte Maria gleichsam als Himmelskönigin thront, flankiert von den Heiligen Drei Königen, rechter Hand schlafend, linker Hand in Anbetung des Jesusknaben dargestellt. Drei prachtvolle *Fensterrosetten* vervollständigen die Schaufassade. Der *Innenraum* wurde im 19. Jh. grundlegend erneuert, von der ursprünglichen Ausstattung sind allein das Kreuzigungsfresko in der Krypta und das hölzerne Antependium (beide 14. Jh.) erhalten.

Bei der Restaurierung des historischen Zentrums von **Venzone**, das nach dem

Ist man nun in Bayern oder in Italien? In manchen Regionen der Karnischen Alpen kann man darüber schon ins Zweifeln geraten

Anschluss an Venedig 1420 zur Grenzfestung ausgebaut wurde, kam dem **Duomo Sant'Andrea Apostolo** größte Aufmerksamkeit zu, der 1976 im Chorbereich und auf der Südseite schwer beschädigt worden war. Stein für Stein hat man den Dom wieder aufgebaut, sodass er die Besucher mit seinen drei üppig verzierten romanischen *Portalen* wieder so empfängt wie zur Zeit seiner ersten Fertigstellung um 1300. Auch der **Palazzo Comunale** (1390–1410) mit dem kleinen, venezianisch inspirierten Uhrturm erstand wieder aus den Trümmern.

Praktische Hinweise

Restaurant

TOP TIPP **Caffè Vecchio**, Via Mistruzzi 2, Venzone, Tel. 04 32 98 57 91. Gute Weine, fantasievoll zubereitete Gerichte sowie eine freundliche Atmosphäre machen den Reiz dieser Osteria aus.

37 Tolmezzo

Der Hauptort der Karnischen Alpen prunkt mit einer reizvollen Altstadt.

Am Zusammenfluss von Tagliamento und But liegt Tolmezzo. In den Annalen taucht die Stadt erstmals im 12. Jh. auf. Damals war sie Außenposten des Herrschaftsgebiets der Patriarchen von Aquileia. Ende des 15. Jh. bildete sich hier in der Abgeschiedenheit der Karnischen Alpen die **Schule von Tolmezzo** heraus, deren Vertreter – Maler wie Gianfrancesco da Tolmezzo und Holzbildhauer wie Giovanni Martini – venezianische Tradition mit nordischen Elementen verbanden. Alpenländisch zeigt sich die schöne **Altstadt** mit ihren Laubengängen, den einladenden Gasthäusern und dem **Duomo San Martino** (1750–64) mit einem barocken Bilderzyklus von Nicola Grassi. Alltagsleben und Brauchtum in dieser Region dokumentiert in zahlreichen Ausstellungsstücken vorbildlich das **Museo Carnico delle Arti Populari** (Tel. 04 33 43 32 33, Di–So 9–12 und 15–18 Uhr) an der Piazza Garibaldi.

Ausflüge

Tolmezzo eignet sich gut als Ausgangspunkt für Ausflüge in die Täler der *Alpi Carniche*, der Karnischen Alpen, mit ihren kleinen Dörfern, in denen noch deutsch-österreichische Kultur lebendig ist, die mit den Habsburgern hierher kam. In **Sauris di Sopra** im *Val Lumiei* wird beispielsweise heute noch ein altbayerischer Dialekt gesprochen.

Ein weiterer Ausflug führt nach **Zuglio**, ins römische *Julium Carnicum*, das Julius Caesar 50 v. Chr. als äußersten Vorposten des Römischen Reiches gegen die Völker jenseits der Alpen befestigen ließ. Ausgrabungsfunde aus jener Zeit sind im **Civico Museo Archeologico Julium Carnicum** (Di–So 9–12 und 15–18 Uhr) in der Via Roma zu sehen.

Praktische Hinweise

Information

IAT, Piazza XX Settembre 9, Tolmezzo, Tel. 04 33 44 48 98, Fax 04 33 46 78 73

Die Ebene des Friaul – im Grenzgebiet der Kulturen

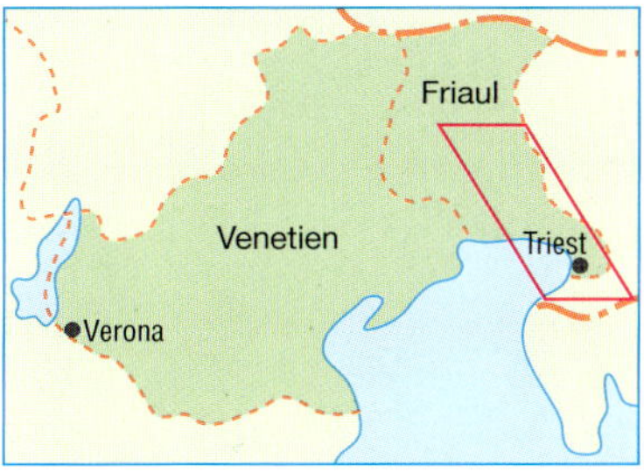

Wie das Veneto ist auch das Friaul zu weiten Teilen eine Ebene zwischen Bergen und Meer. Allein nördlich von **Udine**, der eleganten, venezianisch geprägten Metropole, erheben sich ein paar Hügel, gekrönt von einer Burg oder von kleinen Ortschaften. Endlose Reihen von *Weinstöcken*, die sich mit Maisfeldern abwechseln, bestimmen das Landschaftsbild und lassen es wie ein großes wiederkehrendes Muster erscheinen, das nur von den knorrigen *Maulbeerbäumen* unterbrochen wird, die an vielen Feldrainen wachsen. Im Osten des Friaul hingegen gewinnt die Landschaft allmählich an Dramatik, wird sie von Vegetation und Gesteinsformationen schärfer akzentuiert. Während sich die Hügelketten der **Colli Orientali** sanft bis zu den Slowenischen Alpen wellen und sich mit ihren Pinien und Zypressen wie eine bukolische Landschaft ausnehmen, erinnern die schon steiler ansteigenden Hügel des **Collio** mit ihren Tannen eher an nördlichere Regionen. In **Cividale del Friuli**, der alten Hauptstadt des *Langobardenreichs*, ist in den Steinmetzarbeiten des *Tempietto Langobardo* eine längst vergangene, Stein gewordene kulturelle Blütezeit zu bewundern.

Ganz im Osten endet das Friaul im **Karst**, den zerklüfteten und zerfurchten Gebirgsketten aus mürbem Kalkstein, die der *Adriaküste* östlich der Mündung des Isonzo ihr Gepräge geben. Hier, an der Schnittstelle der Kulturen, liegt die Hafenstadt **Triest**, geprägt von habsburgischer Vergangenheit und beseelt von slawischer sowie italienischer Lebensart.

38 Udine *Plan Seite 106*

Die venezianischste unter den Städten des Friaul lädt zum Bummel über prächtige Plätze, durch stimmungsvolle Arkadengänge und verwinkelte Gassen.

Udine bereitet seinen Besuchern einen freundlichen Empfang. Die Stadt, die sich um einen Moränenhügel erstreckt, der das Castello trägt, bezaubert mit ihren kleinen *Osterie* und eleganten Geschäften – mit gemächlicher, stilvoller *Lebensart*. Alpenländische und venezianische Einflüsse prägen das Stadtbild und sorgen für eine spannungsvolle Atmosphäre.

◁ *Alte Hauptstadt Venetiens, langobardische Kapitale – Cividale del Friuli inmitten der dicht bewaldeten Berge im Grenzgebiet zu Slowenien*

Erstmals tauchte Udine im Jahr 983 in den Annalen der Geschichtsschreiber auf, als Otto II. den Patriarchen von Aquileia die Burg über der Stadt überließ. Doch erst im Hochmittelalter sollte sich aus der kleinen Häuseransammlung um das *Castello* eine Stadt von einiger Bedeutung entwickeln. Nachdem Kaiser Friedrich II. Udine 1223 das *Marktrecht* verliehen hatte, verlegte der Patriarch Berthold von Andechs seinen Sitz von Cividale nach Udine und setzte damit ein Signal für den städtebaulichen *Aufschwung*. 1420 fiel Udine mit dem gesamten Friaul an Venedig, dessen Hegemonie es bis zum Ende der Markusrepublik 1797 unterstand. Udine avancierte zur bedeutendsten venezianischen Stadt im Friaul, eine Entwicklung, die sich in der Errichtung zahlreicher repräsentativer Bauten manifestierte. Heute ist die wohlhabende Stadt beliebtes Einkaufsziel für Besucher aus dem ganzen Ostfriaul.

Wie ein eleganter urbaner Salon präsentieren sich die Arkadengänge an Udines intimer Piazza della Libertà ▷

Piazza della Libertà und Castello

Der schönste und, was seine Anlage betrifft, ungewöhnlichste Platz Udines ist die **Piazza della Libertà** 1. Vor allem im sanften Licht des beginnenden Abends entfaltet sich so etwas wie Bühnenatmosphäre auf dem Platz, dessen Bauten die eleganten Kulissen voll venezianischer Pracht für die flanierenden und parlierenden Menschen bilden. In Anlehnung an die Piazza San Marco [s. S. 68] baute man die **Torre dell' Orologio**, die filigrane **Loggia del Lionello**, die als Rathaus diente und nach den Plänen des Goldschmieds Nicolò Lionello entstand (1448–57), die Loggia des **Porticato San Giovanni** am Fuß des Berghangs sowie den *Brunnen* an der südlichen Schmalseite der Piazza. Kraftstrotzende *Barockstatuen* von Herkules und Kakus, Säulen mit dem Markuslöwen und einer Personifikation der Gerechtigkeit verleihen der Piazza Festlichkeit.

Einen schönen Gesamtüberblick gewinnt man vom Castello aus, zu dem ein gotischer Laubengang hinaufführt. Man

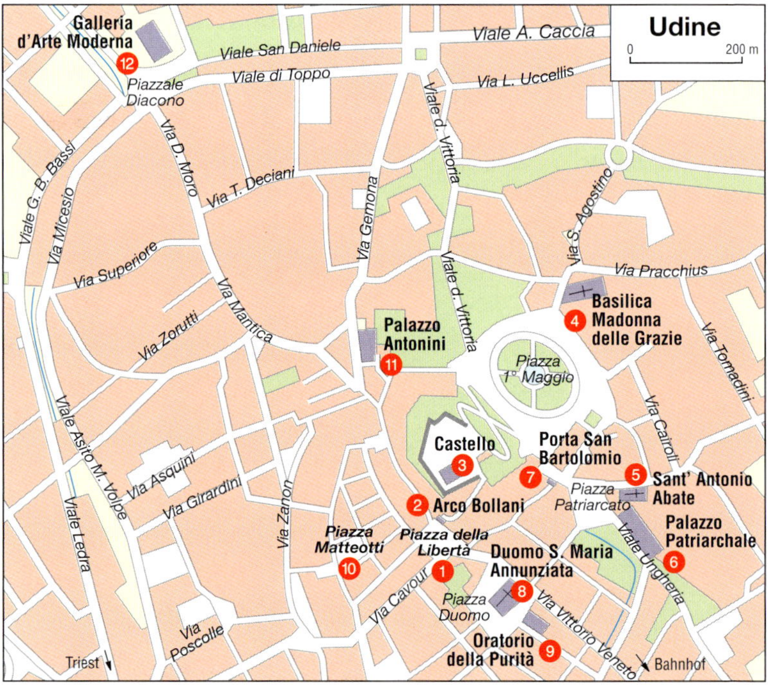

betritt ihn durch den **Arco Bollani** ❷, einen nach Andrea Palladios Plänen 1556 errichteten Triumphbogen. Das **Castello** ❸ selbst, ein kubischer, schmuckloser Bau, war 1517 ursprünglich als Vierflügelanlage konzipiert worden, doch zogen sich die Arbeiten so sehr in die Länge, dass schließlich nur ein Flügel fertig gestellt wurde. In der Burg ist heute das **Museo Civico** (Di–Sa 9.30–12.30 und 15–18, So 9.30–12.30 Uhr) mit einer archäologischen Sammlung und der *Pinakothek* mit Werken friulanischer und venezianischer Meister untergebracht. In der **Sala Grande**, in der die Mitglieder des Stadtparlaments zusammenkamen, ist noch die ursprüngliche Ausstattung des 16. Jh. mit glorifizierenden Fresken der beiden Udineser Maler Pomponio Amalteo und Giovanni-Batista Grassi zu bewundern.

Die Burgkirche **S. Maria di Castello** ist das älteste Gotteshaus Udines und geht im Kern auf das 6. Jh. zurück. Aus dem 13. Jh. stammen einige *Fresken* in den Apsiden, die sich in ihrem strengen Gestus noch ganz der byzantinischen Kunst verpflichtet zeigen. Die doppelstöckige *Renaissancefassade* ist ein Werk des 16. Jh.

Hinter dem Castello erstreckt sich die große Rasenfläche des Burgplatzes, an dem sich einst das Stadtzentrum Udines befand, der heute aber infolge zahlloser baulicher Veränderungen seiner ursprünglichen Architektur beraubt ist.

Rund um die Piazza Primo Maggio

Steigt man zur *Piazza Primo Maggio* hinunter, erreicht man an ihrer Nordostseite die **Basilica Madonna delle Grazie** ❹, eine Wallfahrtskirche, die ihr Erscheinungsbild weitgehend dem 18. Jh. verdankt. Den *Innenraum* schmücken Bilder lokaler Maler, herausragend eine ›Madonna mit Kind und Heiligen‹ (1522) von Luca Monteverde. Über die *Via Verdi* gelangt man zur Kirche **Sant' Antonio Abate** ❺, für deren prachtvolle, deutlich nach palladianischen Vorgaben gestaltete Fassade Giorgio Massari 1731 die Pläne lieferte. Der **Palazzo Patriarchale** ❻ gleich neben der Kirche ist in weiten Teilen ebenfalls ein Werk des 18. Jh. und entstand im Auftrag des selbstbewussten Patriarchen Dionisio Dolfin, der in Sant' Antonio Abate beigesetzt ist. Für die künstlerische Ausgestaltung seiner Residenz gewann Dolfin

Sommerresidenz des letzten Dogen und Domizil des großen Korsen – die Villa Manin

u. a. den jungen *Giambattista Tiepolo*, dessen Fresken nunmehr die 1995 hier eingerichteten Räume des **Museo Diocesano** (Mi–So 10–12 und 15.30–18.30 Uhr, www.musdioc-tiepolo.it) schmücken. Im *1. Obergeschoss* findet man zahlreiche Exponate, die die Entwicklung der friulanischen Schnitzkunst des 13.–18. Jh. dokumentieren. Im *2. Obergeschoss* liegen die prachtvoll ausgestatteten Repräsentationsräume des Patriarchen. Tiepolo arbeitete hier 1727–30 und schuf die **Fresken** zum ›Urteil Salomos‹ im kirchlichen Gerichtssaal, der *Sala Rossa*, einige der Patriarchenporträts in der *Sala del Trono* sowie die Szenen aus dem Alten Testament, die die anschließende *Galleria* schmücken. Sie stellen übrigens den ersten großen Freskenzyklus Tiepolos dar. Für die Decke des Treppenhauses gestaltete Tiepolo bereits 1726 einen farbenprächtigen ›Engelssturz‹ mit Trompe-l'œil-Elementen. Zudem bewahrt das Museum die wertvolle Bibliothek des Hausherren Manin. Durch die *Via Manin* mit der **Porta San Bartolomio** 7, einem Rest der Stadtmauer des 13. Jh., gelangt man anschließend zum Dom.

Duomo S. Maria Annunziata 8

Der Duomo S. Maria Annunziata wurde um 1400 vollendet, im 20. Jh. jedoch stark verändert. Blickfang der streng symmetrischen Fassade ist das schöne *Portal* mit Figurenschmuck, das ebenso wie das Seitenportal, die *Porta dell' Incoronazione*, von einem deutschen Meister des späten 14. Jh. geschaffen wurde. Der wuchtige *Campanile* erhebt sich unüblicherweise über dem Battistero (15. Jh.).

Der **Innenraum** des Doms wurde im 18. Jh. mit Stuckfiguren, Malerei und Schmuckwerk barock ausgestaltet. Auch Tiepolo war an den Arbeiten beteiligt und schuf die *Altarbilder* der ›hll. Hermagoras und Fortunatus‹ (1737) und der ›Heiligen Dreifaltigkeit‹ (1738). In der *Cappella del Sacramento* malte er bereits 1726 von großer Bewegtheit erfüllte Engel und Putten in Untersicht sowie Szenen aus dem Leben Abrahams in Grisaille-Technik.

Ein Teil des Doms ist als **Museo del Duomo** (Di–Sa 9–12 und 16–18, So 16–18 Uhr) zugänglich. Zu ihm gehört die Cappella San Nicola, deren Prunkstück die *Fresken* Vitale da Bolognas mit Szenen aus der Vita des Heiligen Abraham (1348–50) sind.

An der Nordseite des Doms schließt sich das **Oratorio della Purità** 9 an, ein als Theater errichteter kleiner Bau (18. Jh.). Mitte des 18. Jh. verfügte der Patriarch Daniele Dolfin schließlich seine sakrale Bestimmung und ließ ein Oratorium zur religiösen Erziehung junger Mädchen einrichten. Abermals wurde der mittlerweile berühmte *Tiepolo* nach Udine gerufen, ein Glücksfall, denn der Maler schmückte die Decke des Oratorio mit einem Meisterwerk, der ›Himmelfahrt Mariens‹ (1759).

Piazza Matteotti und Umgebung

Über die *Piazza della Libertà* sowie die *Via Mercatovecchio* mit einigen prächtigen Bürgerhäusern aus dem 16. und 17. Jh. gelangt man zur **Piazza Matteotti** ⑩, einem malerischen Ensemble schmaler Häuserfassaden, die den alten Marktplatz Udines umschließen. Auf reizvolle Weise vermengen sich auf der Piazza alpenländische und venezianische Einflüsse. Blickfang ist die prachtvolle, plastisch überschwänglich ausgearbeitete Fassade von **San Giacomo**, die 1525–33 nach einem Entwurf von Bernardino da Morcote entstand, gut ein Jahrhundert nach Vollendung der Kirche. Das **Oratorio** (18. Jh.) nebenan greift die Formensprache der Fassade von San Giacomo auf. Folgt man nun der *Via Mercatovecchio* nach Norden, gelangt man über die *Via Gemona* zum **Palazzo Antonini** ⑪, der 1556 nach Plänen Andrea Palladios errichtet wurde. Prägend blieb für den imposanten Stadtpalast allerdings nur Palladios klassisches Grundkonzept, da man letztendlich recht freizügig mit seinen Entwürfen umging.

Am nordwestlich gelegenen *Piazzale Paolo Diacono* ist die **Galleria d' Arte Moderna** ⑫ (Tel. 04 32 29 58 91, Di–Sa 9.30–12.30 und 15–18 Uhr, So nur Vormittags) mit ihrer lokal ausgerichteten Sammlung von Malerei und Skulptur des 20. Jh. zu finden.

Ausflug

Südwestlich von Udine liegt der kleine Ort **Passariano**, in dem die Familie Manin kurz nach ihrer Nobilitierung Mitte des 17. Jh. eine großartige Villa errichten ließ. Vor der schmucklosen, klar gegliederten Fassade der **Villa Manin** (wwww.villamanincontemporanea.it, Di–So 9–12.30 und 15–18 Uhr) hebt sich effektvoll eine ganze Reihe von *Statuen* ab, Werke Giuseppe Torrettis, des herausragenden venezianischen Bildhauers des 18. Jh. In diesem weitläufigen Herrenhaus, dessen *Ehrenhof* in Aussehen und Größe an Berninis Petersplatz erinnert, verbrachte der letzte Doge Venedigs, Lodovico Manin, die heißen Sommermonate. Nach dessen Abdankung 1797 bezog Napoleon die Villa und bemerkte schnöde, sie sei zu groß für einen Grafen, doch zu klein für einen König. Am 18. Oktober desselben Jahres unterzeichnete Napoleon hier den *Friedensvertrag* mit den Habsburgern, durch den das Friaul an Österreich fiel. Heute finden hier Wechselausstellungen moderner Kunst statt.

Praktische Hinweise

Information

APT, Piazza Primo Maggio 7, Udine, Tel. 04 32 29 59 72, Fax 04 32 50 47 43

Hotels

******Astoria Italia**, Piazza XX Settembre 24, Udine, Tel. 04 32 50 50 91, Fax 04 32 50 90 70, www.hotelastoria.udine.it. Ein klassizistischer Palazzo mit allem Komfort an einer schönen Piazza im Zentrum.

*****La' di Moret**, Viale Tricesimo 276, Udine, Tel./Fax 04 32 54 50 96, www.ladimoret.it. Ansprechendes Hotel im Grünen mit Restaurant, Swimmingpool und Tennisplatz.

Restaurants

Al Passeggio, Viale Volontari della Libertà 49, Udine, Tel. 043 24 62 16. Lasagne mit grünem Spargel und Zucchini, Pasta mit Perlhuhn oder Lammkotelett mit Thymian sind nur einige Highlights der verführerischen Speisekarte.

Al Vecchio Stallo, Via Viola 7, Udine, Tel. 043 22 12 96. In der alten Poststation von Udine gibt es köstlich zubereitete Spezialitäten des Friaul.

Was der Abend wohl noch bringen mag? Auf der Piazza Matteotti von Udine

39 Cividale del Friuli

Langobardenstadt mit herrlichen Kunstwerken und Baudenkmälern.

Cividale ist eine Gründung Julius Caesars (um 50 v.Chr.) und nannte sich viele Jahrhunderte lang *Forum Iulii*. Nach der Zerstörung Aquileias stieg es zur *Hauptstadt Venetiens* auf. Es war daher nur nahe liegend, dass die **Langobarden**, nachdem sie über das Isonzotal in Oberitalien eingefallen waren, 568 die römische Hauptstadt der Region auch zur Kapitale ihres eigenen Herzogtums ausriefen. Den Namen Forum Iulii, aus dem später italienisch ›Friuli‹ werden sollte, übertrugen sie dabei auf ihr gesamtes Herrschaftsgebiet. Für Cividale begann mit der Ankunft der Langobarden eine 200-jährige *Blütezeit*, von der zahlreiche Baudenkmäler zeugen. 737 verlegten auch die Patriarchen von Aquileia ihren Sitz von Cormòns nach Cividale, wodurch die Stadt abermals an Bedeutung gewann. Dieses Privileg musste Cividale schließlich im 13. Jh. an Udine abgeben. Es wurde ruhiger um die alte Hauptstadt, die erst im 17. Jh., unter den Venezianern, in neuem Glanz erstrahlte. Noch heute steht das gut 11000 Einwohner zählende Städtchen ganz im Zeichen seiner langobardischen Vergangenheit.

Im Zentrum Cividales erhebt sich an der Piazza del Duomo der **Duomo S. Maria Assunta**. Die schlichte Fassade entstand in zwei Bauabschnitten. Der erste fiel in die Zeit der Gotik, aus der noch das Spitzbogenportal stammt. Die zweite Bauphase unter der Leitung *Pietro Lombardos* war von der Renaissance geprägt, der die Kirche den oberen Fassadenabschnitt mit den schön geschwungenen Voluten und dem Dreiecksgiebel verdankt. Im Geiste der Renaissance präsentiert sich auch der dreischiffige **Innenraum** mit einer reichen Ausstattung, deren Schmuckstück die große *Silberschmiedearbeit* (12./13. Jh.) im Zentrum des Hochaltars ist. Vom rechten Seitenschiff gelangt man in das **Museo Cristiano** (tgl. 9.30–12 und 15–19 Uhr), dessen Sammlung neben byzantinisch geprägten Fresken des 11.–14. Jh. auch den berühmten **Ratchis-Altar** umfasst, den der gleichnamige Langobardenherzog Mitte des 8. Jh. für die Kirche San Giovanni stiftete. Die üppigen, naiv gegenständlichen *Reliefs* sind ebenso Zeugnis langobardischer Steinmetzkunst wie das mit Reliefplatten geschmückte achteckige *Taufbecken* des Patriarchen Callixtus aus dem 8. Jh. Ergänzt wird der Überblick über die langobardische Kunst durch die Sammlung des **Museo Archeologico Nazionale** (Di–So 9–19 Uhr), das ebenfalls am Domplatz, im *Palazzo dei Provveditori*, zu finden ist. Für die originelle, spannungsreiche Architektur des Palastes zeichnet Andrea Palladio verantwortlich. Das Museum beherbergt einen der größten Bestände an Kunstwerken und Gebrauchsgegenständen der ›Langbärte‹. Darüber hinaus sind zahlreiche Funde aus der Römerzeit zu sehen, die das Bild von Cividales großer Vergangenheit abrunden. Mittelalterliche und neuzeitliche Kunst zeigt das Museum im **Palazzo de' Nordis** (Di–So 9.30–12 und 15–18.30 Uhr) an der Nordwestseite der Piazza del Duomo, vor allem Malerei des 16. Jh. von Pordenone und Pellegrino San Daniele u. a. Folgt man der *Via Paolino d' Aquileia* nach Süden, gelangt man zum Wahrzeichen Cividales, dem imposanten **Ponte del Diavolo**, der den *Natisone* überspannt. Die Pracht des Bauwerks verlangte geradezu nach einer legendären Entstehung, und so erzählt man sich, dass es der Teufel höchstpersönlich war, der die Brücke in einer einzigen Nacht errichtete, in ungeduldiger Erwartung des ersten Passanten, dessen Seele er sich bemächtigen wollte. Doch die Einwohner Cividales durchschauten das Teufelswerk und schickten eine Katze über die Brücke. Die Annalen weisen Erhard von Villach als profanen Baumeister aus, der 1452 die zwei Bögen der Brücke vollendete.

Cividales faszinierendstes Bauwerk ist der **Tempietto Longobardo** (tgl. 9–12.30 und 15–19 Uhr), der im 8. Jh. am Steilufer des Natisone errichtet wurde. Das von außen unauffällige Oratorium, möglicherweise eine *Hofkapelle* der Langobardenkönige, entfaltet im Innern einzigartige Pracht, obgleich von der ursprünglichen Ausstattung allein die Westwand vollständig erhalten blieb. Sechs weibliche, in lange Gewänder gekleidete *Kalkstuck-Figuren* flankieren eine üppig verzierte Fensteröffnung, der sie sich mit weisender Geste zuwenden. Darunter wölbt sich ein wunderschönes filigranes *Flechtwerk* aus Weinlaub und Trauben. Die ältesten der in byzantinischer Tradition ausgeführten Fresken stammen aus dem 8. Jh. Zu dieser Zeit entstanden auch die Blattwerkkapitelle der Säulen, durch

Als wäre der Stein unter den Händen der langobardischen Meister ganz weich geworden – filigrane Bildhauerkunst im Tempietto Langobardo

die der Chor des Tempietto in drei Schiffe unterteilt wird.

Ausflug

Mit einer besonders reizvollen Route lockt der Ausflug von Cividale nach **Castelmonte** im Grenzgebiet zu Slowenien. Die Straße, die an vielen Stellen herrliche *Ausblicke* bietet, säumen kleine Kapellen, die Pilger auf das Marienheiligtum der Stadt einstimmen, die zu den ältesten und bedeutendsten Wallfahrtsstätten Italiens gehört. Schon im 12. Jh. kamen Pilger an den spektakulär vor der Gebirgskulisse der *Julischen Alpen* liegenden Ort, dessen Besuch im 13. und 14. Jh. mit großzügigen Ablässen verbunden war. Verehrt wird heute in der Kirche **S. Maria di Castelmonte** (16./17. Jh.) ein *gotisches Gnadenbild*, eine sitzende Madonna mit Kind, die in der ersten Hälfte des 15. Jh. gefertigt wurde. Ein buntes Zeugnis der Volksfrömmigkeit aus sechs Jahrhunderten ist die große, vielseitige *Sammlung von Votivbildern*, die in der Wallfahrtskirche zu bewundern ist.

i Praktische Hinweise

Information

APT, Piazza Paolo Diacono 9, Cividale del Friuli, Tel. 04 32 71 04 60, Fax 04 32 71 04 63

Hotel

*****Roma**, Piazza Picco 14 a, Cividale del Friuli, Tel. 04 32 73 18 71, Fax 04 32 70 10 33, www.hotelroma-cividale.it. Zentral gelegenes Haus mit allem Komfort, gutes Preis-Leistungs-Verhältnis.

Restaurant

Taverna Longobarda, Via Monastero Maggiore 5, Cividale del Friuli, Tel. 04 32 73 16 55. Besonders zu empfehlen sind die hausgemachten Kürbis- und Kartoffelgnocchi. Daneben gibt es eine große Auswahl an Fleischgerichten (Di Abend und Mi geschl.).

40 Colli Orientali und Collio

Die Weinbauzentren Nordostitaliens.

Rebterrassen säumen den Weg von Cividale nach Cormòns. Zunächst rückt rechts von der Straße die **Rocca Bernarda** ins Blickfeld, eine wehrhafte Villa des 16. Jh. mit trutzigen Ecktürmen. Wer Wein aus dem berühmten Anbaugebiet der **Colli Orientali** einkaufen möchte, findet hier eine große Auswahl: überwiegend leichte Rotweine aus den Rebsorten Cabernet Sauvignon und Merlot und die erstklassigen weißen Sauvignons, Chardonnays, Pinot Grigios und Ribolla Giallas des östlichen Friaul.

Im Süden grenzen die Colli Orientali an den **Collio**, eine Hügelkette, die sich bis

An den sonnenbeschienenen, wohltemperierten Hügeln des Collio gedeihen einige der besten Weißweine Italiens

nach Slowenien zieht und in der ein ungleich raueres Klima herrscht als in den lieblichen Colli Orientali. Auch der Collio ist ein berühmtes Weinbaugebiet. Sein Zentrum ist **Cormòns** zu Füßen des *Monte Quarin*. Alle Weine der Region ebenso wie andere regionale Spezialitäten findet man in der *Enoteca Regionale* (Mi–Mo 10.30–13.30 und 17–21.30 Uhr, Tel. 04 81 63 03 71) an der Piazza XXIV Maggio 22 gleich neben dem Rathaus.

41 Gorizia

Grenzstadt mit einem mächtigen Kastell.

Rebhänge begleiten auch die Weiterfahrt von Cormòns ins nahe **Gorizia** an der slowenischen Grenze. Die Stadt, die im Mittelalter den bayerischen *Grafen von Görz* unterstand, war lange Zankapfel zwischen Venezianern und Habsburgern, fiel 1514 aber endgültig an Österreich. Seit 1918 gehört Görz zu Italien. Jenseits der Grenze gründete Josip Tito nach 1945 das neue Görz, *Nova Gorica*. Von der einstigen kulturellen Vielfalt der alten Grenzstadt ist im Stadtbild von Gorizia nicht mehr viel zu sehen. Ein Großteil der Bauwerke wurde im Ersten Weltkrieg zerstört, und der Wiederaufbau erfolgte im nationalen Geist der *Italianità*. In der Zeit des Faschismus wurden zahlreiche Gebäude klassizistischen Zuschnitts errichtet, die bis heute gerade das Stadtbild des Zentrums von Gorizia prägen.

Hoch über der Stadt thront das Castello inmitten des alten **Borgo Castello**. Den Beginn des Fußwegs auf den Hügel markiert die **Porta Leopoldina** (17. Jh.), hinter der gleich das **Museo di Storia e d'Arte** (Di–So 9–19 Uhr) zu finden ist, das eine archäologische und eine ethnologische Sammlung präsentiert und darüber hinaus die Geschichte der Stadt dokumentiert. Im benachbarten **Museo della Grande Guerra** (Di–So 10–19 Uhr) kann man sich ein Bild von den schweren Kämpfen des Ersten Weltkriegs zwischen Italien und Österreich am Isonzo machen. Vorbei an der kleinen Kirche **S. Spirito** (1398) gelangt man schließlich zum **Castello** (So–Di 9–13 und 15–19.30 Uhr) auf der Bergkuppe, das im Kern auf das 12. Jh. zurückgeht. Nach den Grafen von Görz residierten hier abwechselnd Venezianer und Österreicher, die jeweils Umbauten veranlassten, sodass die ursprüngliche Gestalt des Kastells nicht mehr erkennbar ist. Was man heute sieht, ist in weiten Teilen Ergebnis der Wiederaufbauarbeiten nach dem Ersten Weltkrieg, bei denen man weniger um historische Authentizität bemüht war als vielmehr um nationalromantische Geschichtsverklärung.

Die Unterstadt erreicht man über den *Viale D' Annunzio*, der zum alten Marktplatz, der **Piazza Cavour**, führt. An ihrer Westseite erhebt sich der **Duomo SS. Ilario e Taziano**, der sich von außen betrachtet wenig ansprechend gibt – er ist eine Rekonstruktion aus der Mussolini-Ära. Im *Innenraum* stimmen jedoch ein schönes Netzgewölbe und üppige Stuckarbeiten des frühen 18. Jh. versöhnlich.

Über die *Via Rastell* gelangt man von der Piazza Cavour zur *Piazza della Vittoria* mit der Jesuitenkirche **Sant' Ignazio**, deren formenreiche Fassade schön mit der barocken **Fontana del Nettuno** zusammenspielt. Die Kirche mit den zwei Türmen entstand ab 1654 nach den Plänen des österreichischen Jesuitenpaters *Christoph Tausch*, der auch das Fresko der ›Glorie des hl. Ignatius von Loyola‹ im Innenraum schuf. Folgt man der *Via Carducci* nach Norden, erreicht man bald den **Palazzo Attems-Petzenstein**, den der Architekt Nikolaus Pacassi ab 1732 für den Grafen Attems-Petzenstein schuf. Vor allem die helle, vertikal in fünf Teile gegliederte Fassade des Palastes beeindruckt. Pacassi, der auch die Fontana del Nettuno entwarf, avancierte später zum Wiener Hofarchitekten und vollendete Schloss Schönbrunn.

i Praktische Hinweise

Information

AIAT Gorizia, Via Roma 9, Gorizia, Tel. 04 81 38 62 22, Fax 04 81 38 62 77, www.gorizia-turismo.it

Hotel

*****Golf Hotel Castello Formentini**, San Floriano del Collio, Tel. 04 81 88 40 51, Fax 04 81 88 40 52. Wunderschöne Räume in einer einstigen Burg, auf einem Hügel oberhalb von Gorizia.

Restaurant

Alla Luna, Via Oberdan 13, Gorizia, Tel. 04 81 53 03 74. Zwetschgenknödel, Apfelstrudel, Brotknödel und Palatschinken sind Spezialitäten dieser Osteria.

42 Gradisca d' Isonzo und Palmanova

Festungsstädte der Renaissance mit attraktiven Adelssitzen.

Ein Blick auf den Stadtplan ist zugleich ein Blick in die Entstehungsgeschichte des Ortes am Isonzo: **Gradisca d' Isonzo** wurde ab 1479 von den Venezianern auf quadratischem Grundriss als Bollwerk gegen Angriffe aus dem Osten angelegt. Unter dem Eindruck des sieben Jahre zurückliegenden plötzlichen Einfalls der Türken im Friaul hatte man am Flussufer zunächst zwei Festungen errichtet. Die südliche der beiden ging bald im heutigen **Castello di Gradisca** auf. 1509 musste Venedig seine neue Stadt allerdings schon an die Habsburger abtreten, unter deren Herrschaft Gradisca bis 1918 verblieb.

Seine nachhaltigste Prägung erfuhr der Ort, den noch immer die alte Stadtmauer umgibt, während des *Barock*, also im 17. und 18. Jh. Zu dieser Zeit genoss Gradisca den Status einer kleinen selbstständigen *Grafschaft*, was zu einer regen Bautätigkeit führte. Überall entstanden repräsentative Paläste, von denen heute noch einige an der **Via Ciotti** erhalten sind, so etwa der *Palazzo De Fin-Patuna* oder der *Palazzo Strassoldo*. Der **Duomo SS. Pietro e Paolo** ist ein Werk des 18. Jh. und wurde mit einer Tempelfront, die ein

Kaiserlich-königliche Barockpracht – Sant' Ignazio und Fontana di Nettuno in Gorizia

»Es bleibt uns vielleicht irgend ein Baum an dem Abhang, daß wir ihn täglich wiedersähen...«. Im Castello Nuovo von Duino wohnte 1911 Rainer Maria Rilke

Dreiecksgiebel abschließt, im Geiste Palladios errichtet.

Von Gradisca aus hat man schnell **Palmanova** im Westen erreicht, eine Festungsstadt der Spätrenaissance, von den Venezianern 1593 zur Sicherung der Ostgrenze errichtet, um den Verlust von Gradisca zu kompensieren. Palmanova entstand auf dem Reißbrett nach den Prämissen einer Idealstadt, wie sie der Renaissancearchitekt *Filarete* (um 1400–69) propagiert hatte – mit radialer Straßenführung und sternförmigem Umriss. Einen Rundgang beginnt man am besten an der bemerkenswerten **Piazza Grande** im Zentrum, einem sechseckigen Platz, von dem aus sechs Straßen zu den drei Stadttoren und zu drei der insgesamt neun Bastionen führen, die die Ecken der Stadtmauer bilden.

i Praktische Hinweise

Information

APT, Via Ciotti 49 (im Palazzo Torriani), Gradisca d'Isonzo, Tel. 048 19 92 17, Fax 048 19 98 80

43 Duino

Zwei alte Kastelle – eine Dichterklause.

Auf der Fahrt von Palmanova nach Duino rücken hoch über dem Meer auf einem Felsvorsprung zwei Burgen ins Blickfeld. Das **Castello Vecchio**, im 11. Jh. errichtet, ist leider nur noch als Ruine erhalten. Das **Castello Nuovo** (www.castellodiduino.it, Mitte März–Okt. Mi–Mo 9.30–16.30 Uhr, sonst Sa/So 9.30–16 Uhr) das einen römischen Wachtturm umschließt, entstand ab dem 14. Jh. und wurde im 16. Jh., nachdem es im Krieg zwischen Venedig und der Liga von Cambrai in weiten Teilen zerstört worden war, neu aufgebaut. Seit dem 18. Jh. ist es im Privatbesitz der *Fürsten Thurn und Taxis*. Prinzessin Marie hatte 1911 *Rainer Maria Rilke* auf ihre Burg eingeladen, der während seines Aufenthalts die ersten drei ›*Duineser Elegien*‹ schrieb. Abstand von seinem Klagegesang suchte Rilke auf seinen Spaziergängen über die Klippen von Duino zur malerischen Bucht von Sistiana. Auf dem Wanderweg, der heute als *Sentiero di Rilke* ausgeschildert ist, eröffnen sich vielerorts spektakuläre *Ausblicke* auf den Golfo di Panzano. Die Landschaft um Duino hatte schon in der Antike die Fantasie Vergils beflügelt, und auf seinen Spuren kam auch Dante nach Duino und wohnte im Castello Vecchio.

i Praktische Hinweise

Hotels

*****Duino Park Hotel**, Via Duino 60 c, Duino, Tel. 040 20 81 84, Fax 040 20 85 26. Schöne, angenehme Unterkunft mit einem Hauch Grandezza.

Alla Dama Bianca, Porto 61, Duino, Tel. 040 20 81 37, Fax 040 20 82 58, www.alladamabianca.com. Wunderschön in der Bucht von Duino gelegenes Hotel mit ausgezeichnetem, auch Nicht-Hotelgästen geöffnetem Restaurant mit großer Terrasse, das für seine Fischspezialitäten berühmt ist.

44 Castello di Miramare

Schneeweißes Märchenschloss mit trauriger Geschichte.

Gleich einer Filmkulisse erhebt sich das Castello di Miramare (www.castello-miramare.it, tgl. 9–18 Uhr) auf einer umbrandeten Felsklippe. Die Architektur des in den Jahren 1856–70 errichteten Schlosses zitiert die Formensprache englisch-normannischer Burgen und wirkt an der Adria entsprechend fremdartig. Der österreichische *Erzherzog Maximilian*, Bruder von Kaiser Franz Joseph I., hatte Miramare als Domizil für sich und seine Gemahlin, die belgische Prinzessin *Charlotte*, errichten lassen. Doch das Glück des Paares war nur von kurzer Dauer. Maximilian nahm 1864 auf Drängen Napoleons III. die Kaiserkrone von Mexiko an. Als nach drei Jahren die französischen Truppen wieder abzogen, weigerte sich der Kaiser, mit ihnen zu gehen. Von Verbündeten und Freunden verlassen, wurde Maximilian I. am 19. 6. 1867 auf Befehl des an die Macht zurückgekehrten Präsidenten Juárez erschossen. Die tragische Lebensgeschichte des Kaisers, dessen Frau nach seiner Hinrichtung geisteskrank wurde, wird jeden Sommer im prachtvoll angelegten *Park* rührend in Szene gesetzt (Karten über die APT in Triest [s. S. 123]).

Die normannische Burg eines mexikanischen Kaisers – das Castello di Miramare

Die **Innenräume** des Schlosses sind in ihrer ganzen Schwülstigkeit erhalten – so, wie der Erzherzog sie hatte einrichten lassen. Beeindruckend ist die Holzdecke des Thronsaals im 1. Stock. Die Zimmer des 2. Stocks sind in der Ausstattung der 1930er-Jahre zu sehen, jener Zeit, als Amadeus von Savoyen im Castello Miramare residierte.

45 Triest

Plan Seite 116

Schmelztiegel der Kulturen und elegante Hafenmetropole – die Stadt Italo Svevos und die Wahlheimat von James Joyce.

Triest sei eine wunderbare und merkwürdige Stadt, urteilte der Schriftsteller Hermann Bahr bei seinem Besuch 1909, man habe den Eindruck, ›nirgends‹ zu sein. Noch heute umfängt den Besucher der *Hauptstadt* von Friaul und Julisch-Venetien eine eigenartige Atmosphäre außerhalb von Raum und Zeit, eine Stimmung, die den triestinischen Autor Claudio Magris zur Metapher von der »Abstellkammer der Zeit« inspirierte. Natürlich hat

Der weit geschwungene Triestiner Golf und das slowenische Hinterland, von Norden gesehen ▷

Triest auch prächtige klassizistische Paläste und viele Kunstschätze zu bieten, doch seine ganz besondere Faszination verdankt es seiner Geschichte als **Schmelztiegel der Kulturen**, als Grenzstadt zwischen Ost und West.

Triest ist eine Stadt voller Poesie. Und beim Gang durch die Altstadt, beim Flanieren an der Hafenmole und während man aufs Meer hinausblickt, ist das urbane Fluidum zu spüren, das Dichter und Schriftsteller zu großen Werken anregte.

Geschichte Triest ist vermutlich eine Gründung der *Histrer*, die auf dem Colle San Giusto einen Marktflecken namens Tergeste anlegten. Die Römer, die 178 v. Chr. die Region eroberten, behielten den alten Namen bei, aus dem sich schließlich *Trieste* entwickelte. Unter Kaiser Augustus wurde der Marktflecken zu einer Grenzfestung ausgebaut, die sich samt einer großen Hafenanlage bis zum Meer erstreckte. Die Völkerwanderungszeit bereitete dem Aufstieg der Stadt ein abruptes Ende. Nachdem Ostgoten, Byzantiner, Langobarden und Franken einander als Herren von Triest abgelöst hatten und es im 13. Jh. ein kurzes Intermezzo als freie Stadt erlebt hatte, unterstellte sich Triest 1382 mehr oder weniger freiwillig der Hegemonie der *Habsburger*, um sich gegen die Herrschaftsansprüche Venedigs zur Wehr setzen zu können. Nahezu fünf Jahrhunderte lang blieb Triest Besitztum der Donaumonarchie, eine Verbundenheit, die heute im Stadtbild noch offenkundig ist. 1719 erklärte Kaiser Karl VI.

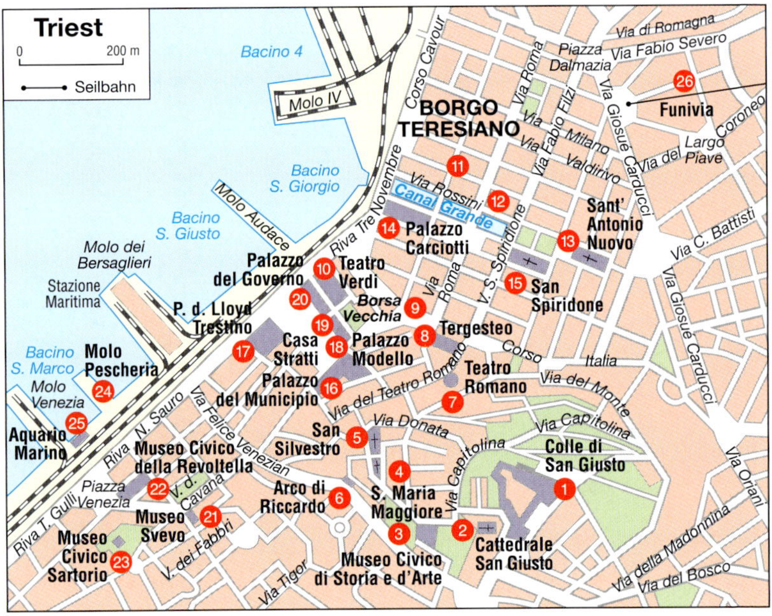

Triest zum **Freihafen** und legte damit das Fundament für den rasanten wirtschaftlichen Aufschwung. Nahezu 1000 Schiffe liefen täglich in Triest ein. Die Einwohnerzahl schnellte bis zum Ende des 19. Jh. auf 200 000 hoch. Österreicher, Juden, Slowenen, Griechen, Serben und Italiener sorgten für kulturelle Vielfalt und ein *fruchtbares intellektuelles Klima*, in dem bedeutende Schriftsteller wie Italo Svevo (1861–1928), Umberto Saba (1883–1957), Scipio Slapater (1888–1915) oder Gianni Stuparich (1891–1961) arbeiteten.

Zur Zeit des Fin de Siècle war Triest trotz des wirtschaftlichen Wohlstands eine Hochburg der *irredentistischen Bewegung*, die seit dem Risorgimento, der ersten Periode der italienischen Einigungsbestrebungen im 19. Jh., die ›Erlösung‹ von der österreichischen Vorherrschaft anstrebte.

Dieser Traum erfüllte sich nach dem Ersten Weltkrieg mit dem Niedergang der Habsburgermonarchie. 1918 fiel Triest zusammen mit Istrien an Italien. Der Jubel der Bevölkerung sollte jedoch bald einer großen Enttäuschung Platz machen. Triest hatte sein stärkendes österreichisches Hinterland verloren und lag nun im toten Winkel zwischen Italien und dem Balkan. Die *wirtschaftliche Flaute* nahm damit ihren Lauf. Von diesem Rückschlag konnte sich die Stadt nie mehr erholen, zumal sie nach dem Zweiten Weltkrieg mit **Istrien** abermals Hinterland verlor,

Bora – die Ungestüme

»Als ich in mein Schlafzimmer trat«, berichtet der expressionistische Schriftsteller **Theodor Däubler** (1876–1934), »klirrte das Fenster. Ich öffnete es und ein heftiger Nordost nahm gleich mich und die ganze Stube in Anspruch. Die Vorhänge flogen wie weiße Fahnen in den Spiegel (...) ich blickte hinaus: die Bora hatte den Himmel bereits entwolkt.« Die **Bora** ist der berühmt-berüchtigte Wind von Triest. Er fegt kalt durch die Straßenschluchten, klappert heftig mit Fenstern und Türen und reißt alles, was sich ihm in den Weg stellt, erbarmungslos mit sich. Es braucht schon eine Portion Stehvermögen, sich auf den Beinen zu halten, wenn die **orkanartigen Böen** wüten. So ist denn die Stadt auch meist binnen weniger Minuten leergefegt, wenn die Bora von den rauen **Karstbergen** niederfährt und das Meer zu hohen Wellen türmt, die sie vor sich herjagt. Und entlang der Uferpromenaden werden an solchen Tagen sogar **Halteseile** gespannt, um die wenigen unerschrockenen und unbelehrbaren Passanten davor zu bewahren, ihren Ausflug im schäumenden Meer beenden zu müssen.

Johann Joachim Winckelmann, porträtiert von Angelika Kauffmann

diesmal an Jugoslawien. Die neue Grenze lag direkt hinter der Stadt – und es war die Grenze des *Eisernen Vorhangs*. Seit dieser gelüftet ist, hofft das 237 000 Einwohner zählende Triest, dessen Wirtschaftsleben vom Hafen bestimmt wird, darauf, seine Rolle als kosmopolitische Adria-Metropole wieder übernehmen zu können und vergangene Größe wieder aufleben zu lassen.

Colle di San Giusto

Von den Anfängen der Stadt in römischer Zeit zeugen noch Säulenstümpfe des **Forums** sowie Reste des kapitolinischen Tempels und der Basilica auf dem **Colle di San Giusto** 1. Der Faschismus bediente sich der antiken Ruinen als nationaler Kulisse, vor der ein Heldendenkmal für die Gefallenen des Ersten Weltkriegs errichtet wurde. Beherrscht wird der Hügel vom trutzigen **Castello di San Giusto** (bis 2008 wg. Restaurierung geschl.), das die Österreicher 1470 errichten ließen. Großartig ist der *Ausblick* über die Stadt, den Golfo di Trieste und auf den Karst mit seinen weithin verstreuten Steineichen.

Der benachbarte schwerfällige Bau der **Cattedrale San Giusto** 2 von Triest zeigt in seiner uneinheitlichen Fassadengestaltung unverhohlen seine verschlungene Baugeschichte. Zur Zeit der Römer stand an dieser Stelle ein *Propylaeum*, dessen Überreste man noch in dem plumpen *Campanile* von 1337 erkennen kann, so etwa die Säule zwischen Turm und Kirchenfassade, Teile des Konsolgesimses sowie ein Gebälk. Über dem Turmportal sieht man eine Figur des hl. Justus, der ein Kirchenmodell trägt.

Die Kathedrale geht auf das 5. Jh. zurück. Aus jener Zeit stammt noch das

Die trutzige Fassade der Cattedrale San Giusto auf dem Hügel über der Stadt

Der Traum von der Erlösung – Guglielmo Oberdan

Am 2. August 1882 feierte man in Triest die 500-jährige Zugehörigkeit zum habsburgischen Reich. Soldaten zogen anlässlich dieses Jubiläums in historischen Uniformen durch die Stadt. Auch **Kaiser Franz Joseph** war eigens aus Wien angereist. Der Unabhängigkeitskämpfer **Guglielmo Oberdan**, nach dem heute zahlreiche italienische Straßen und Plätze benannt sind, sah seine Chance für ein Attentat auf den verhassten österreichischen Monarchen gekommen. Vom Dach eines Hauses schleuderte er eine Bombe in die Menge, die viele Soldaten in der Umgebung des Kaisers verletzte, ihr Ziel selbst aber verfehlte. Dem jungen Separatisten gelang die Flucht nach Rom, aber schon im **September** machte sich Oberdan mit Bomben im Gepäck erneut auf den Weg nach Triest. Kurz hinter Udine stellte ihn die Polizei. Oberdan wurde in einer Kaserne an dem heute nach ihm benannten Platz in Triest inhaftiert und schließlich am 20. Dezember 1882 hingerichtet. Der faschistische Diktator Mussolini ließ in den 30er-Jahren des 20. Jh. um die Todeszelle des Unabhängigkeitskämpfers einen Memorialbau errichten, das **Foro Oberdan**, das die Inschrift »Viva Italia! Tod dem Tyrannen« trug – mit diesen Worten nahm der Duce unwissentlich sein eigenes Ende vorweg.

Fußbodenmosaik vor dem Chor. Sein heutiges Erscheinungsbild verdankt San Giusto weitgehend dem 14. Jh., als man zwei Kirchen zu einer vereinte, der man die Fassade mit dem schönen gotischen Radfenster vorblendete. Den **Innenraum** der fünfschiffigen Kirche betritt man durch ein von römischen Grabstelen flankiertes Portal. Die linke Seitenapsis schmückt ein prachtvolles venezianisches *Mosaik* der ›Thronenden Gottesmutter‹ aus dem 12. Jh. In der Kuppel erscheint ›Christus zwischen den hll. Justus und Servolus‹ (13. Jh.), ebenfalls eine venezianische Mosaikarbeit. In der *Cappella di San Giusto* findet man Fresken des 13. Jh., die Episoden aus der Vita des Titularheiligen erzählen. Sein Leben ist auch Thema der Fresken im romanischen *Battistero*, das sich ans linke Seitenschiff anschließt.

Auf dem Weg hinunter in die Stadt durch die Via della Cattedrale kommt man am **Museo Civico di Storia ed Arte** 3 (Di–So 9–13 Uhr) vorbei, in dessen schönem *Orto Lapidario* Funde aus der Vor- und Frühgeschichte zu sehen sind. Der *Tempietto* erinnert an den Altertumsforscher Johann Joachim Winckelmann, der 1768 in Triest von seinem Zimmergenossen, dem Koch Francesco Arcangeli, ermordet wurde. Folgt man der Via della Cattedrale weiter bergab, stößt man auf die Kirche **S. Maria Maggiore** 4 (17. Jh.), einen mächtigen, wenig ansprechenden Barockbau, dessen Unförmigkeit durch die benachbarte, nicht minder großspurige Treppenanlage zur Unterstadt – ein Werk der Mussolini-Ära – freilich noch akzentuiert wird. Mit **San Silvestro** 5 hat sich Triest neben dem Dom eine zweite mittelalterliche Kirche bewahrt. Die Ursprünge des kleinen, suggestiven Baus reichen ins 12. Jh. zurück. Schilder weisen von hier zum **Arco di Riccardo** 6, einem Torbogen der augusteischen Stadtbefestigung, den man an der *Piazzetta Barbacan* findet.

Der Arco di Riccardo, erbaut zur Zeit des römischen Kaisers Augustus

Niemand braucht sich beim Einkaufsbummel durch Triests Tergesteo abzuhetzen...

Teatro Romano und nördliches Stadtzentrum

Nordöstlich von S. Maria Maggiore liegt das **Teatro Romano** 7, das man erst in den 1930er-Jahren fand, nachdem für Mussolinis Bauvorhaben ein gesamtes Altstadtviertel abgerissen worden war. Die Anlage, deren Sitzreihen 6000 Zuschauern Platz boten, entstand zwischen dem 1. und dem 2. Jh. n. Chr. Durch die klassizistische Einkaufspassage **Tergesteo** 8 (1840–42) auf der *Piazza della Borsa* gelangt man zur alten Börse **Borsa**

Italo Svevo und seine Stadt

Wie kaum eine andere italienische Stadt jener Zeit hat das Triest der Jahrhundertwende die Fantasie der Dichter und Schriftsteller beflügelt. Die **Triestinità**, jene spezifische Atmosphäre großbürgerlichen Lebens, gemischt mit ethnischer und kultureller Vielfalt im Grenzgebiet, regte auch den berühmtesten Literaten der Stadt an: **Italo Svevo**, der 1861 als Ettore Schmitz in Triest geboren wurde. 1892, als Bankangestellter, veröffentlichte er seinen ersten Roman ›Una Vita‹ (›Ein Leben‹), der ihn bereits als scharfen **Analytiker** jener bürgerlichen Welt Triests ausweist, die zum wichtigsten literarischen Sujet Svevos werden sollte. 1896 heiratete er Livia Veneziani, die Tochter eines reichen Kaufmanns. Mit dieser Heirat standen dem Autor alle Türen der **großbürgerlichen Gesellschaft** offen. Aus ironischer Distanz beobachtete und schilderte Svevo die Verstörung der Bürger, die in der politisch unruhigen Zeit ihren Wohlstand und ihre Sicherheit bedroht sahen. 1904 lernte Italo Svevo **James Joyce** kennen, der einige Jahre in Triest lebte. Die Begegnung war ein Glücksfall der Literaturgeschichte, denn Svevo lernte durch Joyce die **Psychoanalyse** und moderne Erzähltechniken kennen, die seinen dritten und zugleich bedeutendsten Roman ›**Zeno Cosini**‹ (1923) entscheidend prägten. Es sollte Italo Svevos letztes Werk sein. 1928 kam der Schriftsteller, der aus der spezifischen Triestiner Stadtkultur hervorging und seiner Stadt eine bis auf den heutigen Tag unvergessene Stimme verliehen hatte, bei einem tragischen Autounfall ums Leben.

Vecchia 9 (1805), der eine dorische Tempelfront vorgeblendet ist, und zum **Teatro Verdi** 10, dessen Fassade an die Mailänder Scala erinnert. Baumeister der prachtvollen, 1801 eröffneten Oper war *Matthäus Pertsch* (1774–1834), der den Triestiner Klassizismus entscheidend prägte. Noch ehe Pertsch und sein Konkurrent Antonio Molari die ersten Prachtbauten errichteten, hatten die Österreicher die Neustadt am Hafen, den **Borgo Teresiano** 11, mit einem Straßenraster durchzogen, dessen geometrische, raumgreifende Klarheit jene strenge, klassizistische Prachtentfaltung überhaupt erst ermöglichte, die bis heute das Stadtbild prägt. 1756 wurde der **Canal Grande** 12 angelegt, an dessen Ende die klassizistische Kirche **Sant' Antonio Nuovo** 13 in stiller Größe thront. Am Südufer des Kanals entlang zieht sich die in Kaisergelb und Weiß gehaltene Fassade des **Palazzo Carciotti** 14, den der griechische Kaufmann Demetrio Carciotti 1806 bei Matthäus Pertsch in Auftrag gab. Der noble Palazzo ist ein Glanzstück des Triestiner Klassizismus und besticht durch Ebenmaß und Klarheit. Die Strenge der Fassade wird nur von den sechs *Statuen* über der Balustrade aufgelockert. Auf die Existenz einer griechischen Gemeinde in Triest verweist die kleine orthodoxe Kirche **San Spiridone** 15, ein Bau von 1869.

Piazza dell' Unità d' Italia und südliche Altstadt

Folgt man nun der Uferpromenade *Riva Tre Novembre*, gelangt man zur **Piazza dell' Unità d' Italia**, dem Hauptplatz der Stadt, der sich mit seinen repräsentativen Bauten zum Meer hin öffnet. Der Historismus des 19. Jh. bescherte Triest diesen riesigen Platz (16 000 m²), um den sich der **Palazzo del Municipio** 16 im Stil der Neorenaissance, der **Palazzo del Lloyd Triestino** 17 und der **Palazzo Modello** 18 im Stil des eklektischen Historismus, das *Hotel Duchi d' Aosta* mit seinen französischen Stilelementen sowie die neoklassizistische **Casa Stratti** 19 gruppieren. 1901–04 entstand schließlich noch der **Palazzo del Governo** 20 im Geiste eines monumental aufgefassten Jugendstils. Das *Caffè degli Specchi* im Erdgeschoss der Casa Stratti ist wie der berühmte Literatentreff der Jahrhundertwende, das *Caffè di San Marco* in der Via Cesare Battisti, eines von vielen Triestiner Cafés, die an die Wiener Kaffeehaustradition anknüpfen.

Hier regiert die Neorenaissance – der Palazzo del Municipio im Herzen von Triest

Riesenhafte Höhlen durchziehen den Karst – die Grotta Gigante bei Sgonico

Von der Piazza führen kleine Straßen zurück in die Altstadt, die vielerorts ein trauriges Bild des Verfalls bietet. Folgt man der *Via Cavana* mit ihren Trödel- und Antiquitätenläden, gelangt man auf die *Piazza Hortis* mit der *Biblioteca Civica*, der Stadtbibliothek, in der das kleine **Museo Sveviano** 21 (tgl. 10–13 Uhr) eingerichtet wurde, das an den Schriftsteller Italo Svevo erinnert.

Im selben Gebäude befindet sich auch das **Museo di Storia Naturale** (Di–So 8.30–13.30 Uhr, Fei geschl.), das die Entstehungsgeschichte des Karst beleuchtet. Über die *Via Torino* gelangt man zu dem von Carlo Scarpa in den 1960er-Jahren umgebauten **Museo Civico della Revoltella** 22 (Mi–Sa/Mo 9.30–13.30 und 16–19, So 10–19 Uhr). Diese Kunstsammlung zeigt vor allem Werke der klassischen Moderne und die zeitgenössischer italienischer Künstler wie etwa Emilio Vedova. Gemälde der venezianischen Maler des 18. Jh. wie Giambattista Tiepolo, Giovanni Battista Piazzetta oder Francesco Guardi kann man im **Museo Civico Sartorio** 23 (Di–So 9–13 Uhr) am Largo Papa Giovanni XXIII sehen. Über die südliche Uferpromenade, die *Riva Nazario Sauro*, gelangt man zum **Molo Pescheria** 24 mit einigen wenigen Fischständen (Di–Sa Vormittag) und dem **Aquario Marino** 25 (Mo–Fr 9–13, Sa/So 9–18.30 Uhr), dem sehenswerten Aquarium, beheimatet in einem schönen Jugendstilbau.

Triest aus der Vogelperspektive kann man bei einer Fahrt mit der **Funivia** 26, der alten Drahtseilbahn, genießen, die von der *Piazza Oberdan* im nordöstlichen Stadtzentrum über Scorcola nach Villa Opicina 336 m über der Stadt fährt (Dauer ca. 30 Minuten).

Ausflug

Sogar im Guinness-Buch der Rekorde erwähnt wird die **Grotta Gigante** (www.grottagigante.it, März, Okt. Di–So 10–16, im Sommer bis 18, Nov.–Febr. Di–So 10–12 und 14–16 Uhr). Sie liegt bei *Borgo Grotta Gigante*, einem Ortsteil der Gemeinde Sgonico 14 km nördlich von Triest. Ein Heer von Stalagmiten empfängt den Besucher im Inneren des *Carso triestino*, jenes Kalksteinplateaus, das sich im Rücken der Stadt Triest zu bizarren Formationen auftürmt. Die Grotta Gigante mit der 280 m langen, 60 m breiten und 127 m hohen *Sala dell' Altare* ist die größte Höhle der Welt, die für Besucher erschlossen ist.

i Praktische Hinweise

Information

APT, Piazza Unita d' Italia 4/b, Triest, Tel. 04 03 47 83 12, Fax 04 03 47 83 20, www.triestetourismo.com

Flughafen

Ronchi dei Legionari, Monfalcone (35 km außerhalb von Triest), Auskunft Tel. 04 81 77 31, 04 81 77 32 24, 04 81 77 32 25

Hauptbahnhof

Stazione Centrale, Piazza della Libertà, Triest, Zugauskunft Tel. 04 03 79 41

Hotels

******Grand Hotel Duchi d' Aosta**, Piazza dell' Unità d' Italia 2, Triest, Tel. 04 07 60 00 11, Fax 040 36 60 92, www.grandhotelduchidaosta.com. Luxuriöse Unterkunft, Zimmer mit Blick aufs Meer oder auf die Piazza.

******Urban Hotel Design**, Androna Chiusa 4, Triest, Tel. 040 30 20 65, Fax 040 30 72 23, www.urbanhotel.it. Das ausgesprochen modern gestaltete Hotel im Zentrum Triests stellt auch anspruchsvolle Gäste zufrieden.

*****Novo Hotel Impero**, Via Sant' Anastasio 1, Tel. 040 36 42 42, Fax 040 36 50 23, www.hotelimperotrieste.it. Einfache, aber saubere Unterkunft.

*****Hotel Roma**, Via Ghega 7, Triest, Tel. 040 37 00 40, Fax 04 03 48 35 74, www.hotelroma-trieste.it. Kurze Wege zu den Sehenswürdigkeiten Triests und ordentliche Zimmer.

Restaurants

Buffet da Mario, Via Torrebianchа 41, Triest, Tel. 040 63 93 24. Die deftige Triestiner Küche bestimmt die Speisekarte dieser sympathischen Trattoria im Zentrum.

Da Giovanni, Via San Lazzaro 4, Triest, Tel. 040 63 93 96. Geschmackvoll eingerichtetes Lokal, in dem es neben köstlichen Vorspeisen fein zubereitetes Fleisch sowie guten Fisch gibt.

Re di Coppe, Via Geppa 11, Triest, Tel. 040 37 03 30. Rustikales Ambiente, regionale, jahreszeitenspezifische Gerichte.

46 Muggia

Verwinkelter, venezianisch geprägter Fischerort.

Vorbei an vielen verlassenen, gespenstisch wirkenden Industrieanlagen gelangt man südlich von Triest nach **Muggia**, dem letzten Ort vor der slowenischen Grenze. Nachdem die Genueser die Stadt auf dem *Monte San Michele* aus Rache für ihre Waffenbrüderschaft mit Venedig 1356 zerstört hatten, wurde sie zu Füßen des Berges neu errichtet und von den Venezianern mit einer *Ringmauer* umgeben, die bis heute erhalten ist. Im Zentrum der Stadt, an der *Piazza Marconi*, entstand 1467 der **Duomo di SS. Giovanni e Paolo** mit seiner schön geschwungenen, ausgewogenen spätgotischen Fassade. Der mit dem Markuslöwen geschmückte *Palazzo Comunale* wurde 1444 errichtet – der architektonische Einfluss Venedigs ist hier, wie in der Gestaltung der gesamten Piazza, offenkundig.

Ein Besuch von *Muggia Vecchia* auf dem Monte San Michele lohnt nicht nur wegen der romanischen Kirche **S. Maria Assunta**, die noch Fresken aus dem 12. und 13. Jh. birgt, sondern auch wegen der schönen Aussicht.

i Praktische Hinweise

Information

APT, Via Roma 20, Muggia, Tel. 040 27 32 59, Fax 040 27 28 64

Der weiche Schwung der Gotik – SS. Giovanni e Paolo in Muggia

Venetien und Friaul aktuell A bis Z

Vor Reiseantritt

ADAC Info-Service:
Tel. 018 05/10 11 12, Fax 018 05/30 29 28 (0,14 €/Min.)

ADAC im Internet:
www.adac.de
www.adac.de/reisefuehrer

Venetien und Friaul im Internet:
www.turismo.fvg.it
www.turismovenezia.it

Informationen erteilt das **Staatliche Italienische Fremdenverkehrsamt ENIT** (Ente Nazionale Italiana per il Turismo), www.enit-italia.de, www.italia.it

Prospektbestellung:
Tel. 008 00 00 48 25 42 (gebührenfrei)

Call-Center innerhalb Italiens:
Tel. 800 11 77 00 (gebührenfrei)

Deutschland
Kontorhaus Mitte, Friedrichstraße 187, 10117 Berlin,
Tel. 030/247 83 98, Fax 030/247 83 99,
enit-berlin@t-online.de

Kaiserstr. 65, 60329 Frankfurt/Main,
Tel. 069/23 74 30, Fax 069/23 28 94,
enit.ffm@t-online.de

Lenbachplatz 2, 80333 München,
Tel. 089/53 13 17, Fax 089/53 45 27
enit-muenchen@t-online.de

Österreich
Kärntnerring 4, 1010 Wien,
Tel. 01/505 16 39, Fax 01/505 02 48
delegation.wien@enit.at

Schweiz
Uraniastr. 22, 8001 Zürich,
Tel. 04 34 66 40 40, Fax 04 34 66 40 41,
info@enit.ch

Allgemeine Informationen

Reisedokumente

Reisepass oder Personalausweis, Kinder unter 16 Jahren Kinderausweis oder Eintrag im Elternpass.

Kfz-Papiere

Führerschein, Zulassungsbescheinigung Teil 1 (vormals Fahrzeugschein) und Internationale Grüne Versicherungskarte. Wer einen fremden Wagen fährt, braucht eine Vollmacht des Fahrzeugbesitzers.

Krankenversicherung etc.

Seit 2006 ist die **Europäische Versicherungskarte** in neu ausgegebene Versicherungskarten integriert. Sie sichert in der gesamten EU die Gesundheitsversorgung. Empfohlen wird aber zusätzlich der Abschluss einer *Auslandsreise- und Rückholkrankenversicherung* mit uneingeschränkter Kostenübernahme.

Hunde und Katzen

Bei Reisen innerhalb der EU ist ein gültiger, vom Tierarzt ausgestellter EU Heimtierausweis Pflicht, ebenso Kennzeichnung durch Mikrochip oder Tätowierung. Bis zum Jahr 2011 gelten Übergangsregelungen.

Zollbestimmungen

Bei Reisen innerhalb der EU können Waren für den privaten Verbrauch in unbeschränkter Menge ein- und ausgeführt werden. Für bestimmte Artikel gelten jedoch Richtwerte: 800 Zigaretten oder 200 Zigarren, 1 kg Tabak, 10 l Spirituosen, 90 l Wein, 20 l Alkoholika bis 22 %, 110 l Bier.

Bei Reisen durch die **Schweiz** gibt es nach wie vor Höchstgrenzen für die Einfuhr von Waren: 200 Zigaretten, 100 Zigarillos, 1 l Spirituosen über 22 %, 2 l Wein, 50 ml Parfum, 250 ml Eau de Toilette, 500 g Kaffee, 100 g Tee.

◁ *Wie Pilze öffnen sich die Sonnenschirme an einem Sommertag am Strand von Lignano* **(oben)***, im Herbst locken die Märkte Venetiens mit bunten Früchten* **(Mitte rechts)***, und so mancher blickt aus der winterlich-weißen Karnevalsmaske* **(Mitte links)** *schon wieder voraus auf die Gondelfahrt einer lauen Sommernacht* **(unten)**

Allzu lange sollte man ihn nicht mehr auf Kundschaft warten lassen – das Eis ist offenbar sehr zu empfehlen

Geld

Die gängigen *Kreditkarten* werden von Banken, Hotels und vielen Geschäften akzeptiert. Zum Geldabheben rund um die Uhr stehen zahlreiche *EC-Bankomaten* zur Verfügung. Auch mit der *Postbank SparCard* erhält man an VISA PLUS-Automaten 24 Stunden täglich Geld.

Tourismusämter im Land

In allen wichtigen Orten des Veneto/ Friaul gibt es *Tourismusämter* und *Informationsbüros* [siehe **Praktische Hinweise**]. Man erhält hier eine Fülle von Prospekten, viele auch in deutscher Sprache. Die Büros sind meist von 9–12.30 und 15–19.30 Uhr geöffnet.

Notrufnummern

Einheitlicher Notruf: Tel. 112 (auch mobil: Polizei, Unfallrettung, Feuerwehr)

Bei *Autopannen* leistet der **ACI-Pannendienst** (Soccorso Stradale), Tel. 80 31 16, Mobil-Tel. 800 11 68 00, rund um die Uhr Hilfe. Man beachte die gelben, etwa alle 2 km zu findenden *Notrufsäulen* an den Autobahnen.

ADAC-Notrufstation Mailand:
Tel. 02 66 15 91 (ganzjährig)

ADAC-Notrufzentrale München:
Tel. 00 49/89/22 22 22 (24-Std.-Service)

ADAC-Ambulanzdienst München:
Tel. 00 49/89/76 76 76 (24-Std.-Service)

Österreichischer Automobil Motorrad und Touring Club
ÖAMTC Schutzbrief Nothilfe:
Tel. 00 43/(0)1/2 51 20 00

Touring Club Schweiz
TCS Zentrale Hilfsstelle:
Tel. 00 41/(0)2 24 17 22 20

Bei Unfällen mit *Sachschäden* ist es dringend erforderlich, die Versicherung und die Versicherungsnummer des Unfallgegners zu notieren. Bei Unfällen mit *Personenschäden* muss die Polizei verständigt werden.

Da landwirtschaftliche Fahrzeuge und Mopeds in Italien nicht versichert sind, ist der Abschluss einer *Vollkaskoversicherung* für die Reisedauer ratsam. Um Autodiebstähle kümmert sich die nächstliegende Polizeidienststelle.

Diplomatische Vertretungen

Honorarkonsulat der Bundesrepublik Deutschland, Campo Santa Sofia 4201, Cannaregio, Venedig, Tel. 04 15 23 76 75

Honorarkonsulat der Republik Österreich, Santa Croce 251, Palazzo Condulmer, Venedig, Tel. 04 15 24 05 56

Konsulat der Schweizerischen Eidgenossenschaft, Campo Sant' Agnese 810, Dorsoduro, Venedig, Tel. 04 15 22 59 96

Besondere Verkehrsbestimmungen

Tempolimits (in km/h): Im Ortsbereich Pkw (auch mit Anhänger), Motorräder und Wohnmobile 50. Auf Land- und Gemeindestraßen Pkw (ohne Anhänger) und Motorräder 90 (auf Schnellstraßen 110, Beschilderung beachten), Pkw mit Anhänger 70. Auf Autobahnen Pkw (ohne Anhänger) 130, mit Anhänger 80. Zweiräder müssen stets mit Abblendlicht fahren, Pkw nur auf Autobahnen.

Es besteht *Anschnallpflicht*, Kinder unter 12 Jahren müssen auf dem Rücksitz befördert werden. Lenker und Mitfahrer von Zweiradfahrzeugen müssen einen *Sturzhelm* tragen. Zudem muss immer eine nach DIN EN 471 zertifizierte Warnweste mitgeführt werden.

Die *Promillegrenze* liegt bei 0,5.

Parkverbot gilt bei schwarzgelben Bodenmarkierungen, Straßenbahnen haben immer Vorrang.

Wichtig: Jede Ladung, die nach hinten überragt (Surfbretter, Boote, Fahrradständer etc.), muss mit einer 50 x 50 cm großen, rot-weiß-roten, reflektierenden Warntafel gekennzeichnet werden. Keine Ladung darf über die Vorderkante des Fahrzeugs hinausragen.

Anreise

Auto

Umfangreiches **Karten-** und **Informationsmaterial** können Mitglieder des ADAC kostenlos bei den Geschäftsstellen oder unter Tel. 018 05/10 11 12 (0,14 €/Min.) anfordern. Außerdem sind im ADAC Verlag die Länderkarte *Italien Nord* (1:500 000) und die Regionalkarten (1:150 000) *Gardasee und Venetien, Italienische Adria*.

Die wichtigsten **Routen** aus Deutschland führen über Österreich und die Brennerautobahn A 22, die bei Verona auf die A 4 Mailand–Venedig trifft, oder über die Tauernautobahn und weiter über die A 23, die bei Palmanova auf die A 4 Venedig–Triest stößt. Die Anreise aus der bzw. über die Schweiz erfolgt via San- Bernardino-Tunnel, St.-Gotthard-Tunnel oder Simplonpass nach Mailand und über die A 4 nach Venedig.

Die österreichischen und die Schweizer Autobahnen sind **mautpflichtig** (Vignette an den Grenzstationen sowie an Tankstellen). Die Autobahngebühren in **Italien** werden nach fünf Kategorien und nach Teilstücken berechnet. Die Maut wird bei der Autobahnabfahrt bezahlt. Besitzer der *Viacard* (beim ADAC, in Italien bei Banken, Sparkassen und an Kiosken erhältlich) werden an vielen Mautstellen auf besonderen Fahrspuren bargeldlos abgefertigt.

Autobahn-Tankstellen sind durchgehend geöffnet, die meisten übrigen Tankstellen Mo–Fr 7–12.30 und 15–19 Uhr. Am Wochenende machen sie Schichtdienst. Auf Hauptstrecken gibt es *SB-Tankstellen*.

Bahn und Autoreisezug

Die Züge über den Brenner erreichen Verona, Kurswagen fahren weiter nach Venedig. In Mestre hat man Anschluss nach Pordenone, Udine, Gorizia und Triest oder nach Padua und Vicenza. Autoreisezüge fahren von Hamburg und Frankfurt über München nach Verona, Padua und Venedig (z. T. allerdings nur im Sommer).

Fahrplanauskunft:

Deutschland
Deutsche Bahn, Tel. 118 61 (gebührenpflichtig), Tel. 08 00/150 70 90 (sprachgesteuert), www.bahn.de

Deutsche Bahn AutoZug,
Tel. 018 05/24 12 24 (0,14 €/Min.),
www.autozug.de

Österreich
Österreichische Bundesbahn,
Tel. 05 17 17, www.oebb.at

Schweiz
Schweizerische Bundesbahnen,
Tel. 09 00 30 03 00, www.sbb.ch

Flugzeug

Die Flughäfen für das Veneto und den Friaul sind Triest, Venedig und Verona. Von Deutschland, Österreich und der Schweiz aus bestehen Direktverbindungen mit Venedig und z. T. mit Verona und Triest.

Bank, Post, Telefon

Bank

Öffnungszeiten in der Regel Mo–Fr 8.30–13.30 und 14.30 bzw. 15–16 Uhr.

Post

Die Postämter sind von Mo–Fr 8–13 bzw. 14 Uhr geöffnet, Sa 8–11.30 Uhr. Briefmarken (*Francobolli*) gibt es auch in Tabakläden (*Tabacchi*).

Telefon

Internationale Vorwahlen:
Italien 00 39
Deutschland 00 49
Österreich 00 43
Schweiz 00 41

Hier bekommt man alles, damit auch die ersten Tage zuhause noch nach Urlaub schmecken

In Italien ist die Ortsnetzkennzahl fester Bestandteil der Telefonnummern und muss **immer** (inkl. der 0) mitgewählt werden. Dagegen fällt bei der Handy-Nr. die 0 weg.

In den Telefonzellen verwendet man Telefonkarten (*Scheda telefonica*, perforierte Ecke abreißen), die an den Schaltern der Telecom Italia, in Tabakläden oder bei Verkehrsämtern zu kaufen sind.

Die Benutzung handelsüblicher **Mobiltelefone** ist in ganz Italien möglich.

Einkaufen

Öffnungszeiten: Mo 15.30–19.30, Di–Sa 8.30–12.30 und 15.30–19.30 Uhr.

Im Veneto gibt es sehr viele reizvolle Einkaufsstädte wie Verona, Vicenza, Padua und besonders **Treviso**. Mode, Schuhe, Süßwaren, Delikatessen – man findet hier alles, was zur italienischen Lebensart gehört. In **Venedig** ist vieles teurer, doch können sich hier dank des Tourismus zahlreiche kleine Handwerksbetriebe und Souvenirläden halten, die etwa Papier, Spitzen und Stickereien, Murano-Glas, Masken und Schmuck verkaufen. In den Hügeln des Veneto sowie im Friaul kann man gut **Wein** kaufen. Es gibt ausgeschilderte *Strade del Vino*, die zu den Weingütern führen. In vielen Orten des **Friaul** gibt es darüber hinaus *Enoteche*, in denen die ortsansässigen Winzergenossenschaften ihre Weine anbieten. **Triest** empfiehlt sich für den Kauf von Antiquitäten, alten Stichen und antiquarischen Büchern.

Essen und Trinken

Das **Frühstück** (*Prima colazione*) spielt in Italien keine große Rolle. Man trinkt einen *Caffè* oder *Cappuccino* in der Bar und isst dazu ein *Brioche*, ein Hörnchen. Etwas später trifft man sich wieder in den Bars, diesmal zu einer *Ombra* (›Schatten‹), einem Gläschen Weißwein oder Prosecco, zu dem man *Cicheti*, kleine fantasievolle Häppchen mit Fisch oder Fleisch, oder *Tramezzini*, raffiniert belegte Weißbrotdreiecke, verzehrt.

Die Triestiner gehen in ihre berühmten *Buffets*, wo es zu *Collio*- oder *Terrano-Weinen* schon eher deftige Kleinigkeiten wie z.B. Würstchen gibt. In der Gegend um San Daniele reicht man zum Aperitivo am Vormittag zart geschnittene Scheiben vom berühmten Schinken *Prosciutto di San Daniele*.

Das **Mittagessen** (*Pranzo*) ist im **Veneto** eher eine leichte Mahlzeit, die oft in den *Bàcari* oder in kleinen *Osterie* eingenommen wird. Im **Friaul** mag man es, der Witterung entsprechend, deftiger. Die Triestiner strömen um die Mittagszeit in ihre

Von Stockfisch und Apfelstrudel

Auch in kulinarischer Hinsicht sind das Veneto und das Friaul verführerische Reiseziele. Die **Küche des Veneto** zeichnet sich durch Kreativität und Leichtigkeit aus. In Küstennähe dominiert Fisch das Speisenangebot, in den Hügel- und Bergregionen werden Wild, Geflügel sowie fantasievolle Pilz- und Gemüsegerichte serviert. In Treviso und Umgebung spielt der **Radicchio** eine große Rolle, Bassano ist für seine **Asparagi**, den Spargel, berühmt, und in den Colli Asolani gibt es köstliche **Gnocchi alla Zucca**, Kürbisgnocchi. Deftiger ist die volkstümliche **Pasta e Fagioli**, ein Nudeleintopf mit dicken Bohnen.

Klassische Beilage zu Fleisch- und Fischgerichten ist die **Polenta**, ein feiner Brei aus weißem oder gelbem Maismehl.

Beliebt in der ganzen Region ist die **Purea di Baccalà**, das Stockfischmus, zu dem Polenta oder Brot gereicht wird.

Würste, Kalbshaxe, Zunge, Kesselfleisch, Wildschweinbraten, Wildragout, Gerstenminestra, Brotknödel, dicke Bohnen mit Speck oder Schweinshaxe lieben die **Friulani**. Die Küche des Friaul verrät die lange Zugehörigkeit der Region zu Österreich. In Triest findet man gar die **Cotoletta milanese**, das Wiener Schnitzel, auf der Speisekarte und zum Dessert kann man zwischen Palatschinken und Apfelstrudel wählen. Das raue Klima der Karnischen Alpen und des Collio und die bäuerliche Kultur der beiden Regionen führten zur Herausbildung einer deftigen, bodenständigen Küche. In vielen traditionellen Restaurants sitzt man noch um den **Fogolar**, einen gemauerten Herd mit Kaminhaube.

Buffets und essen dort auf die Schnelle ein warmes Gericht wie etwa Minestra, Gulasch oder Zunge. Auch der Fisch kommt hier nicht zu kurz. In **Restaurants** (*Ristoranti*) serviert man frühestens ab 12.30 Uhr. Zu den Preisen auf der Speisekarte kommt noch ein Betrag für *Pane e coperto* (Brot und Gedeck) und ein Zuschlag für die Bedienung von 10 bis 15% hinzu.

Das opulenteste Mahl am Tag ist das **Abendessen** (*Cena*). Es wird ab 19.30 Uhr serviert und beginnt mit einer Vorspeise (*Antipasto*), der ein Hauptgang (*Secondo piatto*) und meist auch noch ein Dessert (*Dolce, Frutta*) folgt. Sonntagabends gehen viele Italiener zum Pizza-Essen.

Trinkgelder von 10% des Rechnungsbetrags sind üblich.

Feste und Feiern

Feiertage

1. Januar (Neujahr), 6. Januar (Dreikönigstag), 25. April (Tag der Befreiung von der deutschen Besatzung 1945), Ostersonntag und Ostermontag, 1. Mai (Tag der Arbeit), 15. August (Mariä Himmelfahrt, Ferragosto), 1. November (Allerheiligen), 8. Dezember (Mariä Empfängnis), 25./26. Dezember (Weihnachten).

Hinzu kommen die *Festtage der lokalen Schutzheiligen*, wie in der Gegend um Gorizia der 19. März (San Giuseppe) oder der 25. April (San Marco) in Venedig. Das ganze Jahr über finden zahlreiche termingebundene **Feste** und **Festivals** statt. Im Folgenden eine Auswahl:

Ein Schrank voll süßer und pikanter venetischer Spezialitäten

An der schönen Hafenmole von Triest hält man's lange aus

Feste

Januar

Venedig (6.): Regata delle Befane. Regatta auf dem Canal Grande; Corso delle Befane, Volkslauf am Lido.

Februar

Carnevale: Etwa 14 Tage vor Aschermittwoch beginnt der Karneval mit Festtrubel und Maskenbällen in **Venedig**, **Este**, **Muggia**, **Portogruaro** und **Jesolo**. Höhepunkt des närrischen Treibens ist der Faschingsdienstag.

März

Venedig (variabler Sonntag Ende März/Anf. April): Su e zo per i ponti (›Die Brücken rauf und runter‹). Rundlauf von und bis zur Piazza San Marco durch alle Sestieri.

April

Venedig (25.): Festa di San Marco. Der Tag des Stadtpatrons beginnt mit einer Prozession und einem Hochamt in der Basilica di San Marco. Nachmittags Volksfest auf dem Markusplatz und Regata dei Traghetti auf dem Canal Grande.

Marostica (letzter Sonntag): Festa della Primavera. Frühlingsfestspiele.

Mai/Juni

Venedig: Festa della Sensa. Vermählung des Dogen mit dem Meer. Am Sonntag nach Christi Himmelfahrt findet diese nostalgische Schiffsprozession zum Lido statt, zur Erinnerung an die Unterwerfung der istrischen und dalmatinischen Städte durch die Venezianer im Jahr 1000.

Padua (13.6.): Festa del Santo. Stadtfest am Tag des hl. Antonius.

Juli

Grado (1. Sonntag): Perdon da Barbana. Schiffsprozession zur Wallfahrtskirche auf der Insel Barbana.

Venedig (3. Sonntag): Festa del Redentore. In der Nacht Schiffsprozession auf dem Canale di Giudecca mit Feuerwerk. Am Sonntag zieht eine feierliche Prozession über die Pontonbrücke am Kanal zur Pest-Votivkirche Il Redentore.

September

Canale di Brenta, **Venedig** (1. Sonntag): Regata Storica. Bootsspektakel mit historischen Booten und Kostümen.

Marostica (2. Wochenende, alle zwei Jahre): Partita a Scacchi. Historisches (lebendes) Schachspiel im Schlosshof.

Soave, **Cormons** (1. Sonntag): Weinfeste.

Montagnana (1. Sonntag): Palio. Zehn Gemeinden der Colli Euganei treffen sich zum Pferderennen in historischen Kostümen. Abschließender Fackelzug durch die Stadt.

Oktober

Venedig (1. Sonntag): Regata di San Erasmo. Regatta mit Volksfest auf der Gemüseinsel.

Triest (2. Sonntag): Coppa d' Autunno Barcolana. Die größte Segelregatta des Mittelmeeres, www.barcolano.it.

November

Venedig (21.): Festa della Madonna della Salute. Prozession über eine Pontonbrücke von Santa Maria del Giglio zur Salute-Kirche.

Klima und Reisezeit

Die beste Reisezeit für einen Besuch im Veneto und Friaul ist der **Frühling**. Vor den verschneiten Gipfeln der Alpen heben sich effektvoll die blühenden Obstbäume der Ebene ab, und in den Städten geht es noch gemächlich zu. Allerdings muss man vor allem im Friaul zu dieser Zeit noch mit Regengüssen rechnen.

Der **Sommer** ist heiß und schwül; eine eher ungeeignete Jahreszeit für die Besichtigung der Städte. An den Küsten herrscht hingegen bei idealem Badewetter *Hochsaison*. Erholsam sind zu dieser Zeit auch Ausflüge in die Berge. Den August sollte man meiden. Da ganz Italien im Urlaub ist, wird es an den Küsten und Stränden sehr voll.

Die stilvollen Rahmen für die schönsten Urlaubsbilder stehen schon bereit

Der **September** ist ein idealer Reisemonat, wenn man Stadtbesichtigungen mit einem Strandurlaub verbinden möchte.

Für kunsthistorisch Interessierte eignen sich auch die **Wintermonate**, in denen man sich allerdings auf kürzere Öffnungszeiten in Museen und Kirchen einstellen muss. Viele Villen des Veneto bleiben darüber hinaus geschlossen. In den Bergen beginnt ab Dezember die *Skisaison*.

Klimadaten Triest/Adria

Monat	Luft (°C) min./max.	Wasser (°C)	Sonnen-std./Tag	Regen-tage
Januar	3/ 7	10	3	7
Februar	3/ 8	9	4	7
März	6/12	11	5	7
April	10/17	14	6	8
Mai	14/21	18	8	8
Juni	18/25	21	8	9
Juli	20/28	23	10	7
August	19/27	23	9	7
September	17/24	21	7	7
Oktober	13/18	18	6	8
November	8/13	14	3	9
Dezember	5/ 9	12	3	9

Kultur live

Das kulturelle Angebot im Veneto und Friaul ist reich an Ausstellungen, Theateraufführungen, Konzerten und Sommerfestivals. Hier eine Auswahl:

April/Mai

Asolo: Asolo Cartoon Festival, Trickfilmfestspiele im Teatro Duse (www.asolofilmfestival.it).

Juni

Triest: Internationales Operettenfestival (Tel. 04 06 72 21 11, www.teatroverdi-trieste.com).

Venedig: Biennale d'Arte (2009, 2011). Internationale Kunstausstellung, die Tendenzen der zeitgenössischen Kunst präsentiert. Biennale d'Architettura (2008, 2010). Internationale Architekturausstellung (www.labiennale.org).

Juli/August

Castello di Miramare: Luci e Suoni. Lichtspiele und Konzerte im Schlosspark (Tel. 04 02 24 70 13, www.castello-miramare.it).

Portogruaro: Estate musicale. Musiksommer mit vielfältigem Programm, www.fmsantacecilia.it.

Venedig (Ende August/Anfang September): Mostra Internazionale d'Arte Cinematografica. Internationale Filmfestspiele am Lido (www.labiennale.org).

Verona: Arena di Verona. Opernfestspiele in der Arena (bis Ende September, www.arena.it).

September

Venedig: Festival della Musica contemporanea, Festival zeitgenössischer Musik an verschiedenen Veranstaltungsorten der Stadt (www.labiennale.org).

Cividale del Friuli: Mittelfest. Theater, Tanz, Kino und Lesungen zu einem bestimmten Thema, etwa ›Europa‹ oder ›Menschenrechte‹ (www.regione.fvg.it/mittelfest).

Este: Festa di S. Tecla. Konzerte und Theateraufführungen.

Oktober/November

Venedig: Festival del Teatro. Großes Theaterfestival an verschiedenen Spielstätten.

Museen und Kirchen

Museen

Die *Öffnungszeiten* der Museen sind uneinheitlich. Detaillierte Angaben finden sich im Text. Im Allgemeinen kann man jedoch davon ausgehen, dass die Museen von 9–12.30 Uhr geöffnet sind, wobei der Montag als Ruhetag gilt.

Kirchen

Auch die Öffnungszeiten für Kirchen variieren, in der Regel sind sie vormittags geöffnet. Kleinere Kirchen in abgelegenen Ortschaften sind meist abgesperrt; den Schlüssel bewahrt oftmals der Küster, nach dem man fragen muss. Vielerorts wird der Schlüssel auch in der nächsten Bar hinterlegt.

Nachtleben

Während der Sommermonate ist in den Tourismushochburgen an der Adriaküste für ein sehr turbulentes Nachtleben (Discos, Bars, Dancing) gesorgt. In den kleineren bis mittleren Städten des Veneto und Friaul sind Diskotheken und Nachtbars eher selten. Eine Ausnahme macht die Universitätsstadt Padua, wo es viele Studentenlokale und auch einige Discos außerhalb des historischen Stadtzentrums gibt. Über die zahlreichen Ausgehmöglichkeiten in **Venedig** informiert man sich am besten in der Broschüre *Un Ospite di Venezia*, die in einigen Hotels

Pharaonen in der Arena der römischen Kaiser – Aufführung des Verdi-Meisterwerkes ›Aida‹ während der Opernfestspiele von Verona

Ein Café mit großer Tradition – das Quadri in Venedig

und beim Fremdenverkehrsamt zu bekommen ist. Weitere Informationen bietet die Zeitung *Il Gazzettino* in ihrer Rubrik *Spettacoli*.

Casino

Venedig: *Casino Municipale*, 1.10.–31.3. im Palazzo Vendramin-Calergi am Canal Grande, 1.4.–30.9. im Palazzo del Casino am Lido.

Sport

Angeln

Das Angeln im Meer ist unbeschränkt erlaubt. Für Binnengewässer benötigt man eine Genehmigung, die man im örtlichen Fremdenverkehrsamt oder im Rathaus erhält.

Klettern und Wandern

Für Bergtouren bieten sich besonders die Karnischen und Julischen Alpen, etwa in der Umgebung von Tolmezzo, an. Wanderfreunde kommen vor allem bei Feltre, Belluno, Cividale del Friuli und im Karst auf ihre Kosten. Die lokalen Tourismusbüros halten Kartenmaterial bereit. Zusätzliche Informationen erhält man bei:

Club Alpino Friuli, Via Beato Odorico 3, Udine, Tel. 04 32 50 42 90

Club Alpino delle Giulie, Via Machiavelli 17, Triest, Tel. 0 40 36 39 82

Club Alpino Veneto, Strada Maffei, Verona, Tel. 04 58 03 05 55

Radfahren

Ideale Voraussetzungen bieten die Poebene und die flache Küstenlandschaft der Adria. Für Touren mit dem *Mountainbike* eignen sich besonders die Hügel um Verona und Padua und die Colli Asolani.

Reiten

Im Collio und den Bergregionen des Karst kann man schöne Ausflüge unternehmen. Die örtlichen Fremdenverkehrsbüros halten Broschüren zu Reitwegen und Ställen bereit, in denen man Pferde mieten kann.

Wassersport

Die Adria mit ihren breiten Sandstränden bietet ideale Voraussetzungen für Badeurlauber und Wassersportler. Die Zentren der Region sind *Jesolo*, *Lignano*, *Bibione* und *Caorle*. Weiter südlich lockt *Sottomarina* bei Chioggia jedes Jahr zahlreiche Badeurlauber an. In den großen adriatischen Badeorten kann man natürlich auch *Surfbretter*, *Segel-* und *Motorboote* mieten. *Taucher* finden an der felsigen Küste um Triest die besten Bedingungen. Der Golf von Triest ist außerdem ein ideales *Segelrevier*.

Eine zinnenbewehrte Festung, die zum Übernachten einlädt – die Locanda al Castello in Cividale del Friuli

Wintersport

Die am besten erschlossenen Ski- und Snowboard-Gebiete findet man am Nord- und Ostrand Venetiens und Friauls, so etwa in den Dolomiten um Alleghe, Cortina d'Ampezzo und Forni di Sopra und in den Julischen Alpen in der Nähe von Tarvisio. In Buchhandlungen erhält man den Wintersportführer des italienischen Touring-Clubs, *Sci in Italia*.

Statistik

Veneto: Das Veneto zählt mit einer Fläche von 18 365 km^2 zu den größten Regionen Italiens und erstreckt sich vom Gardasee im Westen bis zur Mündung des Tagliamento im Osten, vom Podelta im Süden bis zum Südrand der Dolomiten. Hauptstadt ist Venedig (320 000 Einwohner, davon 85 000 im historischen Zentrum). Das Veneto ist in sieben Provinzen unterteilt: Belluno, Padua, Rovigo, Treviso, Venedig, Verona und Vicenza. 4,4 Millionen Menschen leben in der Region, die zu den wohlhabendsten Italiens gehört. Das Veneto ist neben den Regionen um Mailand, Turin und Genua das industrielle Zentrum Norditaliens. Über die Hälfte der Beschäftigten ist im Dienstleistungsgewerbe tätig. Der Tourismus in Städten wie Verona, Vicenza, Padua, Venedig und an der Adria zählt zu den Haupteinnahmequellen der Region.

Friuli-Venezia Giulia: Die Region mit der Hauptstadt Triest (237 000 Einwohner) ist die kleinste italienische Provinz und wurde 1963 gegründet. Sie besteht aus den Provinzen Gorizia (Görz), Pordenone, Triest und Udine, die sich zwischen den Karnischen Alpen und der Adria, dem Stromgebiet von Tagliamento und Isonzo erstrecken. Politisch genießt die Region den Status der Selbstverwaltung. Von den 1,2 Mio. Bewohnern sind 500 000 Friulani, die eine rätoromanische Mundart sprechen.

Unterkunft

Agriturismo

Großen Zuspruchs erfreut sich im Veneto/Friaul der *Agriturismo*. Vor allem Familien mit Kindern finden auf Bauernhöfen und Weingütern eine preiswerte Alternative zur Hotelunterkunft. Prospekte sind bei den Fremdenverkehrsämtern erhältlich. Auskünfte erhält man bei:

Agriturist, Corso Vittorio Emanuele 101, 00186 Rom, Tel. 066 85 23 37, www.agriturist.it

Camping

An der Adriaküste ist das Angebot an Campingplätzen groß. Eine Beschreibung geprüfter Campingplätze bietet der jährlich erscheinende *ADAC Camping-Caravaning-Führer, Band Südeuropa*.

Ferienhäuser

Im ganzen Reisegebiet werden wochenweise Ferienwohnungen und Ferienhäuser angeboten. Sie sind komplett eingerichtet, Bettwäsche und Handtücher müssen häufig mitgebracht werden. *Kataloge* erleichtern die Auswahl.

Hotels

Hotels werden mit * (sehr bescheiden) bis ***** (Luxushotel) klassifiziert. Bei Reisen in der Hochsaison, besonders im Urlaubsmonat August, ist eine rechtzeitige Reservierung anzuraten, da vor allem Hotels an der Küste häufig ausgebucht sind. Das Gleiche gilt für Venedig das ganze Jahr über. Empfehlungen bieten die **Praktischen Hinweise** zu den jeweiligen Orten im Haupttext.

Jugendherbergen

Auskunft über Jugendherbergen gibt die Gesellschaft **AIG** (Associazione Italiana Alberghi per la Gioventù), Via Cavour 44, 00184 Roma, Tel. 064 87 11 52, www.ostellionline.org.

Verkehrsmittel im Land

Bahn

Die großen Städte des Reisegebiets (Verona, Vicenza, Padua, Venedig, Treviso, Udine, Triest) sind bequem mit dem Zug zu erreichen. Von Mestre aus gibt es eine Verbindung Treviso – Pordenone – Udine – Gorizia – Triest (etwa 3 Std.). Von Treviso fahren Züge über Feltre nach Belluno, und von Portogruaro oder Udine aus erreicht man Tolmezzo mit der Bahn. In den Euganeischen Hügeln bestehen keine Eisenbahnverbindungen.

Bus

Busse verkehren zwischen den Küstenorten der Adria sowie zwischen den Orten der Karnischen Alpen. Fahrkarten (*Biglietti*) kauft man an Kiosken oder in Tabakläden.

Mietwagen

In den Städten und größeren Orten kann man Autos mieten. Für Mitglieder bietet die **ADAC-Autovermietung-GmbH** günstige Bedingungen. Buchungen über ADAC-Geschäftsstellen oder unter Tel. 018 05/31 81 81 (0,14 €/Anruf).

Schiff

An der Adria gibt es Schiffsverbindungen zwischen Triest und Venedig, Personenfähren verbinden die Laguneninseln, Autofähren bedienen die Routen zum Lido und zur Punta Sabbioni. *Ausflugsverkehr* herrscht in der Saison zwischen Venedig, Caorle, Lignano, Grado, Duino und Triest. Von Lignano und Grado verkehren darüber hinaus Boote zu den Laguneninseln. Zwischen Padua und Venedig besteht über den Brenta-Kanal eine Schiffsverbindung.

Ein letzter, sehnsüchtiger Blick zurück auf die sanften Hügel des Veneto

Sprachführer

Italienisch für die Reise

Das Wichtigste in Kürze

Ja/Nein	*Si/No*
Bitte/Danke	*Per favore/Grazie*
In Ordnung./Einverstanden.	*Va bene./D'accordo.*
Entschuldigung!	*Scusi!*
Wie bitte?	*Come dice?*
Ich verstehe Sie nicht.	*Non La capisco.*
Ich spreche nur wenig Italienisch.	*Parlo solo un po' d'italiano.*
Können Sie mir bitte helfen?	*Mi può aiutare, per favore?*
Das gefällt mir (nicht).	*(Non) Mi piace.*
Ich möchte ...	*Vorrei ...*
Haben Sie ...?	*Ha ...?*
Wie viel kostet ...?/	*Quanto costa ...?*
Kann ich mit Kreditkarte bezahlen?	*Posso pagare con la carta di credito?*
Wie viel Uhr ist es?	*Che ore sono?/Che ora è?*
Guten Morgen!/Guten Tag!	*Buon giorno!*
Guten Abend!	*Buona sera!*
Gute Nacht!	*Buona notte!*
Hallo!/Grüß dich!	*Ciao!*
Wie ist Ihr Name, bitte?	*Come si chiama, per favore?*
Mein Name ist ...	*Mi chiamo ...*
Ich bin Deutsche(r)	*Sono tedesco(-a)*
Ich komme aus Deutschland.	*Sono della Germania.*
Wie geht es Ihnen?	*Come sta?*
Auf Wiedersehen!	*Arrivederci!*
Tschüs!	*Ciao!*
Bis bald!	*A presto!*
Bis morgen!	*A domani!*
gestern/heute/morgen	*ieri/oggi/domani*
am Vormittag/am Nachmittag	*la mattina/al pomeriggio*
am Abend/in der Nacht	*la sera/la notte*
um 1 Uhr/um 2 Uhr ...	*all'una/alle due ...*
um Viertel vor (nach) ...	*alle ... meno un quarto (e un quarto)*
um ... Uhr 30	*alle ... e trenta*
Minute(n)/Stunde(n)	*minuto(-i)/ora(-e)*
Tag(e)/Woche(n)	*giorno(-i)/settimana(-e)*
Monat(e)/Jahr(e)	*mese(-i)/anno(-i)*

Zahlen

0	*zero*	19	*diciannove*
1	*uno*	20	*venti*
2	*due*	21	*ventuno*
3	*tre*	22	*ventidue*
4	*quattro*	30	*trenta*
5	*cinque*	40	*quaranta*
6	*sei*	50	*cinquanta*
7	*sette*	60	*sessanta*
8	*otto*	70	*settanta*
9	*nove*	80	*ottanta*
10	*dieci*	90	*novanta*
11	*undici*	100	*cento*
12	*dodici*	200	*duecento*
13	*tredici*	1000	*mille*
14	*quattordici*	2000	*duemila*
15	*quindici*	10 000	*diecimila*
16	*sedici*	1 000 000	*un milione*
17	*diciassette*	1/2	*mezzo*
18	*diciotto*	1/4	*un quarto*

Wochentage

Montag	*lunedì*
Dienstag	*martedì*
Mittwoch	*mercoledì*
Donnerstag	*giovedì*
Freitag	*venerdì*
Samstag	*sabato*
Sonntag	*domenica*

Monate

Januar	*gennaio*
Februar	*febbraio*
März	*marzo*
April	*aprile*
Mai	*maggio*
Juni	*giugno*
Juli	*luglio*
August	*agosto*
September	*settembre*
Oktober	*ottobre*
November	*novembre*
Dezember	*dicembre*

Maße

Kilometer	*chilometro(-i)*
Meter	*metro(-i)*
Zentimeter	*centimetro(-i)*
Kilogramm	*chilo(-i)*
Pfund	*mezzo chilo*
100 Gramm	*etto(-i)*
Liter	*litro(-i)*

Unterwegs

Nord/Süd/West/Ost	*nord/sud/ovest/est*
oben/unten	*sopra/sotto*
geöffnet/geschlossen	*aperto/chiuso*
geradeaus/links/rechts/zurück	*diritto/sinistra/destra/indietro*
nah/weit	*vicino/lontano*
Wie weit ist …?	*A che distanza si trova…?*
Wo sind die Toiletten?	*Dove sono le toilette?*
Wo ist die (der) nächste …	*Dove si trova nelle vicinanze …*
Telefonzelle/	*una cabina telefonica/*
Bank/	*una banca/*
Geldautomat/	*un bancomat/*
Post/	*la posta/*
Polizei?	*la polizia?*
Bitte, wo ist …	*Scusi, dov'è …*
der Hauptbahnhof/	*la stazione centrale/*
der Busbahnhof/	*la stazione autolinee/*
der Flughafen?	*l'aeroporto?*
Wo finde ich …	*Dove si trova …*
eine Bäckerei/	*un panificio/*
Fotoartikel/	*gli articoli fotografici*
ein Kaufhaus/	*un grande magazzino/*
ein Lebensmittelgeschäft/	*un negozio di alimentari/*
den Markt?	*il mercato?*
Ist das der Weg/die Straße nach …?	*È questa la strada per ….?*
Ich möchte mit …	*Vorrei andare …*
dem Zug/	*col treno/*
dem Schiff/	*colla nave/*
der Fähre/	*col traghetto/*
dem Flugzeug	*col aereo*
nach … fahren.	*a …*
Gilt dieser Preis für Hin- und Rückfahrt?	*È la tariffa di andata e ritorno?*
Wie lange gilt das Ticket?	*Fino a quando è valido il biglietto?*
Wo ist das Fremdenverkehrsamt/	*Dov'è l'Ufficio per il turismo/*
ein Reisebüro?	*un'agenzia viaggi?*
Ich suche eine Hotelunterkunft.	*Cerco un albergo.*
Wo kann ich mein Gepäck lassen?	*Dove posso depositare i miei bagagli?*
Ich habe meinen Koffer verloren.	*Ho perso la mia valigia.*
Ich möchte eine Anzeige erstatten.	*Vorrei fare una denuncia.*
Man hat mir …	*Mi hanno rubato …*
Geld/die Tasche/	*i soldi/la borsa/*
die Papiere/	*i documenti/*
die Schlüssel/	*le chiavi/*
den Fotoapparat/	*la macchina fotografica/la valigia/*
den Koffer/	
das Fahrrad	*la bicicletta.*
gestohlen.	

Freizeit

Ich möchte ein …	*Vorrei noleggiare …*
Fahrrad/	*una bicicletta/*
Motorrad/	*un moto/*
Surfbrett/	*una tavola da surf/*
Mountainbike/	*un mountain bike/*
Boot/	*una barca/*
Pferd mieten.	*un cavallo.*
Gibt es in der Nähe ein(en) …	*Dove si trova nelle vicinanze …*
Freizeitpark/	*un parco di divertimento/*
Freibad/	*una piscina pubblica/*
Golfplatz/	*un campo di golf/*
Strand?	*una spiaggia?*
Wann hat … geöffnet?	*Quando è aperto (aperta) …?*

Bank, Post, Telefon

Brauchen Sie meinen Ausweis?	*Vuole vedere i miei documenti?*
Wo soll ich unterschreiben?	*Dove debbo firmare?*
Ich möchte eine Telefonverbindung nach …	*Vorrei un collegamento telefonico con …*
Wie lautet die Vorwahl für …?	*Qual è il prefisso per …?*
Wo gibt es …	*Dove trovo …*
Telefonkarten/	*le schede telefoniche/*
Briefmarken?	*i francobolli?*

Tankstelle

Wo ist die nächste Tankstelle?	*Dov'è la stazione di servizio più vicina?*

Hinweise zur Aussprache

c, cc	vor ›e‹ und ›i‹ wie ›tsch‹, Bsp.: **ci**ao; sonst wie ›k‹, Bsp.: **co**me
ch, cch	wie ›k‹, Bsp.: **ch**e, **ch**ilo
g, gg	vor ›e‹ und ›i‹ wie ›dsch‹, Bsp.: **ge**nte; sonst wie ›g‹, Bsp.: **go**la
gli	wie ›Lilie‹, Bsp.: fi**gli**o
gn	wie ›Cognac‹, Bsp.: ba**gn**o
sc	vor ›e‹ und ›i‹ wie ›sch‹, Bsp.: **sci**opero; sonst wie ›sk‹, Bsp.: **sc**ala
sch	wie ›sk‹, Bsp.: I**sch**ia
sci	vor ›a,o,u‹ wie ›sch‹, Bsp.: la**scia**re
z	wie ›ds‹, Bsp.: **z**uppa

Ich möchte … Liter … Benzin/Super/ Diesel.	*Vorrei … litri … di benzina/super/ diesel.*
Volltanken, bitte.	*Faccia il pieno, per favore.*
Bitte prüfen Sie … den Reifendruck/	*Verifichi per favore … la pressione delle ruote/*
den Ölstand/	*il livello dell'olio/*
den Wasserstand/	*il livello dell'acqua/*
das Wasser für die Scheibenwischanlage/	*l'acqua per il tergicristallo/*
die Batterie.	*la batteria.*
Würden Sie bitte … den Ölwechsel vornehmen/	*Per favore, mi può … cambiare l'olio/*
den Radwechsel vornehmen/	*cambiare la ruota/*
die Sicherung austauschen/	*sostituire il fusibile/*
die Zündkerzen erneuern/	*sostituire le candele/*
die Zündung nachstellen.	*regolare l'accensione.*

Panne

Ich habe eine Panne.	*Ho un guasto.*
Der Motor startet nicht.	*La macchina non parte.*
Ich habe die Schlüssel im Wagen gelassen.	*Ho le chiavi in macchina.*
Ich habe kein Benzin/ Diesel.	*Non ho più benzina/ diesel.*
Gibt es hier in der Nähe eine Werkstatt?	*C'è un'officina qui vicino?*
Können Sie mein Auto abschleppen?	*Può effettuare il traino?*
Können Sie mir einen Abschleppwagen schicken?	*Mi potrebbe mandare un carro attrezzi?*
Können Sie den Wagen reparieren?	*Può riparare la mia macchina?*
Bis wann?	*Quando sarà pronta?*

Mietwagen

Ich möchte ein Auto mieten.	*Vorrei noleggiare una macchina.*
Was kostet die Miete …	*Quanto costa il noleggio …*
pro Tag/	*al giorno/*
pro Woche/	*alla settimana/*
mit unbegrenzter km-Zahl/	*senza limite chilometraggio/*
mit Kasko-versicherung/	*con assicurazione ›kasko‹/*
mit Kaution?	*con cauzione?*
Wo kann ich den Wagen zurückgeben?	*Dove posso restituire la macchina?*

Unfall

Hilfe!	*Aiuto!*
Achtung!/Vorsicht!	*Attenzione!*
Rufen Sie bitte schnell …	*Per favore, chiami subito …*
einen Krankenwagen/	*un'ambulanza/*
die Polizei/	*la polizia/*
die Feuerwehr.	*i vigili del fuoco.*
Es war (nicht) meine Schuld.	*(Non) È stata colpa mia.*
Geben Sie mir bitte Ihren Namen und Ihre Adresse.	*Mi dia il suo nome ed indirizzo, per favore.*
Ich brauche die Angaben zu Ihrer Autoversicherung.	*Mi dia i particolari della sua assicurazione auto.*

Krankheit

Können Sie mir einen guten Deutsch sprechenden Arzt/ Zahnarzt empfehlen?	*Mi può consigliare un bravo medico/ dentista che parla il tedesco?*
Wann hat er Sprechstunde?	*Qual è l'orario delle visite?*
Wo ist die nächste Apotheke?	*Dove si trova la farmacia più vicina?*
Ich brauche ein Mittel gegen …	*Vorrei qualcosa contro …*
Durchfall/	*la diarrea/*
Halsschmerzen/	*mal di gola/*
Fieber/	*la febbre/*
Insektenstiche/	*le punture d'insetti/*
Kopfschmerzen	*mal di testa*
Verstopfung/	*la costipazione/*
Zahnschmerzen	*mal di denti.*

Hotel

Können Sie mir bitte ein Hotel/eine Pension empfehlen?	*Potrebbe consigliarmi un albergo/ una pensione, per favore?*
Ich habe bei Ihnen ein Zimmer reserviert.	*Ho prenotato una camera.*
Haben Sie ein Einzel-/ Doppelzimmer …	*Ha una camera singola/ doppia …*
mit Dusche/	*con doccia/*
mit Bad/WC/	*con bagno/toilette/*
für eine Nacht/	*per una notte/*
für eine Woche/	*per una settimana/*
mit Blick aufs Meer?	*con vista sul mare?*
Was kostet das Zimmer …	*Quanto costa una camera …*
mit Frühstück/	*con prima colazione/*

mit Halbpension/ mit Vollpension?	*con mezza pensione/ con pensione completa?*
Wie lange gibt es Frühstück?	*Fino a che ora viene servita la colazione?*
Ich möchte um … Uhr geweckt werden.	*Vorrei essere svegliato alle ore …*
Ich reise heute Abend/ morgen früh ab.	*Vorrei partire questa sera/ domani mattina.*
Haben Sie ein Fax/ einen Hotelsafe?	*Ha un fax/una cassetta di sicurezza?*
Kann ich mit Kreditkarte zahlen?	*Posso pagare con la carta di credito?*

Restaurant

Ich suche ein gutes/günstiges Restaurant.	*Cerco un buon ristorante/ un ristorante non troppo caro.*
Die Speisekarte/ Getränkekarte, bitte.	*Vorrei la carta/ la lista delle bevande, per favore.*
Welches Gericht können Sie besonders empfehlen?	*Quale piatto mi può consigliare?*
Ich möchte das Tagesgericht/ das Menü (zu …).	*Vorrei il piatto del giorno/ il menù (da …).*
Ich möchte nur eine Kleinigkeit essen.	*Vorrei uno spuntino.*
Haben Sie … vegetarische Gerichte/ offenen Wein/ alkoholfreie Getränke?	*Ha dei … piatti vegetariani/ vini della casa/ analcolici?*
Kann ich bitte … ein Messer/ eine Gabel/ einen Löffel haben?	*Vorrei avere … un coltello/ una forchetta/ un cucchiaio.*
Darf man rauchen?	*Si può fumare?*
Die Rechnung/ Bezahlen bitte!	*Vorrei il conto, per favore!*

Essen und Trinken

Abendessen	*cena*
Apfel	*mela*
Artischoken	*carciofi*
Auberginen	*melanzane*
Bier	*birra*
Brot/Brötchen	*pane/panino*
Butter	*burro*
Ei (Eier)	*uovo (uova)*
Ente	*anitra*
Erdbeeren	*fragole*
Espresso (mit Milch)	*caffè (macchiato)*
Essig	*aceto*
Feigen	*fichi*
Fisch	*pesce*
Flasche	*bottiglia*
Fleisch	*carne*
Fruchtsaft	*succo di frutta*
Frühstück	*prima colazione*
gegrillt	*ai ferri/alla griglia*
Gemüse	*verdura*
Glas	*bicchiere*
Huhn	*pollo*
Kalbfleisch	*vitello*
Kalbshaxenscheibe	*ossobuco*
Kaninchen	*coniglio*
Kartoffeln	*patate*
Käse	*formaggio*
Knoblauch	*aglio*
Kotlett	*costoletta*
Krabben	*gamberetti*
Lamm	*agnello*
Languste	*aragosta*
Maisgericht	*polenta*
Meeresfrüchte	*frutti di mare*
Miesmuscheln	*cozze*
Milch mit einem Schuss Espresso	*latte macchiato*
Milchkaffee	*caffellatte*
Mineralwasser (mit/ ohne Kohlensäure)	*acqua minerale (con/senza gas)*
Mittagessen	*pranzo*
Nachspeise	*dolce*
Obst	*frutta*
Öl	*olio*
Orange	*arancia*
Parmesankäse	*parmigiano*
Pfeffer	*pepe*
Pfirsich	*pesca*
Pilze	*funghi*
Reisbällchen, gefüllt	*arancine*
Rindfleisch	*carne di manzo*
Salat	*insalata*
Salz	*sale*
Schafskäse	*ricotta*
Schinken	*prosciutto*
Schweinefleisch	*maiale*
Spinat	*spinaci*
Steak	*bistecca*
Suppe	*minestra/zuppa*
Tee	*té*
Thunfisch	*tonno*
Tintenfische	*polpetti*
Tomaten	*pomodori*
Venusmuscheln	*vongole*
Vorspeisen	*antipasti*
Wein, Weiß-/ Rot-/ Rosé-Wein	*vino bianco/ rosso/ rosato*
Weintrauben	*uva*
Zucker	*zucchero*
Zwiebeln	*cipolle*

ADAC Reiseführer in Top-Qualität. Pro Band 300–600 Sehenswürdigkeiten, 140–180 farbige Abbildungen und rund 40 TOP TIPPS.

Lieferbare Titel:

Ägypten
Algarve
Allgäu
Amsterdam
Andalusien
Australien
Bali & Lombok
Baltikum
Barcelona
Berlin
Bodensee
Brandenburg
Brasilien
Bretagne
Budapest
Bulg. Schwarzmeerküste
Burgund
City Guide Deutschland
City Guide Germany
Costa Brava & Costa Daurada
Côte d'Azur
Dänemark
Dominikanische Republik
Dresden
Dubai, Vereinigte Arabische Emirate, Oman
Elsass
Emilia Romagna
Florenz
Florida
Franz. Atlantikküste
Fuerteventura
Gardasee
Golf von Neapel
Gran Canaria
Hamburg
Harz
Hongkong & Macau
Ibiza & Formentera
Irland
Israel
Istrien & Kvarner Golf
Italienische Adria
Italienische Riviera
Jamaika
Kalifornien
Kanada - Der Osten
Kanada - Der Westen
Karibik
Kenia
Korfu & Ionische Inseln
Kreta
Kuba
Kroatische Küste - Dalmatien
Kykladen
Lanzarote
Leipzig
London
Madeira
Mallorca
Malta
Marokko
Mauritius & Rodrigues
Mecklenburg-Vorpommern
Mexiko
München
Neuengland
Neuseeland
New York
Niederlande
Norwegen
Oberbayern
Österreich
Paris
Peloponnes
Piemont, Lombardei, Valle d'Aosta
Polen
Portugal
Prag
Provence
Rhodos
Rom
Rügen, Hiddensee, Stralsund
Salzburg
Sardinien
Schleswig-Holstein
Schottland
Schwarzwald
Schweden
Schweiz
Sizilien
Spanien
St. Petersburg
Südafrika
Südengland
Südtirol
Sylt
Teneriffa
Tessin
Thailand
Toskana
Türkei - Südküste
Türkei - Westküste
Tunesien
Umbrien
Ungarn
USA - Südstaaten
USA - Südwest
Usedom
Venedig
Venetien & Friaul
Wien
Zypern

ADAC Reiseführer plus kombinieren Top-Reiseführer mit perfekten CityPlänen, Länder-Karten oder UrlaubsKarten. Kompakt und komplett im praktischen Klarsicht-Set!

Lieferbare Titel:

Ägypten
Allgäu
Amsterdam
Andalusien
Baltikum
Barcelona
Berlin
Berlin (engl.)
Bodensee
Brandenburg
Budapest
Côte d'Azur
Dänemark
Deutschland - Die schönsten Autotouren
Dresden
Franz. Atlantikküste
Fuerteventura
Gardasee
Gran Canaria
Hamburg
Harz
Irland
Istrien & Kvarner Golf
Ital. Adria
Ital. Riviera
Korfu/Ionische Inseln
Kreta
Kuba
Kroatische Küste - Dalmatien
Lanzarote 8/2007
Leipzig
London
Mallorca
Mecklenburg-Vorpommern
München
New York
Niederlande 8/2007
Norwegen
Oberbayern
Österreich
Paris
Polen
Portugal
Prag
Rhodos
Rom
Rügen, Hiddensee, Stralsund
Salzburg
Sardinien
Schleswig-Holstein
Schottland 8/2007
Schwarzwald
Schweden
Schweiz
Sizilien
St. Petersburg
Südafrika 8/2007
Südtirol
Sylt
Teneriffa
Toskana
Türkei - Südküste
Türkei - Westküste
Usedom
Venedig
Wien

Weitere Titel in Vorbereitung.

Mehr erleben, besser reisen.

Register

A

Adige *siehe* Etsch
Adria 61
Aemelius Macer 23
Abano Terme 56
Altichiero 23, 25, 30, 50, 52
Amalteo, Pomponio 107
Amigoni, Jacopo 59
Ammananti, Bartolomeo 49
Angeli, Giuseppe 54
Antonius von Padua 13, 50f., 52
Aquileia 6, 12, 14, 41, 93, **96f.**, 98, 103, 110
Arquà Petrarca 13, 45, **58**, 132
Asolo 81f., 132
Avanzo, Jacopo 52

B

Bahr, Hermann 115
Bartolo, Nanni di 25
Bassano, Jacopo 85, 89
Bassano del Grappa 63, **83–86**, 129, 130
Bellini, Gentile 14, 63, 69, 87
Bellini, Giovanni 14, 27, 35, 37, 63, 69, 70
Bellini, Jacopo 14, 48, 63, 69
Belluno 6, 8, 14, 63, **88f.**, 133, 134, 135
Bembo, Pietro 82
Bibione 93, **96**, 133
Bologna, Lorenzo da 60
Bologna, Vitale da 100, 108
Bon, Bartolomeo 72
Bora 117
Brusasorci, Felice 30
Byzanz 12, 13, 116

C

Caesar, Julius 103, 110
Campione, Bonino da 24
Campione, Zenone da 100
Canova, Antonio 72, 83
Caorle 93, **95f.**, 133, 135
Carnia 6
Caroto, Gian Francesco 23, 25
Carpaccio, Vittore 14, 63, 69, 70
Casanova, Giacomo 70
Castello di Miramare 115, 132
Castelfranco 83
Castelmonte 111
Catull 23
Cavalli, Alberto 22
Cavour, Camillo 15
Chioggia 63, **76f.**, 133
Cittadella 83
Cividale del Friuli 10, 12, 105, **110f.**, 133
Colli Asolani 6, **81ff.**, 129, 133
Colli Berici 6
Colli Euganei 10, 45, **56f.**
Colli Orientali 105, **111f.**
Collio 105, **111f.**, 129, 133
Como, Giorgio da 89
Concordia Sagittaria 93f.
Conegliano 91
Conegliano, Cima da 91
Cornaro, Alvise 42, 57
Cornaro, Caterina 82, 95
Cornelius Nepos 24

D

Dandalo, Enrico 13
Dante Alighieri 23, 78, 79, 93, 115
Däubler 117
Dolomiten 6, 14, 134
Donatello 14, 25, 47, 50, 52
Duino 114f., 135

E

Este 45, **59f.**, 130, 132
Etsch 18, 27, 30, 59
Ezzelino da Romano 13, 58, 60

F

Feltre 6, 63, **87f.**, 133
Fiore, Jacobello del 90
Firenze, Michele da 25
Fortuny y Madrazo, Mariano 71
Franken 8
Franz Joseph I. 119
Fratta Polesine 60f.
Franco, Battista 55
Friedrich II. 13, 105

G

Galilei, Galileo 47
Gallo, Agostino 42
Gemona del Friuli 102
Giacondo, Fra Giovanni 23
Giolfino, Nicolò 22
Giorgione (Giorgio da Castelfranco) 6, 14, 50, 63, 83
Giotto di Bondone 6, 13, 23, 45, 47, 49f.
Giovanni da Verona 30
Giovanni degli Eremitani, Fra 49
Görz *siehe* Gorizia
Goethe, Johann Wolfgang von 43, 45, 47, 54
Goldoni, Carlo 77
Gorizia 6, 10, 14, 15, 99, **112f.**, 127, 130, 134, 135
Goten 12, 19, 93, 116
Gradisca d'Isonzo 113f.
Grado 6, **98**, 130, 135
Grassi, Giovanni-Batista 107
Grassi, Nicola 103
Gregor IX. (Papst) 52
Grotta Gigante 122
Guardi, Francesco 122
Guariento 49
Guggenheim, Peggy 68

H

Habsburger 14, 46, 99, 103, 105, 109, 112, 113, 116, 117
Heine, Heinrich 18, 19
Hunnen 12, 45, 93, 96

J

Jesolo 94f., 130, 132, 133
Joyce, James 115, 120
Julische Alpen 6
Julius II. (Papst) 14
Juvarra, Filippo 89

K

Karl VI. 14, 116
Karl der Große 12

L

Lagunen 10, 12, 63, 74, 76, 94, 96
Lamberti, Alvise 60
Langobarden 8, 12, 45, 93, 96, 98, 105, 110, 116
Liberale da Verona 25
Lignano 93, **96**, 133, 135
Lionello, Nicolò 106
Lombardo, Pietro 73, 110
Lombardo, Tullio 51, 57, 87, 89
Longhena, Baldassare 41, 60, 64, 65, 68, 73
Lotto, Lorenzo 82
Luzzo, Lorenzo 87f.

M

Maffei, Francesco 35
Magris, Claudio 115
Manin, Lodovico 6, 14, 64, 65, 109
Mann, Thomas 74
Mantegna, Andrea 27, 29, 49
Markus, hl. 13, 63, 69, 70
Marostica **85f.**, 130
Martini, Alberto 93
Martini, Giovanni 103
Massari, Giorgio 65, 82, 107
Maximilian I. 115
Mazzini, Giuseppe 14
Menabuoi, Giusto de' 47, 48, 51
Messina, Antonio da 35
Michelangelo Buonarotti 48
Milano, Bernardino di 40
Milano, Francesco di 90
Minello, Antonio 51
Miretto, Nicolò 47
Modena, Tommaso da 78f., 80
Monselice 58f.
Montagna, Bartolomeo 35, 42
Montagnagna 60, 131
Monteverde, Luca 107
Monteverdi, Claudio 72
Morcote, Bernardino da 109
Morone, Francesco 25, 29
Muggia 123, 130
Mussolini, Benito 119, 120

N

Napoleon I. 6, 14, 64, 109
Napoleon III. 115
Narni, Erasmo da 51f.
Naviglio di Brenta 45, 54f.
Nicolò 25f., 28

O

Oberdan, Guglielmo 119
Oderzo 93

Osmanen *siehe* Türken
Otto I. 13

P

Pacassi, Nikolaus 13
Padua 6, 8, 11, 12, 13, 34, **45–53**, 54, 127, 128, 130, 133, 134, 135
Basilica di S. Giustina 52f.
Basilica di Sant' Antonio 50ff., 53
Battistero 48
Caffè Pedrocchi 48
Capella delli Scrovegni 6, 13, 45, **49f.**, 52
Chiesa degli Eremitani 49
Duomo S. Maria Assunta 48
Liviano 48
Loggia Carrarese 48
Loggia del Consiglio 48
Musei Civici Emeritani 50
Oratorio di San Giorgio 52
Palazzo del Capitanio 48
Piazza dei Signori 48
Prato della Valle 52
S. Maria del Carmine 50
S. Sofia 50
Scuola del Carmine 50
Scuola di Sant' Antonio 52
Tomba di Antenore 48
Palladio, Andrea 6, 8, 14, 18, 27, 32, **34**, 35, 37, 38f., 40, 42, 43, 54, 60, 73, 80, 81, 86, 87, 106, 109, 111, 114
Palma, Jacopo d. J. 58, 60, 89
Palmanova 113f.
Pasolini, Pier Paolo 100
Passariano 109
Pertsch, Matthäus 121
Petrarca, Francesco 13, 45, 58
Piazzetta, Giovanni Battista 122
Pietro, Nicolo di 90
Pippin 12, 13
Pisanello (Antonio Pisano) 25, 27
Pisani, Alvise 54
Pisano, Giovanni 50
Plinius d. Ä. 23
Poebene 10, 45, 48
Pordenone 99f., 127, 134, 135
Pordenone, Giovanni Antonio 91, 99, 101, 111
Portogruaro 93f., 130, 135
Possagno 82f.
Pozzoserrato (Lodewyk Teoput) 91
Preti, Francesco Maria 54

R

Renaissance 8, 23, 29, 31, 40, 52, 53, 73, 79, 81, 88, 90, 107, 110, 114
Rilke, Rainer Maria 114
Risorgimento 15, 48, 117
Rizzarda, Carlo 88
Romeo und Julia 18, 22, **23**
Römer 6, 8, 18, 19, 30, 34, 42, 45, 56, 59, 75, 77, 78, 87, 93, 94, 96, 110, 111, 116, 118
Rosetti, Biago 60

S

S. Maria in Stelle 32f.
Saba, Umberto 117
San Daniele, Pellegrino 101, 111
San Daniele del Friuli 99, **101f.**, 128
San Giorgio 32
Sanctis, Andriolo de 40
Sanmicheli, Michele 23, 25, 26, 29, 30, 50
Sansovino, Jacopo 39, 51, 65, 69, 70, 77, 90
Santa agricoltura 8, **42**
San Vito d' Altivole 82
Sardi, Giuseppe 64
Sauris di Sopra 103
Scaliger 6, 19, 23, 26, 27, 85
Scamozzi, Vincenzo 8, 35, 36, 43, 59, 70
Scarpa, Carlo 27, 82, 122
Selva, Gianantonio 71
Shakespeare, William 23
Slapater, Scipio, 117
Soave 33, 131
Spilimbergo 99, **100f.**
Storlato, Giovanni 53
Strände 6, 10, 77, 95, 96
Stuparich, Gianni 117
Svevo, Italo 6, 115, 117, **121**, 122

T

Tagliamento 10, 99, 100, 101, 103, 134
Tausch, Christoph 113
Terra ferma 7ff., 14, 15, 42, 54, 63, 87, 99
Theoderich der Große 12, 19
Tiepolo, Giambattista 14, 37, 42f., 50, 54, 59, 60, 107f., 122
Tiepolo, Giandomenico 37, 42f., 54
Tintoretto, Domenico 30
Tintoretto, Jacopo 14, 30, 50, 70, 71, 72
Tirali, Andrea 59
Tizian 6, 14, 26, 36, 50, 52, 63, 70, 72, 78, 90
Tolmezzo 103, 133, 135
Tolmezzo, Gianfrancesco da 103
Torretti, Giuseppe 109
Tremignon, Alessandro 71
Treviso 6, 11, 13, 14, 63, **78ff.**, 128, 129, 134, 135
Triest 6, 10, 11, 14, 15, 105, **115–123**, 127, 128, 129, 131, 133, 134, 135
Aquario Marino 122
Arco di Riccardo 119
Borgo Teresiano 121
Borsa Vecchia 120
Canal Grande 121
Casa Stratti 121
Cattedrale San Giusto 118
Colle San Giusto 118
Funivia 122
Museo Civico della Revoltella 122
Museo Civico di Storia e d'Arte 119
Museo Civico Sartorio 122
Museo Svevo 122
Palazzo Carciotti 121
Palazzo del Governo 121
Palazzo del Lloyd Triestino 121
Palazzo del Municipio 121
Palazzo Modello 121
Pescheria 122
S. Maria Maggiore 119
San Silvestro 119
San Spiridone 121
Sant' Antonio Nuovo 121
Teatro Romano 120
Teatro Verdi 121
Tergesteo 120
Trissino, Giangiorgio 34, 35
Türken 14, 15, 39, 63, 64, 113

U

Udine 6, 11, **105–110**, 127, 133, 134, 135
Udine, Giovanni da 102

V

Valmarana, Leonardo 41
Valpolicella 32f.
Vecchia, Pietro della 89
Vedova, Emilio 122
Venedig 6, 8f., 10, 11, 13, 14, 22, 34, 45, 46, 48, 54, **63–76**, 78, 82, 88, 93, 99, 105, 113, 114, 116, 123, 126, 127, 128, 130, 131, 132, 133, 134, 135
Basilica di San Marco 52, **69**, 76, 130
Basilica San Giorgio Maggiore 73
Burano 74
Caffè Florian 69
Campanile 69
Campo di San Fantin 71
Campo di San Polo 71
Campo San Stefano 71
Canal Grande 64–68
Ca' da Mosto 65
Ca' d'Oro 65
Ca' Pesaro 65
Ca' Rezzonico 65
Chiesa degli Scalzi 64
Collezione Guggenheim 68
Colonna di San Marco 70
Colonna di Todaro 69
Dogana da Mar 68
Fondaco dei Tedeschi 65
Fondaco dei Turchi 64
Gallerie dell' Accademia 68
Ghetto Nuovo 73
Giardini 74
Gran Teatro La Fenice 71
Il Redentore 73
Libreria Marciana 70
Lido **74**, 130
Murano 74
Museo Correr 69
Palazzi Moncenigo 65
Palazzo Belloni-Battaglia 65
Palazzo Contarini del Bovolo 71
Palazzo Corner della Regina 65
Palazzo Corner Spinelli 65
Palazzo Dolfin Manin 65
Palazzo Ducale 70
Palazzo Farsetti-Dandalo 65
Palazzo Grimani 65
Palazzo Loredan 65
Palazzo Fortuny 71
Palazzo Vendramin-Calergi 64
Pellestrina 74
Pescheria 65
Piazza San Marco 8, **68ff.**, 106, 130
Ponte dei Sospiri (Seufzerbrücke) 70
Ponte di Rialto 65
Procuratie Vecchie e Nuove 69
Punta della Dogana 68
S. Maria dei Miracoli 73
S. Maria del Giglio 71
S. Maria della Salute 68
S. Maria Formosa 73

S. Maria Gloriosa dei Frari 71 f.
San Luca 71
San Michele 73
San Moisé 71
San Rocco 72
San Salvatore 71
San Simeone Piccolo 64
San Stae 65
Scuola Grande di San Marco 73
Scuola Grande di San Rocco 72
SS. Giovanni e Paolo 72, **73**
Strada Nuova 73
Torcello 74f.
Torre dell' Orologio 69
Venezianer 7f., 33, 39, 54, 96, 110, 112, 113, 114
Veneziano, Lorenzo 25, 40
Veneziano, Paolo 77
Venzone 6, 8, 99, **102**
Verdi, Giuseppe 20, 71
Vergil 115
Verona 6, 11, 12, 13, 14, **18–32**, 34, 42, 127, 128, 132, 133, 134, 135
Arche Scaligere **24**, 26
Arco dei Gavi 26f.
Arena 20f.
Biblioteca Capitolare 26
Caffè Dante 25
Casa dei Mercanti 22
Casa di Giulietta 22
Case dei Mazzanti 22
Castelvecchio 19, 26, **27**
Colonna del Mercato 22
Duomo S. Maria Matricolare 25
Giardini Giusti 30 f.
Listón 20
Loggia del Consiglio 23
Madonna Verona 22
Palazzo dei Giudici 24
Palazzo dei Tribunali 23
Palazzo del Comune 22
Palazzo del Governo 23
Palazzo del Vescovo 26
Palazzo Maffei 22
Piazza Brà 19
Piazza dei Signori 23
Piazza delle Erbe 19, **21f.**
Ponte Pietra 30
Ponte Scaligero 27
Porta dei Borsari 26
S. Maria Antica 24
S. Maria in Organo 30
San Bernardino 29
San Fermo Maggiore 29f.
San Giorgio in Braida 30
San Giovanni in Valle 30
San Lorenzo 26
San Pietro 30
San Stefano 30
Sant' Anastasia 24f.
San Zeno Maggiore 27ff.
SS. Apostoli 27
SS. Tosca e Teuteria 26
Teatro Romano 30
Torre dei Lamberti 22
Torre Gardello 22
Via Mazzini 20
Veronese, Paolo 6, 14, 27, 30, 37, 42, 50, 53, 60, 70, 71, 73, 81, 83
Verrocchio, Andrea del 73
Vicenza 6, 8, 11, 13, 14, 18, **33–43**, 127, 128, 134, 135
Basilica 37, **38f.**
Casa Pigafetta 39
Contra Porti 38
Corso Palladio 36
Duomo S. Maria Maggiore 40
Giardino Salvi 41
La Rotonda 42
Loggia del Capitano 39
Monte Berico 41f.
Palazzo Chiericati 34
Palazzo Monte di Pietà 38
Palazzo Thiene 37
Palazzo Valmarana 40
Piazza dei Signori 38
Piazza delle Erbe 39
S. Corona 36
S. Maria dei Servi 39
San Lorenzo 40
San Stefano 37
SS. Felice e Fortunato 41
Teatro Olimpico 35
Torre di Piazza 38
Villa Valmarana ai Nani 42f.
Vicenza, Rocco da 37
Villa Barbaro 81
Villa Emo 80f.
Villach, Erhard von 111
Villenkultur 6, 8, 14, 32f., **42**, 43, 45, 54, 61, 80f.
Visconti, Luchino 74
Vitruv 23, 27
Vittorio Veneto 89f.
Völkerwanderung 6, 7, 63, 96, 116

W

Winckelmann, Johann Joachim 119

Z

Zamberlan, Francesco 60
Zelotti, Giambattista 55, 57, 80
Zuglio 103

Impressum

Lektorat und Bildredaktion: Ralf Thume
Aktualisierung: Thomas Paulsen
Karten: Computerkartographie Carrle, München
Herstellung: Martina Baur
Druck, Bindung: Offizin Andersen Nexö, Leipzig
Printed in Germany

Ansprechpartner für den Anzeigenverkauf:
Kommunalverlag GmbH & Co KG,
MediaCenterMünchen, Tel. 089/92 80 96-44

ISBN 978-3-89905-525-2

Neu bearbeitete Auflage 2007

Bildnachweis

Umschlag-Vorderseite: Der eleganten Piazza della Libertà von Udine haben schon viele schöne Stunden geschlagen. Foto: *Bildagentur Huber, Garmisch-Partenkirchen (Simeone)*

Titelseite
Oben: Das Weinanbaugebiet des Collio bei Cormons (Wh. von S. 112)
Mitte: Paolo Veroneses ›Cena di San Gregorio‹ in der Votivkirche Madonna di Monte Berico, Vicenza (Wh. von S. 41)
Unten: Venedig Vedute – Blick auf S. Maria della Salute (Wh. von S. 68)

AKG, Berlin: 12, 13, 14, 15, 100, 118 oben – *Bortolo Nardini, Bassano del Grappa:* 85 unten (Danesin) – *Hartmut Friedrichsmeier, Hamburg:* 5 rechts, 32, 124 Mitte links – *Rainer Hackenberg, Köln:* 10 oben, 55 oben, 61, 62, 68 unten, 77, 92, 101, 103, 106/107, 109, 119, 121, 130, 131 – *Herbert Hartmann, München:* 22, 29, 53, 56, 82 – *Bildagentur Huber, Garmisch-Partenkirchen:* 38 (J. Huber), 47 oben, 50 (S. Scattolin), 47 unten, 52 (D. Colin), 60 (B. Guido), 58 (M.Ripani), 11 oben, 16/17, 55 unten, 69, 75 (2), 81, 116/117, 118 unten, 120 – *IFA-Bilderteam, München:* 18, 34/35, 43, 72/73, 74, 86, 135 – *Gerold Jung, Ottobrunn:* 54, 57, 78, 96, 98, 113, 123, 134 – *laif, Köln:* 5 links, 6/7, 7, 8 (2), 9 unten, 10 unten, 11 unten, 19, 28 (2), 31, 33, 36, 37, 39, 40, 41, 48, 49, 51, 57, 64/65, 72, 73, 79, 80, 84/85, 87, 88, 89, 90, 91, 94, 95, 97, 102, 104, 108, 110, 112, 114, 122, 124 oben, 124 Mitte rechts, 126, 128, 129 (Hedda Eid), 76 (Dieter Klein) – *LOOK, München:* 9 oben, 24, 27, 64, 70, 71, 115, 124 unten (Max Galli), 133 (Rainer Martini) – *Mauritius, Mittenwald:* 25, 44, 132 – *picture alliance, Frankfurt:* 23 (dpa, Engelhardt)